上海外国语大学建校七十周年
70TH ANNIVERSARY CELEBRATION
SHANGHAI INTERNATIONAL STUDIES UNIVERSITY

季愚文库

朱威烈译文集
（文学卷三）
阿拉伯中短篇文学

〔黎巴嫩〕纪伯伦 等 著

朱威烈 译

商务印书馆
The Commercial Press

2019年·北京

目　录

奇谈录　　〔黎巴嫩〕纪伯伦　/ 1

　　外壳和菁华　/ 1

　　我的心结满累累硕果　/ 4

　　海滩上的一捧沙　/ 6

　　雾中的船　/ 8

　　七个阶段　/ 17

　　内心的告诫　/ 17

　　你们有你们的黎巴嫩，我有我的黎巴嫩　/ 20

　　独立与毡帽　/ 24

蒙面人　　〔埃及〕哈桑·拉夏德　/ 26

　　第一章　/ 26

　　第二章　/ 36

　　第三章　/ 44

　　第四章　/ 50

　　第五章　/ 60

　　第六章　/ 68

　　第七章　/ 79

　　第八章　/ 89

　　第九章　/ 97

　　第十章　/ 106

第十一章 / 114

第十二章 / 122

第十三章 / 129

第十四章 / 136

第十五章 / 143

第十六章 / 152

第十七章 / 165

第十八章 / 174

第十九章 / 180

卡尔纳克咖啡馆　〔埃及〕纳吉布·马哈福兹　/ 183

库兰芙拉 / 183

伊斯梅尔·谢赫 / 211

泽娜白·迪亚卜 / 230

哈立德·萨弗万 / 244

杜鹃钟　〔黎巴嫩〕米哈依尔·努埃曼　/ 255

贝克阁下　〔黎巴嫩〕米哈依尔·努埃曼　/ 275

鸦片　〔埃及〕优素福·乔海尔　/ 282

奇谈录

〔黎巴嫩〕纪伯伦

外壳和菁华

我啜饮的杯杯苦酒,其残汁均似蜜甜;

我每越过一道障碍,总见到绿野一片;

满天大雾中失散的朋友,晨光熹微时又会相见。

多少回,我用坚韧的披风遮住痛苦和烦恼,希冀借此获得抵偿和缓解。而当我脱下披风,我发现痛苦已变成喜悦,烦恼已转为舒畅。

多少回,我与我的同伴漫步在浮华世界,心中暗暗说道:"他是多么愚蠢和迟钝!"然而,一来到隐秘世界,我便发现自己专横、霸道,而同伴却睿智、风趣。

多少回,我喝"自我"之酒而酩酊,以为自己是绵羊,酒友是豺狼;及至酒醒,才看到自己是人,酒友也是人。

人们啊,我和你们都为表象所迷惑,无视自身的实质。谁摔了一跤,我们说他是堕落者;谁步履蹒跚,我们说他消沉颓唐;谁语无伦次,我们说他是哑巴;谁叹息,我们说他奄奄一息,在垂死挣扎。

我和你们都热衷"我"的外壳和"你们"的表面。因此,我们看不到灵魂对"我"的启示和藏在"你们"身上的隐秘。

当我们自高自大,对自身的真相视若无睹,我们能干些什么呢?

我告诉你们:"我的话也许是遮掩我真容的面纱。"我对你们也对自己说:"我们肉眼所见不过是一块乌云,它遮住了我们应当洞察的事物,我们耳中听到的不过是丁零之声,它扰乱了我们内心应当获得的感受。我们如果看见一个警察将一个人押入监狱,我们不应断言谁是罪犯;看见一个人满身血污,另一个人双手沾血,明智的做法是不要断言谁是凶手,谁是被害者;听见一个人在歌唱,另一个人在痛苦,让我们耐心等待,以确定谁是快乐的人。"

不,我的兄弟,你不要根据一个人的外表来推断他的实质,不要把他的一言一行当作他心灵的标志。笨口拙舌、被你看作愚昧的人,可能倒是生性聪颖、心明眼亮;长相丑陋、生活困苦、被你蔑视的人,可能倒是苍天给大地的礼物,上帝赐予世人的恩典。

也许你在一天里,参观了一座宫殿和一间茅舍。走出宫殿时,你满怀崇敬;离开茅舍时,你充满怜悯。然而,如果你能撕破感觉编织的假象,那么,你的崇敬会退缩成为难受,你的怜悯会升华成为景仰。

也许你从清晨到黄昏,碰到了两个人,甲跟你说话,声音如狂风呼啸,行动似千军万马;乙讲起话来,战战兢兢,声音发颤,语句断续。于是,你认为甲坚毅、勇敢,乙软弱、怯懦。然而,当你看到他俩在经受岁月的磨难,或为某一原则去献身时,你便会懂得,厚着脸皮虚张声势算不得勇敢,默默无言的羞赧也并非是怯懦。

你从你家的窗口望去,也许会从行人中看到一个修女走在右面,一个妓女走在左面。你立即会说:"这修女是多么高尚,那妓女是何等丑恶!"

然而,你如果闭上眼睛,略作谛听,那就会听到以太中的细微声音:"这修女通过祈祷向我恳求,那妓女怀着痛苦向我哀告。在她俩的灵魂中,我的精神各为她俩撑起了一把保护伞。"

你也许会在大地上漫游,寻找你追求的文明和进步。你走进一座城市,那里有巍峨的宫阙,豪华的书院,宽敞的街道。人们东奔西忙,有的入地,有的上天,有的抢夺闪光,有的询问空气。他们都衣冠楚楚,穿着入时,仿佛在过节或狂欢。

过了几天,你来到另一座城市,那里房舍简陋,巷道狭窄。一下雨,城市遂成泥泞之海;天放晴,又是尘土蔽日。城里的居民,依然淳厚、朴实,犹如弓上松弛的弦。他们走路慢慢腾腾,干活不慌不忙,看你的时候,仿佛还有一双眼睛在注视着你深处的东西。你满怀憎恶之感离开这座城市,心里会说:"我在这两座城市的所见所闻,差别之大如同初生与垂死。那里,强盛达到顶峰,这里,衰微到了极点。那里是奋发向上的春夏,这里是阒无声息的秋冬。那里,坚忍就像在花园里跳舞的青年,这里,疲沓好似躺在灰堆上的老汉。"

然而,你假如能借助上帝之光来看这两座城市,那就会发现它们是同一座花园里两棵相似的树。或许你会探究一下这两棵树的本质,你会看到,那棵树上的繁茂景象,只是晶莹闪光、瞬息即逝的泡沫,这棵默默无闻的树,倒是隐蔽着的、实实在在的瑰宝。

生活不在于它的表面,而在于它的实质。事物不在于它们的外壳,而在于它们的菁华。看人不能看长相,而要看他们的心灵。

信仰不能靠寺庙来显示,凭借礼仪习俗来说明;信仰藏在心底,体现在意念中。

艺术并不是你耳朵听到的抑扬顿挫的歌声,声调铿锵的诗句,或你眼睛看见的由线条和色彩组成的图画,而是夹在跌宕起伏歌声中的颤抖的休止,通过诗句传达给你的诗人心中的静默、安详和孤独的感受,和图画给予你的、让你看得更远、更美的启示。

不,我的兄弟,白昼与黑夜不在于它们的表象,我在白昼与黑夜的行列中前进,我对你说这些话,只是向你传达我宁静的心曲。你在洞悉我的心坎之前,切莫以为我愚昧;在剥去我的伪装之前,也别把我当作天才;没有窥见我的真心,不要说我是一毛不拔的悭吝人;不明白我慷慨解囊的动机,也不要说我仗义疏财;你要说我有情有义,须先看清我爱情中的全部光明和火焰;说我落落寡合,也应先摸一摸我那淌血的创伤。

我的心结满累累硕果

我的心结满了累累硕果,有愿将它们采摘下来、一果枵腹的饥饿者吗?

众人中难道就没有一个仁慈的斋戒者,愿食我的果实开斋,让我解除一些因为丰产而造成的负担吗?

我的心被金银压得喘不过气来,众人中有谁愿拿一些塞进他的口袋,让我减轻一些压力?

我的心装满了岁月的醇酒,有愿将它斟出、饮个酣畅的干渴者吗?

这是个站在街心的男人,向行人们伸出放满珠宝的手,对他们喊道:"可怜可怜我,请拿走吧!发发慈悲,把这些拿走吧!"然而,人们径自走去,并不顾盼。

啊,但愿他是一个乞丐,向行人伸出一只哆嗦着的手,收回时仍是一只发抖的空手,但愿他是个瘫痪的盲人,人们毫不留意地从他身旁走过。

那是一位慷慨的富翁,在人迹罕至的旷野与山麓之间支起了帐篷。每夜每夜,他都点火煮食,派出仆役去路口守候,望他们领来一位宾客,由他殷勤款待。然而,道路对富翁的厚赠十分冷漠,吝啬得连一个谋生、求告的人都不给他引来。

啊,但愿他是一个被遗弃的流浪汉。

但愿他无家可归,漂泊四方,一手拄着手杖,一手拎着水桶,每当夜幕降临,便与他到处游荡的伙伴们蜷缩在弯曲小巷的深处。他挨着他们坐,分享人们施舍给他们的面包。

那是一位伟大国王的公主,她睡醒起床,穿上紫红色的衣裳,佩戴起珠宝,往秀发上洒麝香,纤纤十指在龙涎香的液体里浸泡。然后,她来到花园散步,晨露沾湿了她的裙边。

夜阑人静,公主漫步在花园里,寻找她的情人。然而,在她父王的国度里,却没有人爱她。

啊,但愿她是个农夫的女儿,在谷地里放牧她父亲的羊群。傍晚,她回到父亲的茅舍,脚上沾满了跋涉留下的尘土,衣裳的皱襞里散发出葡萄的芳香。及至夜深,周围的人们都已进入梦乡,她步履轻轻,悄悄来到她情人伫候着她的地方。

但愿她是个修道院的修女,心灵如点着的线香,往空气中扩散着她心灵的馥郁芳香;她的灵魂似燃烧的蜡烛,向以太投射去她灵魂的光芒。她跪着祈祷,幽冥中的精灵把她的祈祷送入岁月的库房,那里保存着虔信者的祷告、恋人们的热情和孤独者的忧虑。

她与其做伟大国王的公主,倒不如是个老迈的老妪,与伴随她度过青春年华的人坐在一起,晒晒太阳,在她父亲的国度里,没有人会把她的心当作面包充饥,把她的血当作醇酒痛饮!

我的心结满了累累硕果,世上就没有愿将它们采摘下来、一果枵腹的饥饿者吗?

我的心装满了醇酒,难道竟没有愿将它斟出、饮个酣畅的干渴者吗?

啊,但愿我是棵不会开花结果的树,因为丰产的痛苦更甚于不育的难受;虽是富翁却无人向他求助,他的痛苦比起生计无着的穷人所感到的绝望来,更为可怕。

但愿我是一口干涸的井,人们向我投掷着石块。这比起充当一条干渴者们跨过时不愿饮用的溪泉来,还更好过。

我宁做被踩得遍体是伤的芦苇,也不做断了手指的主人、一家昏聩宅中的银质弦线的竖琴!

海滩上的一捧沙

为爱情忧愁可以吟唱,为知识忧愁可以诉说,为愿望发愁可以耳语,为贫穷发愁可以哀号。然而,还有一种忧伤,它比爱情更深沉,比知识更高尚,比愿望更强烈,比贫穷更痛苦。它哑然无语,不发出声响,它的眼睛恰似星星,会闪闪发亮。

当你遭受不幸,向邻居倾诉时,你会向他吐露一部分隐衷。他如是个心地光明的人,便会感谢你;如是个气量狭窄者,便会鄙视你。

进步,并非改进过去,而是向着未来迈进。

穷困是藏匿高尚面容的纱巾,抱怨是掩饰灾难真情的面罩。

未开化的人饿了,便摘树上的果子吃;文明人饿了,便买几经转售的果子吃,果子由他人从树上摘下。

艺术是由明显的已知向着隐秘的未知跨出的一步。

有些人恳惠我信任他们,让他们享受宽恕我的乐趣。

别人以为我欠了他的情,我才能了解他的真心。

大地呼吸,我们诞生;大地断气,我们死去。

人的眼睛是显微镜,它照出的世界比实际的更大。

那些把无耻当作勇敢、把温和视为怯懦的人,我与他们无缘。

那些认为喋喋不休是知识渊博,沉默寡言是愚昧无知,矫揉造作是一门艺术的人,我不与之为伍。

我们以为是困难重重的事,或许倒很容易办成。

人们对我说:"看到一个酣睡的奴隶,你不要唤醒他,他也许正梦到了自由。"我回答他们道:"我如看到一个酣睡的奴隶,便将他唤醒,跟他谈论自由。"

持反对态度,乃是最低限度的聪明。

我们会被美所俘获,而最美的事物却会将我们释放,连它的自身也毫无羁绊。

激情是一座火山,火山口不会生长犹豫的青草。

江河奋力奔向大海,不管磨坊的水轮是否折裂。

文学家由思想和感情构成,然后贡献出语言,研究者由语言组成,然后提供出少许思想和感情。

你吃得快,走得慢;你何不用脚吃饭,靠手走路?!

你的欢乐和悲伤,只有世界在你眼中变得渺小时才会显得巨大。

知识会催生你播下的种子,却不会把你当作种子播下。

只有当憎恨成为我自卫的武器时,我才憎恨。然而,只要我不是弱者,我就决不使用这种武器。

假如耶稣的高祖知道藏在他自身的奥秘,他便会对自己肃然伫立。

爱情,是战栗着的幸福。

人们认为我目光犀利,因为我透过筛子的网眼注视着他们。

我一感到寂寞的痛苦,人们便赞扬我饶舌的毛病,攻讦我沉默的优点。

在人间,有从未杀过人的凶手,有根本没有偷过东西的窃贼,也有只说实话的骗子。

需要佐证的事实,只有一半是真的。

让我抛弃那不流泪的明智、不微笑的哲理和不向孺子俯首的伟大吧。

睿智的宇宙啊,你被万物的表象掩盖着,你拥有万物,存在于万物之中,又隶属于万物;你听见我的声音,因为你是我自身的存在;你看得见我,因为你对一切有生命之物都明察秋毫;请在我发灵魂中撒下一颗智慧的种子,让它在你的茂林中茁壮生长,结成你的果实吧!阿门。

雾中的船

这是一个男人的故事。在一个雪花纷飞寒风呼啸的夜晚,我们坐在他那幢位于卡叠什山坡上孤立无傍的房子里,听着他讲述。

他一面用手里的棍子拨着炉灰,一面说道:

伙伴们,你们想要我告诉你们我为什么忧愁,你们想要知道每日每夜勾起我回忆的悲痛往事。

你们不喜欢我的沉默和守口如瓶,讨厌我的叹息和坐卧不宁。你们相互谈论:假如这个人不把我们领入他痛苦的寺院,我们又怎能进入他友好的家中?

你们说得对,伙伴们。不分担我们痛苦的人,绝不会与我们共享其他。

那就请听我的故事吧。你们光听,可不要表示怜悯,因为怜悯适用于弱者,而我虽然忧愁,却仍是强者。

我从刚成为一个青年起,不论是在白天还是黑夜的梦境中,总看到一位形态、性格均不同凡响的女性的倩影。在孤独中,我见她站在我的床旁；在岑寂里，我听见她的声响。有时我合上双眼，会感到她的手指抚摸着我的额头。于是我惊惶地睁开眼睛，一跃而起，全神贯注地谛听那虚无中的悄声耳语。

我问自己：是否受了想象的戏弄，堕入迷雾之中？我是否用梦境中的缕缕香烟编织了一个面容俊俏、声音甜美、善于温柔抚摸的女性，借以取代真实的女性？我是否神志不清，竟把理性的幻影当作伴侣，去爱她、亲近她、依靠她，为了接近她，我离群索居，为了能看到她的倩影、听见她的声音，我闭目塞听、毫不理会生活中的一切形象和声音？啊，我真的疯了吗？疯狂到了不仅茕茕独处，而且用孤独中的幻影创造出一个伴侣和妻室。

我用"妻室"一词，你们感到诧异。然而，确实存在着一些我们感到奇怪甚至要加以否定的经历，我们看上去，它们显属不可能，但我们的诧异和否定却抹煞不了它们在我们心中的存在。这位想象中的女性，便是我的妻室。她与我对生活中的各种爱好、志向、欢乐和愿望，态度一致，并常交换看法。我清晨醒来，总见她靠着床背望着我，眼中充满童稚的纯真和母亲的温情。我每想做一件事，她总帮助我如愿以偿。每当我坐在桌边，她总坐在我对面，与我交流看法和思想。每当黄昏来临，她总会挨近我说：起来，咱们到丘陵、山坡去走走。咱们在这间屋子里耽够了。这时，我会丢下工作，拉着她的手出去散步，一直走到暮色笼罩下的静谧旷野，我们肩并肩地坐在一块高高的岩石上，眺望远方的天际。她时而指指被夕照染成金黄色的云彩，时而让我聆听鸟儿的啾鸣，鸟儿在归宿林间前，正在做表示感谢和平安的祷告。

有多少次，正当我在屋里工作，感到烦躁不安的时候，她来到我的跟前。我一看见她，不安的心神便平静下来，烦躁的情绪也会被亲切和欣慰的感受所取代。

有多少次。我与人们相遇，内心就不可遏制地升起一股对他们的鄙薄心理、深恶痛绝的情感。然而，我一在这些人的脸中看见她的面庞。我内心的风暴便会转化为上界的仙乐。

有多少次，我独自坐着，心中如有一把用生活的痛苦和艰辛炼成的利剑在搅，脖子上套着人世间的难题和困厄组成的枷锁。后来，我顾盼四周，只见她正站在我面前凝视着我，目光炯炯，光彩照人。我顿觉雾消云散，心旷神怡，生活在我看来，恰似充满欢乐、喜庆的天堂。

伙伴们，你们会问我是否满意这种古怪而离奇的生活？一个青春年少的人是否能够安于这种你们称为幻觉、想象、梦境甚至是变态心理的情况？

我要告诉你们，我在那种情况下所度过的年华，乃是我所经历的美好、快乐、有趣和安逸的生活的泡沫；我和我那位以太中的伴侣，只是一个绝对而纯粹的意念，它在阳光下漫游，在海面上漂浮，在月夜里奔走，唱着凡人耳朵能听到的歌曲，伫立在众目睽睽之下。生活，全部生活，就在我们的精神体验之中；存在，一切存在，都在我们所了解和实践的事物中，我们为此笑逐颜开或备受煎熬。我在三十岁之前，精神上每日每夜都经历着一件事情。

但愿我还不到三十岁，我宁可在满三十岁之前死去千百次。正是那一年夺去了我生命的精华，使我的心头鲜血直淌，让我站在岁月的面前，犹如一棵光秃秃、孤零零的枯树，风儿轻唱，树枝不会摇曳婆娑，鸟儿飞过，也不在它的花叶之间做窠。

讲到这里，那男人沉默了一会。他耷拉着头，闭上双眼，两条手臂垂落在椅子旁，显得十分颓丧。我们呢，则一声不吭地望着他，等待他讲下去。接着，他睁开眼睛，用发自心田深处的声音断断续续地说道：

你们都记得,伙伴们,二十年前,这座山的统治者曾派我到威尼斯市去完成一项学术使命,他让我带一封信给他在君士坦丁堡结识的威尼斯市市长。

四月,我乘一艘意大利船离开了黎巴嫩。春意,弥漫在空气之中,随着海波荡漾,化成姣美的形象映现在苍穹的白云间。我怎样来向你们描绘我在轮船甲板上度过的日日夜夜呢?人类用以交流的语言,其能力不会超出人的知识和感觉的范畴。精神中却有比知识更深邃、比感觉更细微的东西,我怎能用语言来向你们描述呢?

我和那位以太中的伴侣度过的岁月,亲昵、融洽、恬静、快乐。我没有想到,痛苦正潜伏在幸福的帷幕后,苦难便是沉积在我酒杯底上的残汁。我从未担心生长在云端的鲜花会凋谢,化作新娘的黎明吟唱的歌声会消逝。我离开这些冈峦、河谷的时候,我的女伴坐在我的身旁,同乘着那辆送我去海边的车。我出发前在贝鲁特的三天里,我的女伴形影不离地跟着我,我每见到一位友人,总看到她也向他微笑;我每去参观一所学院,总觉得她携着我的手;傍晚,每当我坐在下榻之处的阳台上,倾听着市井声音的时候,她总跟我一起陷入沉思默想。然而,小艇载着我离开了贝鲁特港的码头,在我登上轮船甲板的那一刹那间,我感到了我精神世界的变化,只觉得有一只无形而有力的手抓着我的臂膀,听见一个深沉的声音在我耳边说道:回去吧,回到你来的地方去。趁轮船还未起航,快下小艇,返回你祖国的海岸。

轮船在海上航行。我站在甲板上,颇有点像一只被翱翔天际的雄鹰利爪掐住的小鸟。黄昏时分,海上的暮霭遮住了黎巴嫩群山的峰峦,我发现自己独自站在船头,那个我理想中的姑娘没有跟我在一起。我由衷地爱她,她陪伴我度过了青春岁月,每当我凝望苍穹,便看见她的面庞,我在岑寂中竖起耳朵,便听到她的声音,我向前伸出手去,便会摸到她的小手,可是这位可爱的少女却不在船的甲板上。第一次,这是我第一次发现我孤独地站着,面对黑夜、大海和天空。

我就这样踱来踱去,呼唤我心上的伴侣,望着那翻腾的波浪,但求能从那白色的泡沫中看到她的姿容。

夜深了,旅客们都已进舱安睡,唯有我独自待着,彷徨,惆怅,心绪紊乱。我蓦地回首一望,只见她站在雾气中,与我相距只有几步。我不禁战栗着,一面向她伸出手去,一面喊道:你干嘛丢下了我?干嘛丢下我孤孤单单一个人?你到哪儿去了?你在哪儿,我的伙伴?走近些,靠我近些,从今以后,再也别离开我了。

她没有向我靠近,而是始终站在原地不动。接着,她的脸上显出痛苦、悲伤的神情,我一生都没见过比这种神情更令我惊骇的了。她用极低微的声音说道:我从海底来,为了能看你一眼。这会儿,我要回海底去了。你回舱去睡吧,去做个好梦。

她一面说,一面在雾气中隐去,终于消失了。我像个饿了的孩子似的一个劲儿地喊她,向四面八方伸出手去,但摸到的只是夜露很重的空气。

我走进卧舱,心里思潮起伏,百感交集。我耽在船舱中,就像乘着另一条在绝望和迷糊的海上航行的船只。奇怪的是,我的头一靠着枕头,眼皮就发沉,浑身酥软,沉沉睡去,一觉到天明。我做了个梦,看见我的伴侣被钉在一棵开花的苹果树上,她双手、双脚淌下的鲜血,滴落在树的枝丫和树干上,接着又掉到草上,沾在散落在地的苹果花上。

轮船日夜不停地行驶在两个海洋上,我站在甲板上,弄不清自己究竟是一个负有人间使命、前往远方异邦的旅客,还是一个尽是雾气的空中飘游的幽灵。无论是在醒时还是梦中,我都感觉不到我的伴侣就在身旁,也看不到她的面容。我徒劳无益地祈祷呼唤,求那无形的力量让我听到她的片言只语,看到她的一个影子,或让我感受到她的纤指正抚摸着我的额头。

我在这样的情况下过了十四天。第十五天的中午,远处出现了意大利的海岸。当天傍晚,轮船驶进威尼斯港。来了一群人,划着涂有各种鲜艳色彩和图案的舢板,把旅客连同行李送进城去。

伙伴们,你们知道,威尼斯是一座建造在数十个相距很近小岛上的城市①,它的街道是条条小河,房屋、宫殿均建在水上,在那里,舟楫取代了车辆。

我下轮船到舢板时,一个水手问我:先生,您去哪儿?

我提到了市长的名字,水手尊敬地望了我一眼,十分重视,随即挥桨划了起来。

我乘着舢板前进。入夜了,夜幕笼罩着威尼斯市,宫殿、寺院和学校的窗户亮着灯光,映在水面上,闪烁不定。威尼斯,犹如诗人的梦,那陌生的景致和神奇的地方使诗人目眩神摇。舢板刚划到第一条水巷的拐角,我就听到一片铃声,数不清的铃在响,空中回荡着可怕的若断若续的悲痛呻吟。我虽然处于心神恍惚的状态,对外界的一切都很隔膜,但是,那铜铃的震响却像钉子一样,钻进我的胸膛。

舢板停在一条从水里铺向路边的石阶旁,水手回头看着我,用手指着一座耸立在花园中央的府邸说:这就是市长的官邸。我下了舢板,慢慢地向前走去。水手扛着我的箱子尾随在后。到了大门前,我付了船费,打发他走了。接着,我敲门,门开了,只见面前是一排仆役,他们低着头,在呜咽、抽泣、欷歔叹息。这情况使我惊愕,不知如何是好。

不一会,一个中年仆人走上前来,用他那红肿的眼睛望着我,叹了一口气问道:先生有何吩咐?我问道,这是市长先生的官邸吗?他点了

---

① 威尼斯的市区,建筑在118个岛上,是有名的"水城"。

点头。

这时，我拿出黎巴嫩统治者委派我带来的信，递给他。他默默地看了看信上的地址，然后缓缓地朝走廊尽头的门口走去。

在这过程中，我并没有去考虑和细想。过后，我才挨近一个年轻女仆，向她打听他们悲伤、哭泣的原因。她难过地回答道：奇怪，你难道没有听说市长的小姐今天去世的消息吗？

她再没多说什么，便用手捂着脸抽泣起来。

伙伴们，请你们想一想一个航海者的处境，他宛如一个模糊、暧昧的意念，被太空的巨人抛入翻吐着泡沫的海浪和灰蒙蒙的雾气之中；你们心里想象一下这样一个青年的状况：他在绝望的呼号和海浪的喧嚣中跋涉了两个星期，旅途终了的时候，他发现自己正站在一幢悲伤的幽灵四处游走、痛苦的呻吟充斥耳际的房子门前。伙伴们，你们心里想象一下到一座被死神的翅膀笼罩下的宫殿去做客的异乡人的处境吧。

去向市长呈递信件的仆人回来了。他向我鞠躬，说道：请，先生，市长在等您。

说完，他就在我前面带路，一直走到走廊尽头的一扇门前。他示意我进去。我来到一间宽敞、高大、被蜡烛照得通亮的大厅，里面坐着几位绅士和神父，他们都深深地沉默着。我刚走进几步，便见大厅中央站起一位银须老人，他的背被悲伤压得有些驼，脸上布满痛苦的神色。他迎上前来，握着我的手说道：我真过意不去，你远道而来，正遇到我们失去了最心爱的人。不过，我希望我们的不幸不会妨碍你完成你专程前来的使命。你放心吧，孩子。

我感谢他的关切，又对他的不幸说了几句前言不搭后语的话，以表示我的哀悼。

老人领我坐在他身旁的一张椅子上，我同那些默不作声的宾客一样，一声不响地坐着。我偷偷地望着他们悲痛的面容,听着他们的叹息之声,我的心里升腾起一团团愁云惨雾。过了一个小时后,人们一个接一个离去了,这间鸦雀无声的大厅里,就剩下我和那位悲伤的父亲。这时,我站起身来,走到他跟前说道:先生,请您允许我告辞了。他阻止道:不,我的朋友,你别走,留下做我们的客人吧,如果你目睹我们的悲愁,听到我们痛苦的呻吟还可以经受得住的话。他的话使我羞愧,我顺从地低下了头。他接着又说:你们黎巴嫩人是最好客的,为了异乡人在贵国受到的款待,你为何不在我们这里住下,让我们也对你略尽地主之谊呢!

稍停,这位遭受不幸的老人提起一只银铃摇了摇,一位穿着金银线绣边衣服的管家应声而入。老人指着我对他说:带我们的客人到东房去,照料一下他的吃喝,你亲自招呼他的事,让他休息好。

管家把我领进一间宽敞的房间,它结构精巧,陈设豪华,墙上挂满了画和丝织品,中间是一张贵重的床,铺着绣花的被子和枕头。

管家离去了。我躺在一张软椅上,想着自己,周围的环境,我的寂寞、孤独,想着我在远离家乡的异国所度过的最初时光。

管家端来一盘吃食和饮料,放在我前面。我稍微尝了尝,却无食欲。后来,我把管家打发走了。

两个小时过去了,我时而在屋子里踱方步,时而站在一扇窗边仰望天空,谛听水手的说话声和他们挥桨划水的声响。终于,我困倦了,我的思绪在生活的表象和奥秘之间飘忽不定。我躺在床上,迷迷糊糊,似睡非睡,似醒非醒,时而记起了什么,时而又忘得一干二净,犹如冲击海岸的海浪,时涨时落;我像是一块无声的战场,悄无声息的队伍正在厮杀,死神把骑士们摔倒在地,他们默默地在咽气。

不,我不知道,伙伴们,我这样究竟过了多久。在生活中,有我们灵魂跨越的空间,只不过,我们无法用人类思想发明的时间尺度去衡量这些空间。

不,我不知道,我这样耽了多久。当时和现在,我只知道正当我处在那种迷离恍惚的情况下,我感到有一个活生生的实体站在我的床旁,觉得屋子里有一股力量在振荡,以太中的自我在呼唤我,但无声响,在摇撼我,却无信号。我被一种不可战胜的控制着我一切的因素所推动、驾驭和吸引,双脚落地站起身来,走出房间,来到走廊。我身不由己地走着,走着,就像一个梦游者,在一个没有我们所理解的时间和空间的世界里走着。我一直走到走廊的尽头,进入一间大厅,中间停放着一具灵柩,两排蜡烛照着,周围鲜花簇拥。我走上前去,跪倒在旁。我看啊,看啊,竟看到了我女伴的面庞,那是藏在死亡面纱后面的我梦中女伴的脸。我看到了我无比钟爱的女性,看到了她成了一具白色的尸体,身上穿着洁白的衣服,躺在素净的花丛中,被寂静的岁月和永恒的恐怖笼罩着。

我的神啊,那爱情、生命和死亡的神啊,是你,缔造了我们的灵魂,然后让它们在光明和黑暗中漫游;是你,生成了我们的心灵,然后使它们怀着希望和痛苦跳动;你,正是你,让我看见我的女伴成了一具冰冷的躯体;是你,引导我从一地来到另一地,为的是向我显示隐伏在生命之中的死亡的目的,藏匿在欢乐里的痛苦的意愿;是你,在我寂寥孤独的荒漠中栽下了一株白色的百合花,然后你又让我来到一个遥远的谷地,为的是让我看到它枯萎、凋谢、死亡!

是的,我的伙伴们,我身居异乡寂寞时光中的伙伴们哪,如果上帝有意,他便会让我饮下一杯苦酒,遵从上帝的意旨吧。我们是人,是在无边无垠的空旷中战栗着的原子,我们只能俯首服从。如果我们在恋爱,那么,我们的爱情并不属于自己,也非为了自己;如果我们感到高兴,那欢乐也不在于自己,而在于生活本身;如果我们感到痛苦,那痛苦并非缘由我们的创伤,而是来自整个大自然的内部。

我向你们讲述我的故事,但并不怨天尤人。抱怨的人怀疑生活,我却是一个坚信者。我相信,我每喝一口那沉沉黑夜酿成的苦酒所感到的苦涩是有用的,那穿透我胸膛的钉子是美丽的,我也相信,那把我的心膜撕得粉碎的铁掌是仁慈的。

这就是我的故事。它并没有结局,我怎么来收尾呢?我一直跪在我梦中眷恋着的少女灵前,凝视着她的面容。后来,黎明用它的手指拂过窗户的玻璃,我这才站起,靠人类的痛苦感支撑着,被永恒的重负压垮了腰,我回到了卧室。

三个星期后,我离开了威尼斯,像一个在岁月深处度过了千秋万代的人似的,也像每个辗转漂泊的黎巴嫩人似的回到了黎巴嫩。

原谅我,伙伴们,我讲得太长了,原谅我吧!

七个阶段

我的心曾悲伤过七次。第一次是它企图通过卑贱来博取高尚;第二次是在瘫痪者面前瘸着走路;第三次在困难和容易之间作抉择时,它选择了容易;第四次它犯了错误,却诿过于人;第五次它自甘软弱,反把这种忍让说成是坚韧;第六次厕身在生活的污泥中,它畏首畏尾;第七次它对上帝吟诵经文,居然把诵经当成了自身的美德。

内心的告诫

我的心告诫我,教我要爱人们所憎,与他们仇视的人真诚相处;它告诉我,爱不是爱人者的优点,而是被爱者的长处。在我的心告诫我之前,爱是紧拴在两根相邻桩子上的一根细线。而现在,它已成为首尾相衔、烛照现有一切并且慢慢扩展以囊括未来一切的光环。

我的心告诫我,教会我注视那被模样、颜色和皮肤遮住的美,细细观察那被人们当作丑恶的东西,看出它的美好来。在我的心告诫我之前,我看到的美是在烟柱间抖动着的火苗;它消失了,我看到的只剩下灰烬。

我的心告诫我,教我倾听那些并非摇唇鼓舌、直着喉咙嚷叫所发出的声音。在我的心告诫我之前,我听力微弱,听觉迟钝,能感知的只是喧嚣和嘶喊。而现在,我会在寂静中侧耳倾听,听见那无声的乐队在歌唱岁月的颂歌,吟诵宇宙的赞美诗,透露冥冥之中的奥秘。

我的心告诫我,教我饮那不是榨出后斟在用手举起送至唇边的杯盏中的液汁。在我的心告诫我之前,我的干渴犹如灰堆中微弱的火苗,一口溪水或一口榨得的液汁即能将它浇灭。而现在,我把向往当美酒,把追求当饮料,把孤独当佳酿,我现在和将来都不须啜饮,但是,怀着这种不灭的热情,不啻是一种恒久的乐趣。

我的心告诫我,教我去接触那尚未成形、结晶的东西,教我懂得,可感知的只有一半是合理的,我们所掌握的只是我们期望的一部分。在我的心告诫我之前,冷静时遇到热情人,热情时碰到冷静者,萎靡时得遇热情人或者冷静者,我都会感到满足。而现在,我收紧的触觉已经松开,变成了薄雾,透过万物的表面,与万物的内在实质融合在一起。

我的内心告诫我,教我去闻不是芳草或香炉散逸出的气味。在我的心告诫我之前,我欲闻香,便求助于花圃、香水瓶或香炉。而现在,我闻到的是既非燃烧也非倾洒出来的香味。充塞我胸中的馨香,不来自这尘世的任何一家花园,也不由空中的哪一阵清风所送至。

我的心告诫我,教我在未知和危险呼唤我时,回答说:"我来了!"在我的心告诫我之前,我听到熟悉的召唤才起身,只走我经历过的平坦道路。而现在,已知成了乘骑,我跨上它奔向未知;坦途成了阶梯,我拾级而上直抵险境。

我的心告诫我,教我在衡量时间时别这样说:"昨天的已经过去,未来的明天再说。"在我的心告诫我之前,我曾以为过去的已一去不复返,未来的永远也达不到。而现在,我懂得了,眼下的这一刻包含着时间的全部涵义,可以期望,可以成功,可以实践。

我的心告诫我,教我不要用"这里、那里"的概念去限制空间。在我的心告诫我之前,我到了某一地,便以为自己已远离另一地。而现在,我明白了,我到达的某地即是各地,我占据的地点包含着全部空间。

我的心告诫我,教我在周围的人们酣睡时守夜,在他们醒着时入眠。在我的心告诫我之前,我睡着时看不到他们的梦境,他们熟睡时也无法观察我的梦想。而现在,我只在他们注视我时才遨游梦乡,我为他们入睡而感到欣喜时,他们已在梦境中自由翱翔。

我的心告诫我,教我不要因为赞扬而欣喜,由于受责而难受。在我的心告诫我之前,我总是怀疑我工作的价值和作用,直到岁月派来一位使者,加以褒奖或讽刺。而现在,我知道了,树木春天开花,夏天结果,它们并不奢望获得赞美,秋天叶子飘落,冬天枝丫光秃,它们也不怕遭受责备。

我的心告诫我,教育我并且向我断定,我不比流浪汉们高贵,也不比强权者们卑下。在我的心告诫我之前,我认为人分两种,一是弱者,我怜悯或鄙视他;一是强者,我追随或反对他。而现在,我懂得了,我是个个人,人类是由个人组成的群体,我的因素、意愿、欲望和道路,就是人类的因素、意愿、欲望和道路;他们有过失,我也有错,他们有所成就,我即引以为荣,他们奋起,我随之奋起,他们停滞,我也会停滞。

我的心告诫我,教我懂得我提的灯不是为了我,我唱的歌也不是在我胸中谱成。我虽凭借光走路,但我不是光明;我即使是一把上了弦的琵琶,但却不是一个弹奏琵琶的乐师。

我的兄弟啊,我的心告诫我并教育我,你的心在告诫你也在教育你。你我既相似又不同,我们差别在于我说出了我的心声,我的话有些刺耳,而你则毫不泄露你的心思,你的沉默中包含着一种美德。

你们有你们的黎巴嫩,我有我的黎巴嫩

你们有你们的黎巴嫩,我有我的黎巴嫩。

你们有你们问题成堆的黎巴嫩,我有我美好的黎巴嫩。

你们对你们的黎巴嫩抱有种种企图和目的,我对我的黎巴嫩怀着梦想和希望。

你们有了你们的黎巴嫩,那就满足吧,我有了我的黎巴嫩,却只是绝对的抽象的满足。

你们的黎巴嫩,是岁月试图解开的政治疙瘩;我的黎巴嫩,则是庄严雄伟地插向蓝天的峰峦。

你们的黎巴嫩,是被黑夜抛扔的国际难题;我的黎巴嫩,则是安谧、迷人的谷地,四处荡漾着丁当的铃声和水车的轻唱。

你们的黎巴嫩,是西部来的人与南方来的人相互争斗的场所;我的黎巴嫩,则是长着翅膀的祷告,它在清晨牧人们把羊群赶向草原时展翅翱翔,在黄昏农民们从田野和葡萄园里归来时振翼高飞。

你们的黎巴嫩,是一个有着无数首领的政府;我的黎巴嫩,则是一座庄重、安详的山,像诗人置身在永恒之中一般,它坐落在大海与平原之间。

你们的黎巴嫩,是狐狸对付鬣狗、鬣狗对付豺狼的伎俩;我的黎巴嫩,则是回想,它又让我听见姑娘们在月夜的吟唱和小伙子们往返于打谷场与榨油坊时的欢歌。

你们的黎巴嫩,是放在宗教领袖和军队司令中间的棋盘;我的黎巴

嫩，则是一座神殿，当我看腻了这滚滚向前的文明的真容，我的灵魂便进入殿堂。

你们的黎巴嫩，由两个人组成，一个敲錾子，另一个抓錾子；我的黎巴嫩，则是一个人，他在雪杉荫下曲肱而枕，除了上帝和太阳的光芒，他心不旁骛。

你们的黎巴嫩，即是港口、邮政和贸易；我的黎巴嫩，则是一种遥远的思念，一股炽热的情感，一句大地附在天空耳畔低声说出的上界的言语。

你们的黎巴嫩，充塞着职员、工人、经理；我的黎巴嫩，则是青年人的奋发、中年人的决心和老年人的睿智。

你们的黎巴嫩，是代表团和委员会；我的黎巴嫩，则是在狂风怒号、冰天雪地之夜火炉旁的聚谈。

你们的黎巴嫩，党派林立；我的黎巴嫩，则是一群少年，他们攀登巉岩，追逐溪流，在广场上击球游戏。

你们的黎巴嫩，到处是演讲、报告和讨论；我的黎巴嫩，则是黑鸟的啭鸣，白杨树和冬青槲枝丫的摇曳声，以及山洞岩穴传出的笛声的回响。

你们的黎巴嫩，是隐蔽在假聪明面纱后面的骗局，藏身在矫揉造作大氅里的伪善；我的黎巴嫩，则是一个毫无遮掩的朴素真理，水池里照出的，只是它安详的面庞和开朗的神情。

你们的黎巴嫩，是纸上的律法和条款，本子里的合同和契约；我的黎巴嫩，则是一种天然生成的生命奥秘，它明白事理，自己却不知道；是追随着未来裙裾的思念，它醒着，却以为自己在梦中。

你们的黎巴嫩，是一个揪着自己胡子、皱眉蹙额，只考虑自身的老人；我的黎巴嫩，则是一位青年，他挺拔如塔，笑靥宛若晨光，凡事都能推己及人。

你们的黎巴嫩，时而与叙利亚分离，时而与叙利亚联合，然后为了是合是离又用尽心计;我的黎巴嫩,则不离不合,不卑不亢。

你们有你们的黎巴嫩,我有我的黎巴嫩。

你们有你们的黎巴嫩和黎巴嫩人,我有我的黎巴嫩和黎巴嫩人。

你们的黎巴嫩人是什么样的人呢?

你们注意细看,我来给你们揭开他们的真相。

他们的灵魂诞生在西方人的医院里。

他们在扮演慷慨大度角色的野心家怀抱中,发蒙开窍。

他们是些软弱的断树枝,左右摇曳,没有自己的意志,晨昏战栗不停,却还不自知。

他们是与风浪搏斗的船,没有舵,也没有帆,犹豫是船长,前往的港口是魑魅魍魉居住的洞穴。——欧洲各国首都难道不是鬼魅的洞穴?

他们在自己人面前强横霸道、能说会道,在洋人面前却昏庸软弱、哑口无言。

他们在自己的报纸、讲坛上,是热心改良的自由人,但在西方人面前,却是听任摆布的反动派。

他们吵吵嚷嚷,如同蛙鸣,说:"我们已经摆脱了那暴虐的宿敌。"但那暴虐的宿敌却仍然潜藏在他们的体内。

他们走在柩车前面,吹吹打打,手舞足蹈,一旦碰上结婚的行列,他们的笛声即变成号啕大哭,舞蹈转为捶胸顿足、撕破衣裳。

他们只懂钱袋的饥饿,如果碰见一个精神饥饿的人,他们就会取笑他,躲开他,并且说:"这只是一个在梦幻世界里飘游的幻影。"

他们是奴隶,岁月把他们身上生锈的镣铐换成锃亮的锁链,他们便以为自己已经完全自由。

他们,就是你们的黎巴嫩人。他们中有谁能体现黎巴嫩石山的意志和崇高,有谁能反映黎巴嫩水的甘洌和空气的清新?他们中有谁敢说:"到我死的时候,我已使我的祖国比我出生时稍有起色?"有谁敢说:"我的生命是黎巴嫩血管中的一滴血,是它眼中的一滴泪,是它嘴角的一个微笑?"

他们,就是你们的黎巴嫩人。在你们眼中,他们是多么伟大,在我看来,他们是何等渺小!

但是,请你们稍待,细细看一下我的黎巴嫩人。

他们是农民,把高低不平的荒地变成了花圃、果园。

他们是牧人,赶着羊群从一个谷地到另一个谷地,羊群成长、增多,为你们提供肉类当食物,毛皮做衣裳。

他们是葡萄园的工人,把葡萄酿成酒,再把酒炼成糖浆。

他们是种桑养蚕的父亲,是纺绢织绸的母亲。

他们是收割庄稼的丈夫,是拾取柴草的妻子。

他们是建筑匠,陶工、织工,铸造铃、钟的工人。

他们是把自己的灵魂倾注在新酒杯中的诗人,是吟诵阿拉伯民歌"阿塔巴""穆阿纳"和短长格诗歌的质朴诗人。

他们离开黎巴嫩时,心中只有激情,臂膊灌注着决心,回国时,手里握有大地的财富,头上戴着桂冠。

他们无论在何处落脚,都能战胜周围的环境,无论出现在哪里,都很得人心。

他们在茅屋里出生,在知识的宫殿里去世。他们是黎巴嫩人,是风吹不灭的灯,时日腐蚀不了的盐。

他们步履坚定,朝着真理、美好、完善迈进。

一百年以后,你们的黎巴嫩和黎巴嫩人还能剩下些什么?告诉我,除了抱怨、谎言和笨拙,你们还给明天留下什么?难道你们以为岁月会在自己的记忆中保存欺诈、谄媚和捏造的情景?

你们以为以太会在自己的口袋中藏着死亡的幽灵和坟墓的气息吗?

幻想生活会用破布来遮盖它裸露的身躯吗？我要用确凿的事实告诉你们：村民在黎巴嫩山坡旁种植的橄榄树，比你们的全部业绩更恒久；在黎巴嫩田野里牛犊拉的木犁，比你们所有的愿望和抱负都高尚。当万物都在用心倾听的时候，我要告诉你们：在黎巴嫩高原上收蔬菜妇女唱的歌，比你们中最体面、最伟大的饶舌者所讲的全部话，都更有生命力。我要告诉你们，你们一无是处，如果你们了解这一点，那么，我对你们的憎恶将会转化为同情和怜悯，然而，你们却不了解。

你们有你们的黎巴嫩，我有我的黎巴嫩。

你们有你们的黎巴嫩和黎巴嫩人，如果你们能满足于空幻的泡沫，那么就满足于你们的黎巴嫩和黎巴嫩人吧。我呢，则满足于我的黎巴嫩和黎巴嫩人，我的满足感，甜美、平静、安然。

独立与毡帽

不久以前，我读过一位作家写的文章，他在文中对他搭乘的一条从叙利亚开往埃及的法国船上的船长和职员表示抗议，因为他在餐桌入席时，他们强迫他或者说试图强迫他脱下毡帽。我们都知道，进屋脱帽是西方人约定俗成的一个习惯。

这个抗议使我惊讶，它向我表明，这位东方人对于私生活中的一个标志是不肯苟且的。

我很钦佩这位叙利亚人的胆量，正如有一次我对一位印度王子的胆量感到钦佩一样。我曾邀请那位印度王子去听意大利米兰市的一出歌剧，他对我说："你若邀请我去参观但丁的地狱，我定会乐意随你前往。但是，我却不能坐在一个禁止我戴缠头巾、抽烟卷的地方。"

是的，看到东方人坚持自己的某些说法，哪怕只是他民族习惯的一个影子也抓住不放,这使我感到惊讶。

然而,我的惊讶现在和将来都抹不掉藏在这件事后面的、与东方人的本性、倾向和言论掺和在一起的粗浅事实。

如果这位认为在洋人船上脱下毡帽是令他难堪的作家想到,他那顶高贵的毡帽乃是一家洋人工厂的产品,那么,他在随便哪条洋人轮船的任何地方都会轻易地将它脱下。

如果我们这位作家想到,个人在琐事上的独立,过去和将来都取决于技术和工业这两大方面的独立的话,那么,他就会顺从地默默脱下他的毡帽。

如果我们这位朋友想到,精神和智慧都在遭受奴役的民族是不可能凭着衣服和习惯而享有自由的,如果他想到了这些,他就不会写那篇抗议文章。

如果我们的作家想到,他的叙利亚籍的祖父曾穿着叙利亚人纺织、缝制而成的衣服,乘着一条叙利亚的小船飘海去埃及的话,那么,我们这位自由的主人公就会只穿他本国生产的衣服,只乘由叙利亚船长和水手驾驭的叙利亚轮船。

我们这位勇敢作家的不幸,在于他只反对结果却不注意原因,未及探索本质已被表象所迷惑。大多数东方人的情况都是如此,他们只在鸡毛蒜皮的琐事上是东方人,而在重大的方面,却以模仿西方人为荣耀。

我要对我们的这位作家和所有戴毡帽的人说:用你们的手制作你们的毡帽,然后再在轮船的甲板上、山顶上或峡谷深涧里抉择如何处理你们的毡帽吧!

上苍知道,我写这些话并非是为毡帽,为在屋里或露天毡帽是脱下还是戴上。上苍知道,写这些话乃是为了一件比每一个瑟缩着身子的人头戴毡帽都更为深远的事情。

蒙面人

〔埃及〕哈桑·拉夏德

第一章

生活中的许多难题,越是纠缠,就越是复杂。这往往促使人想到离群索居,去寻觅寂静和安宁,远远地,远远地避开嘈杂喧闹和日常繁杂的事务。如果喧闹扰人的声音,紧张的工作,痛苦的追求和残酷的竞争乃是物质发展的必需,那么,精神却正与此相反,它需要安宁,静默,深思熟虑,以便勃发生机,渐趋沛然。然而,人——特别是当代人——能在孤独中生活吗?这正是黎巴嫩著名实业家艾布·马卡林试图证实的。他来到埃及,在马特鲁港附近建造了一家旅馆,取名为"孤独旅馆"。旅馆的生活为所有的下榻者提供完全孤独的条件。

每一个观赏过这家旅馆的人都不约而同地认为,它的确是名副其实的。旅馆坐落在海边的一座小山岗上。海水清澈,湛蓝;后山坡上芳草如茵,橄榄树、怪柳和月桂树郁郁葱葱。远远望去,只见旅馆悄然独卧,犹如在碧波浩瀚的大海和无边无垠、沙天相接的黄色沙海包围中的一个孤傍无援的渺小黑点。

新建的"孤独旅馆"是一家高级旅馆,只有那些大实业家、学者、艺坛明星和作家才能光顾。他们住上几天或者几个星期,欣赏这里迷人的景色,享受这家旅馆罕见的独特优点。除非是给他们送食物和燃料,其他人不论出于何种原因,都不许踏进旅馆。

艾布·马卡林在他的旅馆里,周到地为下榻者们提供他们向往的幽静、孤寂的一切条件。旅馆的卧室和厅堂都很宽敞,配备有最豪华的家具,陈放着最新版的书籍,阳台有绿树遮荫,放上盛开的鲜花,旅馆管理人员很懂得怎样把它们搭配得具有绝妙的艺术韵致。住房和小屋都自成一体,相互完全隔绝。

艾布·马卡林为下榻者和旅馆职员制订了严格的规章制度,人人都得一丝不苟地遵守,如不许携带儿童进来,关门要轻,不许大声说话,不得以任何刺耳或影响别人情绪的声响打扰旅馆里的人。

旅馆中的男女都经过精心挑选录用的,他们受过最好的训练,被教会了彬彬有礼地招呼和接待宾客。职员们的领班,男的叫阿拉维,女的叫法蒂拉,都是亚历山大市人,且有大学文化程度的青年。艾布·马卡林见他俩态度积极,聪明伶俐,又忠诚可靠,便将管理旅馆的重任交给了他们。

事实上,他俩都堪称接待人员的杰出典范。阿拉维二十九岁,身材颀长,结实,动作敏捷,脸上常带笑颜,浅棕色的皮肤,更为他增添了男子汉气概。

法蒂拉是个二十三岁的姑娘,身材苗条,长着一张红润动人的脸和一对晶莹明亮的眼睛,秀发披肩,樱红的嘴唇上常露出一个温柔而富有魅力的微笑。也许她最明显的特点是寡言,不爱唠叨。客人寥寥数语,她便理会其意。因此,大家都喜欢和尊敬她。

他俩分工管理着旅馆。有时,艾布·马卡林也来帮助他们。有时,他的独生女儿菲露兹带领一些亚历山大大学的男女同学暑假里来帮忙。菲露兹年方十九,相貌俏丽秀美。可是在亚历山大,她的邻居和大学的同学们都知道她对男青年抱有反感,原因是她曾向一个男青年表露心迹,却遭到了对方的欺骗。从那时起,她就与谈情说爱不沾边,全部精力用于大学的学习和暑期来给阿拉维和法蒂拉帮忙。

阿拉维和法蒂拉在旅馆里无比快乐。旅馆对他俩来说,就像一个小小的天园。他们为自己的工作和生活感到满意。由于他俩忠心耿耿,忘我工作,旅馆办得很成功,旅客日多。他俩连续工作了好几个月,谁也没有想过要吸引对方,或谈谈恋爱、家庭和婚姻之类的话题。之所以这样,除旅馆的规章十分严格,毫无灵活和可以通融之处外,还因为他俩一心扑在工作上。可是,一段时间过后,阿拉维就对法蒂拉产生了强烈的爱慕之心,后来,他被这种情愫所控制,不能自拔,甚至到了无法回避的程度,这时,他只得首先向她开口,表白了求婚的愿望。可是,法蒂拉听后却没有像他预期的那样,给予一个明确的答复。她既未表同意,也没有拒绝,只是要求他宽延一些日子,让她探明自己的心理,弄清自己对他的真实情感。

这情况一直持续到开罗大学教师、世界知名的化学专家舒埃布博士来到旅馆。舒埃布博士在这个旅馆才住了几个星期,阿拉维便察觉到法蒂拉对舒埃布的关心超出了限度。她对舒埃布笑脸相送,殷切相迎。舒埃布来到以后,法蒂拉发生了明显的变化。她时常愁眉不展,把她的笑容和话语都留给了这位开始经常到旅馆来从事科学研究的舒埃布博士。

舒埃布是一个精力充沛的青年,他身材高大,眉目清秀,一双明亮的眼睛闪烁着智慧、才思的光。几年前,他曾旅美,回国时带回了甲级荣誉化学博士学位,并怀着为埃及发明一种令人生畏的化学武器的决心,一旦以色列鬼迷心窍,要把核武器引进中东地区,他就要用这种化学武器来对付以色列的挑战。当时在美国,谁也不了解他的心思,大家只知道他发现了一些新的化合物,其特性过去没有人知道。他的论文在美国科学家中引起了轰动,报纸、广播和电视接连好几个星期报道他的论文。许多著名科学家就他的新发现跟他一起讨论。回国后,他听说了"孤独旅馆",便不时前来,以避开那些好打听者的眼睛,潜心思考这一重要发明的公式、数据,准备最后交给政府去制造。开罗大学的教授们为他们古老的大学培养出了许许多多富有杰出才华的学生而自豪,但他们更为舒埃布博士而感到骄傲。这不仅是因为他以少有的优异成绩获得了最高的化学博士文凭,而且还由于他拒绝了美国为挽留他,要他加入美国籍的所有诱人的聘书,他情愿返回祖国,为祖国效力。

一天,舒埃布到旅馆办公室去,他遵守规定,踮着脚尖走路。法蒂拉一见到他,嘴上便浮起俏皮而又甜美的微笑,这浅浅一笑,却引起了阿拉维恼恨的眼光。

法蒂拉温柔亲切地问:"您好!有事要我为您效劳吗?"

舒埃布微笑着说:"我来是想了解一下住在我隔壁房间里的新邻居们的情况,这行吗?"

阿拉维粗声粗气地说:"很抱歉,博士,我们不能照办。在本旅馆,我们把这种行为称作怂恿刺探秘密,是不许可的。我们要是这样做,将受到严厉的惩罚。"

舒埃布博士眉头一皱,两眼冒火,阿拉维的话显然刺伤了他的自尊心。不过,他还是平心静气地、不带丝毫恼怒或生气的语调回答说:

"看来,你没有理解我的意思。我不是来打听我邻居们的秘密的,我只是想知道他们的身份。如果这件事值得道歉,那么,我很抱歉……"他转身走了。

法蒂拉追上他,对他说:"且慢,博士,事情不能这样就算了。"

他转过头来望着她,问:"你这是什么意思?"

"我是说,你并没有做什么应当道歉的事,你的要求是正常的,无可指责……这全是一场误会。"

"奇怪,那么,那样的疾言厉色是什么意思?"

"我对你说了,这只是一场误会。"

"能听到你这么说,真是太好了,法蒂拉。我看,事情就到此为止吧。"

"那么,你现在不生气啦?"

"当然不生气,法蒂拉。"他望着她的眼睛,"听到你亲切的话语,谁都会把一切委屈丢到九霄云外的。"

法蒂拉的眼睛闪出了欣喜的光芒,她低声说:"听到这种夸奖,我太高兴了。"

他微笑道:"这一类的夸奖,你当然不是第一次听到。你待人亲切,机智伶俐,肯定会受到所有旅客的赞扬。"他停了一会儿,又接着说:"哦,我现在想起来了,你知道吗,你跟谁长得很像?"

"不知道,像谁?"

"你很像世界影星布丽奇特·巴多,没有人向你提到过这一点吗?"

"我记得有人对我说过。不过,我对男人们的话一向不怎么当真。"

"为什么?"

"因为我不太信任他们。"

"这里面肯定有原因。是有人欺骗了你,或者抛弃了你,还是你吃过男人的亏?"

"不,没有人欺骗过我,我也未吃过谁的亏。"

"那么是怎么回事?"

"我倒没有碰到过什么,而是我的朋友菲露兹遇到的事。"

"菲露兹,旅馆老板的女儿? 那个目光常流露出愁意的温柔姑娘?"

"不错。"

"她怎么啦?"

"博士,关于她,说来话长。得有半个小时才能讲清楚。现在时间不允许。"

"你能答应尽早讲给我听吗?"

"好吧,我答应。"

"这儿什么地方,咱们才能无拘无束地谈谈?"他又问,"这里的规章太严,没有一点灵活性。"

她犹豫了一下,然后说:"规章制度允许旅客周末晚上在餐厅里聚聚。到时候,只要求大家轻声交谈。这,你忘了吗?"

"哦,我倒确实忘了。"他微微一笑,"那么,咱们就定在星期六见面。"

"晚上八点。"

当天晚上,阿拉维上床的时候,情绪悒郁,忧心忡忡,脑子里的想法,至少可以说是阴沉异常。在舒埃布和法蒂拉最近这次见面之后,阿拉维对她是非常失望,也非常愤慨的同时,爱得却更强烈了。

清晨,阿拉维与法蒂拉见面时,像往常一样打招呼,她不时偷偷地看他一眼,目光疾如飞箭,充满了怜悯,又很冷酷,还饱含着令人灰心丧气的拒绝意味。对她与舒埃布的关系,她是怎么想的,对阿拉维个人怀有什么感情,她只字不提。她客客气气地与阿拉维一起耽在办公室里,显得莫测高深。

过了一个小时,阿拉维对她的沉默实在忍无可忍,终于回过头来对她说道:

"法蒂拉,我有些话想对你说。"

她投去询问的目光,接着,又低下头,一面翻阅堆在她面前的文件,一面说道:

"请耐心等一会儿。"

不多时,她合上卷宗,放好,然后坐到阿拉维面前的一张椅子上。

"你想说什么,阿拉维?"口气很不耐烦。

阿拉维有些踌躇,不知怎么开头。他终于鼓足勇气说道:

"法蒂拉,我还在等你的答复呢。"

"什么答复?"她问。

他抿紧双唇。法蒂拉的明知故问,使他恼火,不过,他压下了火气,说道:

"法蒂拉,我向你求婚,你答应我考虑一下的,你忘了吗?"

她转过脸去,回答说:"不,我没有忘。"

她想站起身来,但他抓住了她的手,不让她站起来:

"那么,你的答复呢?"

"我不知道。我还在考虑。"

"我想,七个月的时间做出决定是足够了。"

"你听我说,阿拉维,"她的态度很坚决,"咱们之间只是工作关系,在我对婚事拿定主意之前,应该始终如此。"

他骤然变色,两眼冒火:"你以为我真的笨得对身边发生了什么事都搞不清吗?"

她带着惊讶和嘲讽的口气问道:"你身边发生了什么,聪明人?"

"那个该死的舒埃布,他声音动听,会说甜言蜜语!我看见他怎么跟你眉来眼去……我不允许他再玩他那套把戏了!"

阿拉维的嗓门越说越响。法蒂拉望望隔壁房间的门,有几个职员坐在那里,她轻声地但是斩钉截铁地说道:

"嘘——,你吵什么?职员和旅客们会怎么说咱们?有一点你应该明白,从今以后,我决不允许你干预我的事情,你又不是我的监护人!"

说着,她站起身来,准备走出屋去。阿拉维顿时泄了气,他站起来说道:

"我求求你坐下来,让我们平心静气地谈谈,不要发火。"

"我不坐,除非你答应咱们得像有教养的人那样谈话。"

在这位懂得如何用理智控制自己感情和举止的姑娘面前,这番话足以使阿拉维羞愧得无地自容。命运仿佛想配合法蒂拉,也要让他丢脸。正在这时,进来一位新的旅客,来登记住宿。他四十岁左右,身材修长、瘦削,仪表堂堂,穿着考究。他看看阿拉维,又瞧瞧法蒂拉,一看到她,他的脸上顿时笑容可掬,惊喜地叫道:

"主啊,我看到什么了?这无疑是一个令人难以置信的奇迹!"

听到他的奇怪腔调,法蒂拉转过身来,诧异地问道:"先生,您是谁?您想要什么?"

"请原谅我的冒昧。我真不该在作自我介绍之前就用这种话唐突你,不过,看到这令人吃惊的奇迹,我是情不自禁了。亲爱的,我是电影导演伊哈卜·伊兹丁。我想,你听说过我不少事吧。"

法蒂拉瞧着他,嫣然一笑:"欢迎,欢迎。很高兴见到你,伊哈卜先生。你作为小说家、电影导演和制片人,我听说得可真不少。不过,你进来的时候,是什么奇迹使你喝起彩来啊?"

"这奇迹就是你。我一直在为我的一部新片物色一个女主角,她长得要像世界影星布丽奇特·巴多。我找遍了全国,一无所获,突然发现了你,真是福星高照,这个新发现将成为开罗甚至全国俱乐部的话题,成为人们夜间聊天的资料。我现在真觉得我是最走运的人了。"

法蒂拉顿时满面春风,眉开眼笑。阿拉维感到嫉妒在咬噬他的心,但是,他尽力克制,掩饰自己的内心活动,装出一副愉快的笑脸。尽管如此,他当下仍用生硬的口吻对伊哈卜说道:

"伊哈卜先生,你能否轻点声音?你这样高声讲话,是违反本旅馆规定的。"

"噢,对不起,"伊哈卜压低嗓门道,"非常抱歉,我违反了文雅的规定,拖累你们两位了。可是,我能向你提个问题吗?"

"请提,想问什么就问吧。"

"我从你的眼睛中看到某种不安的神色。你是这位小姐的亲戚吗?"

"不是。"

"是丈夫?"

"不是。"

"未婚夫?"

"差不多……"

"那么,这就是引起你变化的原因了。不管怎么样,你都不要担心,我会让你在影片中担任一个重要的角色,你可以经常在她身边。"他回过头来,望着法蒂拉问,"现在,你的意见如何?"

"我对什么的意见?"

"在我的新片里担任主角啊!"

答复是出人意料的。她沉吟片刻,答道:"非常抱歉,我不能同意。"

伊哈卜吃惊地扬起眉毛,凝视着她的眼睛:"你不同意?"

"是的。"她很坚决地说。

"为什么?"

"因为我对目前的状况挺满意。"

"你对电影女明星的生活和滚滚而来的金钱,似乎一无所知。"

"我现在的生活有什么不好?我每月拿一百镑,父母在亚历山大过得挺愉快,我还奢望什么?"

"你把这也叫作生活?"伊哈卜嘲讽地哈哈大笑,"这对你这样的姑娘来说，简直是坟墓。一个像你这样的美人，应该住豪华的宫殿，穿最华美的衣服，戴最昂贵的首饰，乘最阔气的汽车。所有这一切，你只有步入电影界才能实现。你要抓住机会，不要用这种莫名其妙的冷漠态度使机会失之交臂。"

"这不是冷漠，而是对到电影界工作的惧怕。"

"你怕什么？"

"我怕沾染上报上报道的某些艺术界人士的毛病。"

"请相信，这只是一些人散播的夸大之词，借此引起人们的兴趣。艺术界与各行各业一样，人员有好有坏，良莠不齐。"

法蒂拉低下了头，说道："这些话真让我动心，引得我要同意了，不过，还有些事也得说清楚，首先是我不愿放弃这儿的工作，我怎么能做到拍电影和现在的工作两不误呢？"

这时，阿拉维插话了："你别忘了，暑假在即，菲露兹可以到办公室来帮我们的忙。"

一向容易吃醋的阿拉维居然赞成让她去拍电影的主意，法蒂拉感到意外。她回答道：

"这或许能解决问题的一个方面，但却不是应该解决的唯一方面，还有许多方面也都应该解决，比如影片的题材，故事发生的地点，等等。"

"影片的题材，"伊哈卜微笑道，"围绕着嫉妒展开。不过，我还没有完成最后的脚本。明天开始，咱们可以交换交换意见。至于地点，则取决于嫉妒故事的剧情，这由我来选择。"

"我觉得，"法蒂拉说道，"你好像到现在还不知道故事的内容，怎么开头，怎么结尾。"

"任何一篇故事，最重要的是题目和主题，此外才是陈述、对话和人物刻画。"他停顿了一下，问道，"还有什么问题吗，小姐？请问芳名？"

"法蒂拉。"

"一个非常漂亮的名字。"他接着转脸又问阿拉维,"你呢?"

"我叫阿拉维。"

第二章

这一夜,阿拉维难过极了,苦熬着时光。他心绪烦乱,愁思万千,坐也不是,站也不是。他开始在屋里踱来踱去,接着,站在窗前眺望,让夜间湿润、清新的和风填满胸膛,眼睛望着朦胧的夜色。然而,他不上床去睡觉,而且也不想睡。这整整一夜,他就这么怀着不安的心情,来回踱步。在听到法蒂拉同意与他一起去拍电影之后,他本应该平静地度过这一夜的。他问自己,为什么这样忐忑不安,为什么竟会失眠,想来想去,只得出一个结论,那就是法蒂拉将离开他的生活,他不能像他梦寐以求的那样,把法蒂拉占为己有,在法蒂拉成为旅馆里以他该死的情敌舒埃布博士为首的地位显赫人士们目光追逐的目标之后,他已无望与法蒂拉一起实现他日思夜想的理想。阿拉维的脑海里一浮现出舒埃布的形象,他的内心便颤栗不已,怒气冲冲地脱口喊道:

"滚你的蛋!你以为你将赢得她,可是,已经晚了,我知道怎么把你从我的路上搬开。"稍停,他又自语道:"可是,干嘛这么提心吊胆?这家旅馆素以制度严格、监视极细著称,情人们在这里是很难如愿以偿的,充其量只能获得法蒂拉疾如闪电的一瞥,在这修道院般的旅馆里,恋人们怎么可能心情舒畅地幽会呢?"

法蒂拉这天晚上独自一人静下来的时候,内心卷起了狂澜,各种各样的事情都展现在眼前,她想象着不久的或遥远的未来,灿烂而甜蜜的理想的情景在她面前闪烁发光。她开始回忆起往事来,过去,她总是感到自己有两种矛盾的心理：一种心理要她乘着年轻、美貌投入爱的怀抱，满足心里的全部欲望；另一种心理则鼓励她要自强自重。

正当爱情在她心中掀起狂涛巨澜，道德观念在向她高声疾呼：要懂得羞耻，快后退，你的青春属于你未来的丈夫，而不属于所有的男人；你的笑靥只供一双眼睛享受，而不是为了取悦所有人的眼睛；你的美貌，充满魅力，不应该出售给所有色迷迷地望着你的人。法蒂拉的心中，总是激荡着这两股风暴，腾烧着这两股火焰。她一直在这两股激流中浮沉、飘荡，直到最近遇见舒埃布博士。她觉得，自己对他的感情是对任何其他小伙子所不曾有过的，觉得他就是应该集中体现她全部理想和希望的未来丈夫。

伊哈卜呢，他当晚回到自己的卧室时，为自己发现了一个新秀而高兴得手舞足蹈。他是个经常心血来潮的男人，人们有时看到他生气勃勃，兴高采烈，转瞬间，他又成了一个想入非非或陷入沉思的诗人。他经历的桃色事件，总不下数百次，尽管如此，他倒从不自欺欺人，说他陷入了情网。这一切，都只是心血来潮，一进入他心中就烟消云散。至于真正的爱情，还从来没敲过他的心扉。有多少次他对自己说：如果有朝一日我要谈恋爱的话，那么我只会爱上一个姿容俏丽、充满魅力、目光纯洁无邪、忠心耿耿的姑娘。他见到了法蒂拉，这天晚上，他自语道：

"法蒂拉的脸，酷似我希望爱上的姑娘。"

翌日清晨，阿拉维碰到法蒂拉时，发现她一如既往，显得高深莫测，又娇媚可爱，对他不亲不疏，不软不硬。她已经探明他的心曲，了解他的隐衷了吗？她知道他要设计陷害她的情人舒埃布，在关心舒埃布，不让他中计吗？这一切，都有可能，除此以外，不论是他阿拉维知道的或不知道的，也都有可能。他认定了，他的这位女伴，是一片深不可测的海洋，一个漫无尽头的长夜，一个难解的谜。

他俩谈论着夏季将至理应采取的措施，阿拉维说道："菲露兹放暑假来了以后,咱们肩上的担子当然会减轻一些,这对咱们去拍摄伊哈卜的片子是很有帮助的。"

"这件事你仔细想过吗,阿拉维?"法蒂拉露出专注的目光。

"没有。"

"我倒考虑了很久。"

"为什么呢? 难道你不愿当个电影明星?"

"我不知道。"她的语气流露出一丝令人惶惑的感伤,"我好像觉得自己缺乏表演的天赋。"

说得这么坦率,阿拉维有点惊讶和钦佩,不过,他马上就受到了震撼身心的打击,他听见法蒂拉接着说道:

"不管怎么说,我在做出最后决定之前,应该征询一下舒埃布博士的意见。"

"这类事情跟舒埃布博士有什么相干?"他毫不掩饰自己的烦躁和反感,"难道他已经有力量控制你,操纵你的行动,按他的意志来左右你了?"

"谈不上什么力量或控制,他是一位经验丰富、知识广博的学者,对一切事情,往往具有真知灼见。"她平心静气地说道。

"难道化学家无所不知、无所不晓吗? 特别是对这种与他的专业风马牛不相及的事情也如此吗?"

她颇为娇滴滴地说道:"你并不真正了解他。他对各门学科和艺术,是一部无与伦比的百科全书。你假如与他接触接触,就会发现他具有其他旅客所没有的气质。"

他愣愣地望着她,仿佛没听懂她的话。法蒂拉又娇憨而自豪地说道:

"你见过数不清的旅客,你看,他们中谁达得到舒埃布博士的水平?"

"我认为许多人都比他强。"

"比如谁呢?"

"比如曼扎拉卫先生,他就是个成功实业家的杰出典型,舒埃布博士怎能与他相比?"

"我看,他俩简直无法相提并论。曼扎拉卫是个中年人,却老不正经,行为像毛头小伙子一模一样。"

"他犯了什么过错,你给他下这么个结论?"

"你没看见他老围着菲露兹转,想利用她目前的不幸,诱她落入他的圈套吗?"

"他的举止引起菲露兹的抱怨了吗?菲露兹对青年人绝望了以后,曼扎拉卫是唯一能引起她兴趣的男人。他待人亲切,讨人喜欢,又充满朝气和活力,正因为有这些个性,菲露兹才跟他亲近的。不过,他虽然值得爱,由于生活孤独也需要有人爱他,但菲露兹正不可能像爱她原来的未婚夫伊克拉米那样爱他了。"

他俩的话似乎已经谈尽,或者说,他俩在这个话题上已走入了死胡同。两人都久久地默然无语。姑娘低下头,目光盯着面前的一张纸。半晌,她才说道:

"今晚,有位重要人物要来。"

"是实业家还是艺术家?"

"都不是。他是位德国的东方学者,名叫勃拉文。我从他的信中了解到,他选中咱们的旅馆,是为了专心致志地编写一本有关伊斯兰文明的书。"

"有必要做什么特殊安排吗?"

"不必,他没有要求特殊安排。"

又是一阵沉默。阿拉维打破了静默:

"咱们现在还是谈一谈原来的话题。"

"咱们原来在谈什么?"

"我是指关于拍电影和舒埃布博士的事。我仍然认为,要是把舒埃布博士从咱们的生活中排除掉,并且拒绝伊哈卜先生的建议,咱们将会过得挺快活。"

阿拉维已经把话说得一清二楚了,可是,法蒂拉却不想给他一个明确的答复,而是转着弯问道:

"你以为,伊哈卜先生说的话可信吗?我可是挺怀疑的。"

"我对他毫不了解,可是,我不喜欢他对你讲话的方式。"

"为什么?"

"因为他说你像世界影星布丽奇特·巴多的时候,是在过分地讨好你,有意夸大其词。"

"你过去看过布丽奇特·巴多演的影片吗?"

"没有。"

"有人看过,也说我跟她长得很像。"

"谁?"

"舒埃布博士。"

这时,伊哈卜先生沉着地走了进来。他轻声地向他俩问候:

"哈罗,一切都好吗?"

法蒂拉微笑道:"是你吗,伊哈卜先生?我过去以为艺术家们是不到中午不起床的呢。"

"谁告诉你我睡过觉了?"伊哈卜答道,"我压根儿就没睡。"

"你干吗不睡?"阿拉维问,"你的卧室不舒服吗?"

"正相反,它非常舒服。"

法蒂拉望着他问道:"那你干吗不睡觉?"

"因为我脑子里对故事内容产生了新的想法。我要是把新的故事轮廓讲给你们听,你们将会大吃一惊。"

"我看,那准是个精彩动人的故事,要不然,你就不会这样兴致勃勃了。"法蒂拉说。

伊哈卜一面在他俩旁边找个位子坐下,一面说道:

"这是个奇妙的故事,构思别出心裁。两位有时间听听吗?"

"你可以向我们讲个梗概,详细内容另找时间再谈。"法蒂拉答道。

"故事难道能离开细节吗?亲爱的,正是这些细节使我的故事显得有趣和引人入胜呢。"

"说的是。不过,你可以简单扼要地谈谈这些细节,而不是要你把故事中的有趣成分剔除。"

伊哈卜朝她微笑着,说道:"我要是对你的话表示什么异议,那就缺乏雅量了。我简单地说说吧:伊曼是一位年轻美貌的寡妇,丈夫去世时只给她留下了一千镑钱。她觉得最好的办法,莫过于同她的邻居、身强力壮的胡斯尼合伙开一家饭馆了。这家位于舒卜拉区汽车站附近的饭馆,向司机们提供他们所需要的便餐。两位合伙者轮流到饭馆工作,并找了两个帮手,一个是性格开朗、手脚勤快的男人,另一个是位严肃、容貌平板的中年妇女,因此,倒也没有什么麻烦。这样过了一年,两位合伙者积攒了一些钱,便想扩大他们的买卖。胡斯尼对货运卡车挺在行,也知道这行业有利可图,于是就建议伊曼买一辆卡车。伊曼同意了。接下来,是物色一个能干可靠的司机来开车。正当他俩在留心寻找符合条件的司机阶段,有一天,法里德来到饭馆。伊曼通过聊天,了解到法里德是个失业青年,想在汽车站找个工作。她说服胡斯尼雇佣法里德来开车。法里德年轻英俊,脾气随和,性格沉静。伊曼觉得与他谈谈,是一种乐趣。法里德来了几个星期之后,这对合伙者之间就开始出现分歧和争执。其原因是胡斯尼爱上了他的女合伙者,希望能够娶她为妻,特别是他俩的努力已取得成功,饭馆和货车带来了他们做梦也没想到的巨大财富。胡斯尼向伊曼求婚,而伊曼却一味搪塞,因为她不爱他,而爱法里德。胡斯尼发觉了司机与伊曼之间的恋爱关系,决心要把法里德撵走,但伊曼不同意,因为法里德没有什么不当行为,不应该开除。她警告胡斯尼,如果他一意孤行,坚持要怀疑她和法里德,她就要解除合伙关系。于是,胡斯尼着手寻找一种办法,既可以撵走法里德,又不触怒或失掉他的合伙者伊曼。他终于想出了一条计策。他知道,汽车的各种部件中,最要紧的是刹车,如果他能巧妙地使卡车的刹车失灵,那么,法里德在快速驾驶时,就绝难避免致死或致残的灾难,不论法里德是死是残,往后就再也不能扰乱他胡斯尼生活的清静了……"

说到这里,伊哈卜停住了,久久地不再作声。

法蒂拉望着他,问道:"你怎么不说了?"

"因为我还没有想好故事的中心环节。"他向她微笑,"我不是对你说过吗,任何一个故事,最重要的是标题和主题?"

这当儿,阿拉维望着他俩,在沉思。伊哈卜注意到他愁眉蹙额的样子,便问道:

"你怎么啦?我看你都走神了,这故事对你的影响真这么大吗?"

阿拉维发觉了自己的失态,竭力掩饰内心的慌乱,说道:"事实上,我的内心深处对那位合伙者想出的计划非常反感。我要是处在你的地位,就让他的情敌死里逃生,不让他安排的置人死地的陷阱得逞。"

"我相信,这样的结局,尽管不无悲伤,但有些人是喜欢的。不管怎么说,我们还有时间来安排一个动人心弦的结局,重要的是得让故事情节充满悬念,然后,突然雾消云散,真相大白,结局要出乎观众的意料之外。"

法蒂拉评论道:"我看,悲惨的结局是不受欢迎的,它肯定会在大多数人的心中引起不安,有时甚至是惊慌和恐怖。"

"这无关紧要,"伊哈卜回答道,"我看,重要的是剧作者创作的故事必须源于生活。"

"这就是说,你编的故事是从现实中受到了启发?"

"差不多。我相信自己曾在一份报纸上读到过一个类似的事件,便把它储存在记忆里,不知怎的,昨天这个故事竟浮上了脑海……不管怎么样,我现在要回房去了,把自己关上几天,集中精力写好故事的结局和影片的脚本。两位对我有什么要求吗?"

"是的,"法蒂拉说道,"我想让你知道,我不怎么相信我有拍电影的愿望……"

伊哈卜不知所措地望着她,仿佛不明白她的意思。法蒂拉接着又说道:

"有个人,我得先征求一下他的意见,我很信赖他的看法。"

"这个人是谁?"伊哈卜问。

"一位旅客,名叫舒埃布博士,你也许听说过他。"

"没有,没有听说过。"

"他是一位享有世界声誉的化学家。"

"化学跟拍电影有什么关系?"

"他是位知识广博的青年,对生活中的一切都挺有见地。你愿意认识他吗?"

"非常乐意。什么时候?"

"星期六晚上。"

"为什么恰恰是星期六?"

"因为这是一周中我们允许旅客离开房间在旅馆里相互见面的唯一日子。"

"在哪儿见面。"

"在餐厅。"

"餐厅里有吃有喝,还可以不受拘束地谈话吗?"

"不,也有限制,但不算太严。你问的一切都是允许的,但都有限度和范围。"

"那么,星期六再见。"

"再见。"

第三章

这天傍晚,一个约莫四十五岁的人来到旅馆,他又高又瘦,目光炯炯有神。见到他的人决不会怀疑他是一位学者,他的外表、举止和声音都表明他是一个有教养的人,博学多才,而且十分聪明。

他站着,眼光扫了一下法蒂拉和阿拉维,然后用标准的阿拉伯语说:"晚上好!我是东方学者勃拉文,你们收到我的信了吗?"

法蒂拉温和地答道:"收到了,我们已经给你留了一间合适的房间。"

"是朝大海的吗?"

"是的。"

"好极了,我关心的就是要能独自静思,不受打扰。"

"先生,这方面你尽管放心,"阿拉维答道,"本旅馆最主要的特点就是非常安静,这是其他旅馆所不及的。"

"对你们这家旅馆,我听说了不少,因此我才选择到这里来一心一意地编写我的新书《伊斯兰文明》。"

法蒂拉问道:"你认为你能利用住在这里的时间写成这样重要的著作吗?"

勃拉文把帽子往后一推,缓缓地点点头说道:"大抵差不多,因为这本书最大的一部分我已经完成了。"

阿拉维用钦佩的眼光望着他："这样的工作肯定很艰巨吧？"

勃拉文答道："是的，确实非常艰巨，需要精力高度集中。"

法蒂拉安详地望着他，温和地说："放心吧，我会亲自照顾你，让你出色地完成任务的。需要什么，就向我提。"

他的脸上露出高兴的神色："噢，非常感谢你，小姐。"

"我叫法蒂拉。"

"多美的名字啊！这名字实在是名副其实。"

"谢谢你的夸奖。"

她一面说，一面按了一下电钮，让服务员带东方学者去他的房间。

第二天上午，法蒂拉办公桌上的电话铃响了，她立即拿起话筒，只听得东方学者勃拉文用温文尔雅的声调对她说道：

"早上好，法蒂拉小姐！"

"早安，勃拉文先生！"

"我曾经请求过你，让我向你表示谢意。房间好极了。"

"哦，听到这话，我太高兴了。"

"我愿意向你肯定，昨天那样的一夜，是我在任何别的旅馆所不曾度过的。"

"甚至在德国也没有？"

"甚至在德国也没有。这里的宁静是无可比拟的。"

"看来，你讨厌城市。"

"不错。城市充满了喧闹和对物质的追求。而这里的生活正相反，它能使人的精神振作、充沛。"

"你似乎非常厌恶物质生活。"

"对此，我有自己的看法，兴许有一天我会告诉你。"

"你要是不认为这会浪费你的时间，干嘛不就在今天谈谈呢？"

"决不是浪费时间,今天就谈,我很高兴。咱们能一起喝杯茶,我将感到荣幸。这是否违反旅馆的规定?"

"按规定,这样的会面是可以的,但有个条件,那就是交谈的声音要轻。"

"好极了。那就请移驾前来吧。"

法蒂拉离开办公室,迈着她特有的轻盈步子从容地穿过大厅,走到大厅尽头,登上几级台阶。台阶两旁,置放着成排的花瓶和玫瑰花盆。她拐进左侧的走廊,往前走了不几步,便来到一间客房的门前。稍停顿了一下,她按响门铃。房门马上就开了,勃拉文满面带笑地迎接她,说道:

"欢迎,欢迎。请进。"

他一面请她入内,一面不停地表示欢迎。他拉着她的手,让她坐在一张豪华的安乐椅上,自己坐在她对面。他向她递上一杯茶,说道:

"有许多人说,这个与世隔绝的地方很快就会使人心情不舒畅,可是,我向你肯定,我倒挺喜欢这个地方。"

"肯定也有人持相反的看法。"

"当然有。这就有必要谈谈我的观点了。按我的看法,人生活在一对矛盾之中,有时偏重物质,使精神受到损失;有时又偏重精神,使物质蒙受损失。物质与精神无论哪一方面的损失,都是整体生活的损失。为了体现精神,物质是必不可少的;为了使物质有滋有味,精神也不可或缺。人如果为物质而活着,将会憋死在物质中,只靠精神活着,人又将孤立无援,日渐憔悴,被生活所抛弃。离开了精神与肉体的平衡,生活就不可能正常。缺乏这种平衡,就会造成不安、失眠和当代人深感苦恼的心理疾病。"

法蒂拉听勃拉文侃侃而谈,沉思了片刻,然后望着他问道:

"你好像不太满意孤独旅馆进行的试验。"

"恰恰相反。我非常满意,但有一个前提,就是旅客不得在此久居。"

你们的旅馆为沉默、安谧和深思提供了广阔的领域,但是,旅客一旦住得太久,那就将受到失去精神和物质平衡的威胁。"稍停,他接着说道,"你问了我不少问题,现在轮到我问你答了。"

她畏缩了,谦虚地说道:"我能告诉你什么呢?你就像是汪洋大海。"

"我要求你的跟学术毫不相干。我只想问一个个人问题,可以吗?"

"请吧。"

"你在生活中实现了我提到的那种平衡吗?"

"大致差不多。"

"这怎么可能呢?你在这里的生活就像个修女。"

"我并不一直住在这里。我在这里住两个星期,然后到亚历山大去与我父母亲团聚三天。这里和那里的生活都很美好,使我心中无比快乐。在亚历山大,有欢乐,可以溜达,看电影、戏剧,听音乐;在这里,可以沿着美丽的海边漫步,与这宁馨可爱的环境融为一体,结识许多文学、科学和艺术界的优秀人物。"

"我似乎觉得,这里所有的旅客都喜欢你,你谈吐文雅,待人和蔼可亲,总是满面含笑地欢迎大家。毫无疑问,你是因为结识了那些优秀的人物,才具有如此可爱的优雅风采的。"

"我不知道你这样说,是不是一种恭维。不过,总的来说,能与大多数的旅客,特别是其中的天才人物结下友谊,我是很感庆幸的。"

"这里有天才人物吗?"

"我这么想。"

"我多么希望能成为他们中的一员,从而能像他们一样,赢得你的友谊。"

"这将使我感到高兴。你既然这样想,那么,请先对我谈谈你自己和你的工作。"

他笑吟吟地问道:"你是想了解我的一生,还是近几年的事情?"

"从你青年时代谈起就行了。"

他低头沉思,接着望着她说道:"我年轻时身体很好,精力充沛,志向挺高,也很有钱。但是,从柏林大学毕业后,我没有正经的工作,只贪图眼前的享受。我爱好旅行,从一国到另一国,在我喜欢的地方,就多逗留一些日子,当我渴望看到一些新的面孔,或新的生活情景时,我就继续跋涉。当时,我就是这样,只有置身在人群之中,我才觉得真正的快乐,心情才舒畅。我的唯一消遣是观察人,不只是注意他们,而且还研究他们和他们的状况。我把观察所得都记录在日记上,像阿拉伯著名旅行家伊本·白图泰的做法一样。几年后,我回到德国的故乡,这时,我坠入了一个漂亮姑娘的情网。她一开始鼓励我,但不久就背叛了我,弃我而去。这次打击是很残酷的,它使我心灰意懒,变得伤感,喜欢孤独。后来,我到美国去了,在那里有机会研究阿拉伯的、波斯的和土耳其的文学,接着,我对中东各国进行多次访问以后,便深入地研究起伊斯兰文明来。"

法蒂拉热情地急不可待地问道:"作为一个东方学者,你怎么看伊斯兰文明?"

"这种文明包含着人类探索到的一种最深奥的哲理,"他显然很激动,"我曾经长久地研究过,终于得出了一种看法,我认为,这种看法将是我新作的精髓:阿拉伯人把文明介绍给了欧洲,我以为现在这种文明正向西传入美国,但是,或迟或早,它必将返回东方。"

"据说,不少东方学者正一窝蜂似的在撰写伊斯兰的文章,对此,你怎么看?"

"有些人肯定是滥竽充数的。但是,就我而言,我研究过伊斯兰教的产生和兴起,琢磨过《古兰经》和教律,钻研过伊斯兰教原则和各教派。我运用的是缜密的科学方法,我提到一种见解,必引经据典,注明出处。我敢发誓,我的全部引证,都出于诚意,我从未删节过一个词,也从未诽谤过伊斯兰教。"

"你研究过阿拉伯和以色列冲突的发展吗?"

"那当然,它是我研究的一个组成部分。你愿意听我谈谈这方面的看法吗?"

"是的。"

"那么,你听我说。首先,我希望你知道,我打心眼里讨厌以色列,因为它是一个种族扩张主义国家,一心想分裂阿拉伯民族,使之解体,在这基础上最终建立一个能控制全世界的犹太帝国。"

"那么,你认为以色列并不希望和平。"

"以色列不可能在和平的气氛中呼吸,因为移民的大量迁入和财政、军事援助的源源而来,都是建立在世界犹太人和同情他们的国家这样一种错觉上,即以为以色列处在被灭绝的危险之中。阿拉伯人如果能成功地消除这种错觉,向全世界证明在中东地区挑起战争的罪魁祸首是以色列,那么,他们就将把这个犹太人的实体置于无足轻重的地位。"

法蒂拉用钦佩的眼神望着他,说道:"这是我从一个外国人那里听到的关于以色列敌人的最具说服力的言论。"

她说的话和她的热情,使勃拉文十分得意和高兴。他答道:

"这是对你们的以色列敌人最低限度的说法了。以色列这个敌人,它的背信弃义、欺诈和卑劣真是罄竹难书。"

接着,他们的话题转到了法蒂拉在旅馆结识的最杰出的朋友身上。她特别提到了舒埃布博士和伊哈卜先生,赞扬了他俩在学术和创作方面的才华。她谈话的时候,勃拉文目不转睛地瞧着她,当她描述舒埃布博士的天赋和他在化学领域取得的成就时,勃拉文注意到了她的热情。她讲完了以后,勃拉文说道:

"咱们别谈化学及其领域了,我对此一窍不通,也不想知道什么。让咱们谈谈小说创作吧,这是我由衷喜欢的一种文学艺术。"

"对小说创作,你想说些什么呢?"

"我想,简而言之,小说艺术最出类拔萃的作家是俄罗斯作家。有人说,小说艺术在十九世纪的俄罗斯达到了完美的顶峰。当时,俄国人已超越了他们的老师法国人、英国人和德国人,成为大师,对这三个民族和其他民族的小说艺术产生了深远的影响,许多人把俄国小说引进了本民族的文学。造成这种优势的原因是俄国作家不得不创造出一种表达方式,他们的真实又不能让留心他们的统治者和审查官发觉。在这方面,小说作为一种艺术作品,正是他们最好的工具,不过,作家们也加进了必要的情景描写,使他们力图刻划的生活场面、生活中的痛苦、人们的各种情感和波动,都颇具新意。这导致他们走上了为艺术而艺术的道路,尽管他们并不是有意识的。他们没有提倡积极的东西,也没有提出治病救人的良方,而只是真实地描绘俄国的生活,反映其中的善与恶。到了本世纪,现代生活充满了恐惧、不安和复杂的因素,文学被迫去追求心理分析。我不知道你的朋友伊哈卜先生在他创作的小说里,有没有受到上述倾向的影响。能与他见面结交,并了解他的倾向,无疑将使我感到高兴,你如果能介绍我认识你的另一位朋友,我也挺高兴……他叫什么来着?"

"舒埃布博士。"

"哦,舒埃布博士。什么时候我能见见他们两位?"

"星期六,在餐厅,希望天从人愿。"

第四章

星期六到了,舒埃布博士和法蒂拉最早来到餐厅。他俩坐在靠角落

的一张小桌旁,脸上都露出欣喜愉快的表情。法蒂拉告诉她年轻的学者朋友:

"今晚,你将见到一个了不起的人物。"

他笑着问道:"是谁?"

"一位德国东方学者,名叫勃拉文,现在,我就跟你谈谈他。"

"不,不,现在不谈这个,还是跟我讲讲菲露兹的事吧,我很想听听。"

"好,让我想一想该从何说起。"

她吸了一口杯里的鲜橙汁,说道:"我拣主要的讲吧,细节就免了。"

"悉听尊便,我洗耳恭听。"

"菲露兹一定知道自己长得美貌动人,而且,她出生于富贵之家,从小就看惯了邻居和同学们赞赏和羡慕的眼光,青年们竞相追求她,但没有一个能赢得她的芳心。她的心肠很硬,对那些沉迷于她美色的痴情小伙子们所作的任何努力,都毫无反应。直到过了几年之后,她终于堕入了情网,深深地爱上了一个名叫伊克拉米的青年,从理智到感情都不能自拔。然而,不久她便受到了可怕的打击,她获悉她的情郎并不像她想的那样眷恋她,而是为了从他的几个朋友那里赢得一笔赌注在欺骗她、玩弄她。打赌的详情,一直没有人知道,直到有一个参加打赌的人把真情向菲露兹和盘托出,并把伊克拉米的书面保证拿给她看。伊克拉米打赌,保证把菲露兹诱入他的情网,他以此来向大家证明没有一个姑娘能难得倒他。这个令人痛苦的事实被揭露后,菲露兹心如刀割,柔肠寸断。此后,她与父亲和后母住在一起,过着离群索居的生活,对青年小伙子再也激不起丝毫的爱意。正因为这样,我才认为她有可能与一个中年人结合,也许会答应曼扎拉卫那样一个殚思极虑捕捉她的男人。"

"曼扎拉卫先生?"舒埃布吃惊地扬起了眉毛。

"是啊。"

"可是,他都到了她父亲的年龄了。"

"正是。不过,我也挺纳闷,他居然能赢得菲露兹、她的父亲和亲人们的欢心。"

"他这样有办法吗?"

"他是一个奇特的人,又是一个生活得十分满意和快乐的人,这可以从他的行为得到证实。他挥金如土,毫不计较。我现在要讲的话,不要传到菲露兹耳中才好:我怕曼扎拉卫是通过骗局和甜言蜜语把菲露兹紧紧地与他捆在一起,这种关系,到头来必然造成惆怅、后悔和眼泪,然后,曼扎拉卫很快跑到别的城市去,再去捕捉另一个姑娘。"

"我不认为他敢这样做。他只是想亲近菲露兹,让她对他建立起好感,然后诱她嫁给他。"

他话音刚落,就听得有人说道:"哈罗,这位是舒埃布博士吧?"

他瞧瞧来者,诧异地问道:"阁下是谁?想要什么?你好像认识我,你应该先介绍下自己啊!不过,我看在惶惶不安的份上,原谅你的这个过失吧。"

来人走近舒埃布博士,说道:"我既不惶恐,也无不安。我是故意开开玩笑的,你介意了吧?"

法蒂拉笑道:"这位是小说家和电影导演伊哈卜·伊兹丁先生。我正想跟你谈谈他的事呢。"

舒埃布博士微笑着站起身来,说道:"对不起,你使我猝不及防。不过,好像所有的小说家都喜欢搞突然袭击。"

"说得对,"他开玩笑道,"不过,我现在是来向你下最后通牒的。"

"最后通牒?"舒埃布也戏谑地答道,"你是想向我宣战……什么时候空袭?"

"今天晚上,除非你同意我的看法。"

"你什么看法?"

"让法蒂拉拍电影。"

一阵沉默。两个男人默默地对视着。法蒂拉带着微笑说道:

"你们这么站着干吗?"

他俩在她旁边坐下。她笑着问伊哈卜:

"来一杯鲜橙汁如何?"

"谢谢。"他说话的腔调挺一本正经,"我现在不想喝,谈完了正事我喝一杯咖啡。现在,舒埃布博士,你的看法呢?"

舒埃布稍稍有些犹豫,不知该怎样回答。他终于鼓起勇气问道:

"是谁要求征求我的意见?"

"是法蒂拉的要求。"

舒埃布嘴上浮起了安详的微笑,他与她很快交换了一下目光,法蒂拉的这一瞥足以向他表明她的心迹。这时候,舒埃布博士才知道,她也爱着他。他内心的迟疑瞒不过伊哈卜,他又问道:

"你为难什么,博士? 我在等待你的答复呢。"

"你要我直言相告吗?"

"当然。可是,我希望你不要急急忙忙地下判断,首先,你得知道,在前面等待着她的,是荣誉,是源源不断滚入手中的金钱……我还将使她成为人们交口赞誉的明星。"

舒埃布专注地望着他,缓缓地说道:"我以为,这些并不会让法蒂拉这样的姑娘感到快活。她无疑是个漂亮的姑娘,但她的美貌应该只属于一个男人,而不是所有的男人。"

"这是迂腐过时的论调,"伊哈卜愤懑地说道,"像你这样的现代人物,应该早就将此弃之脑后了。"

"我不是一个迂夫子。"舒埃布不同意。

"那你怎么会甘心让这朵鲜艳娇美的花在这阴森森的高墙后面枯萎呢?"

"谁告诉你她生活得很不幸?你可以问问她自己。"

伊哈卜转脸瞧着法蒂拉说道:"我知道,你的处境很尴尬。我敢断言,如果你听从了他,将会后悔不迭。"

法蒂拉脸上露出惶惑的表情,但过了一会之后,她像是下定了决心,说道:

"我很抱歉,伊哈卜先生。"

"什么?"他惊惶地问道,"你拒绝了?"

"是的。"

"为什么?"

"原因很简单,我不追求名望。"

舒埃布评论道:"一个人不追求名望无疑是件好事。功名心重的人与一心想发财的人一样,是永远不会满足的,他们是最不幸的人,因为他们的幸福在于不断地追逐,永不会满足,也永无止境。"

伊哈卜对他非常反感,但是,他压下了火气,沮丧地说道:

"你知道,博士,发现一颗新星对于导演的生涯来说,是一件大事,法蒂拉如果答应与我合作,只拍摄这么一部片子,这对她不会有任何损失,我向你担保,你看行吗?"

"你还是另外找个姑娘吧。"舒埃布直视着他,"你也许能从想出名的姑娘中找到一个满意的对象。"

"找到她这样的姑娘是不可能的!"伊哈卜的口吻露出明显的恼怒和紧张,"找到法蒂拉,是我福星高照,你干吗要挡住我的路,让我坐失良机。"

舒埃布斩钉截铁地说道:"你不必浪费时间了,伊哈卜先生。我了解法蒂拉,知道她对名望、荣誉看得很淡。"

伊哈卜怒气冲冲地望着他说道:"正相反。我开始提出这件事的时候,她并没有反对,是你使她改变了主意。"

他的声音越来越响。法蒂拉扫了一眼坐在他们附近的旅客,轻声说道:

"不必光火,有话好好地说,要不然我就走了。"

伊哈卜骤然变色,双眼射出怒火:"我不允许他毁了我的希望。"略停片刻,他又对法蒂拉说道:"我不是生你的气,因为我看到,你是他手里的驯服工具,但是,我仍然期望你能再考虑一下这件事,不要被他的意见所左右。谁知道呢,他如果摒弃了迂腐过时之见,也许还会改变主意。"

他一面说,一面站起身,又气愤又激动,全身抖动着离开了餐厅。

他走了以后,法蒂拉转向舒埃卜,用充满同情、怜悯的口吻说道:

"你看,咱们是不是得罪他了?"

"咱们没有做什么要受良心责备的错事。他从一开始就不讲礼貌,不遵守应有的礼节。尽管如此,如果他还要谈这件事,咱们就准备客客气气地谈,只要不给他达到目的。"

"咱们已经说得那么绝对,你以为他还会再谈这件事吗?"

"说老实话,我也不知道。可是,我觉得他好像另有企图。"

"你指什么?"

"我是指他可能一心想让你落入他的圈套。现在,当你弄明白了他的真相,他知道我与你站在一起之后,我想他一定觉得非常失望。他眼下准是满肚子的懊丧,因为作为人,他不能攫取你的美色,作为艺术家,他不能享有你的魅力。"

法蒂拉脸上的神情,既满意、快乐,又惊讶不已,她说道:

"这是我第一次听你说得这么坦率。"

"你允许我说得更直截了当吗?"他讲得挺认真,而且充满了柔情。

"非常乐意。"她笑靥如花,"你想说什么?"

他平静、温柔地说道:"我想说,我爱你,还从来没有一个男人像我这样爱一个姑娘。你在我心里占据的地位,是任何人不能企及的,我的心只想着你,我的思想因为你而转动,我也总是在为你着想。"

"听到你这么说,我真是太幸福了!"她非常高兴,又带着娇媚之态,"可是,你以前为什么不对我直说呢?"

"我愿意等一等,直到我能确定你对我的感情。"

她嫣然一笑,脉脉含情地问道:"你现在确信我的真实感情了吗?"

"确信无疑。我无需太聪明,从你的眼睛我就能明白一切。"

法蒂拉笑道:"这证明了一种许多人都不具有的聪明才智。"

"不,这不能证明什么聪明才智,而只证明你的眼睛清澈明亮,它告诉了我蕴藏在你内心深处的爱情和忠诚。"

这时,东方学者勃拉文走进餐厅。法蒂拉一瞥见他,就投去和蔼亲切的目光。她对舒埃布说道:

"他就是我跟你谈到的东方学者。你愿意结识他吗?"

"很高兴。"

她起身走向东方学者,说道:"你好。你愿意坐在我们这里,一起喝杯茶吗?"

"非常高兴。"他莞尔一笑,"跟你坐在一起的是谁?"

"舒埃布博士。"

"哦,是你跟我谈起过的化学家。"

"是的,正是他。他尽管年纪不大,但已是世界上一位大名鼎鼎的科学家了。"

"能认识他,是我莫大的荣幸。"

"那么,来吧,让我介绍一下。"她轻盈地带他到舒埃布坐的桌旁,对舒埃布博士说道,"这位是德国东方学者勃拉文先生。"

舒埃布博士起身与勃拉文握手,一面说道:

"欢迎,欢迎。见到你很高兴。"

"能认识你这样的大科学家,我也深感荣幸。"

"来吧,请坐。"

"谢谢。"

他在他俩旁边坐下后,法蒂拉问道:

"勃拉文先生,想喝些什么?"

"我想要杯茶。"

侍者过来,法蒂拉对他说道:

"两杯茶。"

"为什么是两杯,不是三杯?"舒埃布问她。

"我要请你们原谅了,"她微笑道,"我有事,得待在办公室里。"

她一面说,一面站起来,向他俩告别。她向餐厅门走去,步伐稳健而轻盈,充满了矜持和自信。舒埃布待她走后,转过脸,对着勃拉文,举起杯子道:

"祝你旅游顺利。"

"顺利之极。这次是我迄今为止最成功的一次旅游。"勃拉文的声音平静而深沉。

"你到过不少国家吧?"

"是的,欧洲和中东的所有国家我都去过。"

"你对哪些国家最感兴趣?"

"当然是中东国家啰,因为它们是我研究的对象。我最近在集中精力编写一本关于伊斯兰文明的新书。"

"是什么吸引你写伊斯兰教及其文明的呢?"

"你肯定知道,德国伟大的诗人歌德曾从伊斯兰文化之源汲取过养料,他的许多文学作品和诗篇,都把伊斯兰文化的著作列为参考书。从他写下的不少诗篇中,我们都能找到伊斯兰的精神和教义,他甚至把一些《古兰经》的章节改写成了诗歌。我曾读过许多这类的诗句,基本上是它们引导了我去研究伊斯兰文明和伊斯兰教的特点。"

"依你看,这些特性中最重要之点是什么?"

"最重要之点在于,这个宗教是人类的宗教,是天然的宗教,它具有的特性,能使人的各组成部分与大自然巧妙地协调一致,使现实和梦想,肉体的需要和灵魂的追求达到和谐。这就是它能适应各种发展,能够承前启后,适应各个时间和地点的秘密。"

"那你怎么看有些东方学者故意混淆视听的观点呢?"

"你指的是什么混淆视听的观点?"

"这些观点诡称伊斯兰教是靠宝剑传播的,是凭着长矛锋利才取胜的。"

"历史提供了驳斥这些谬论的证据。假如伊斯兰教是那样的话,那么,在它失去了宝剑的威力、伊斯兰教国家不再拥有征服力量的时候,伊斯兰教为什么没有衰微呢?在所有的伊斯兰国家都沦为殖民地,遭受到外来铁蹄的蹂躏时,伊斯兰教为什么未被铲除呢?因此,除了它本身的特点、自己的抵抗力和应付各种挑战的能力外,没有任何力量能够保护它,伊斯兰教不是通过耀武扬威,而是用它的教义,不是靠强迫,而是用说服和爱来吸引人们的。如果说,伊斯兰教结束了旧时代,那是因为它消除了种族主义、霸权、剥削和迫害,把人类从各种形形色色的邪恶的桎梏中解救出来。伊斯兰教凭着它过去表现出来的创造力,它提供的事实,它奠定的基础和它贯彻的教义,完全能够为你们的儿童和青年提供一种简明的方法,回答许多萦绕他们脑际的问题,能够很有说服力地反击在他们中散布并渗入他们心灵的思想。"

"你说得对。我看,这只有用现代化的方法在学校里传授伊斯兰教才能实现。宗教课应是一门基础课,是用这种理想的宗教文化教育我们男女青年的手段之一。只有恢复宗教、信仰、教律和生活秩序,我们的民族才有生命力,才有荣耀和出路。安拉的使者穆罕默德圣人说得好:安拉欲使人从善,便教他懂得伊斯兰教义。"

勃拉文用钦佩的目光注视着他,微笑着问道:"你精通教义吗?"

"我喜欢阅读宗教类书籍,阅读时像读化学、科技书籍一样专心。"

东方学者凝视着他,说道:"我从法蒂拉那里听说,你是最了不起的化学家之一,是吗?"

"我想是吧。"

"我也不知道为什么,每当我听人谈到化学和原子,就会不寒而栗。"

"这也许是你的脑子会联想起原子武器和化学武器的恐怖情状吧。"

"我想你说得有道理。原子和化学武器是可憎可恨的武器,趁着它还没有毁灭世界和人类,应该尽早将它销毁。"

"这是所有爱好和平的国家,以及仍在为争取自由而流血牺牲,为反对种族歧视、犹太扩张主义和各种形式的殖民主义而奋斗的国家的最大愿望。"

东方学者带着明显的热情说道:"全世界都不应该支持那些残暴的人,特别是你们的敌人以色列。"

他接着把话题转到阿拉伯与以色列的冲突上来,说道:

"我希望在中东实现和平。可是,我认为只要以色列觉得自己很强大,它就不想要和平。我与许多人一样,认为不能排除以色列向阿拉伯国家发动第五次战争的可能性。"

"这有可能。"舒埃布当即答道,"这符合以色列的侵略本性。"

他沉默了,不再吭声。勃拉文懒洋洋地往椅子里一靠,开始端详起餐厅的天花板和周围旅客的脸来。他在想另外一个问题。过了一会儿,他看看表,说道:

"我该走了。"

"你习惯于早睡吗?"

"我习惯于早睡早起,以便专心写作。"

"我晚上也不喜欢睡得很晚。"

"那么,咱们一起走吧。你住在几号房间?"

"53号。你呢?你的房号是多少?"

"我住在59号房间。"

"好极了,咱们住得很近,什么时候愿意,当然可以互相访问访问。"

"只要咱们遵守旅馆的规章制度,这当然没有问题。"

"咱们将严格遵守规章制度。事实上,没有比清静更好的了。"

过了一会儿,他们相互道别,各自回房。

第五章

翌日清晨,阿拉维坐在办公桌前,一面迅速地翻阅着一本杂志,一面窥视着法蒂拉的进进出出。

不一会儿,他的目光离开杂志,抬起头,用神经质的口吻对法蒂拉说道:

"法蒂拉,我想跟你说件事。"

她停住脚,问道:"你想说什么?"

阿拉维稍微有些犹豫,说道:"我想说,你的行为有点不合适。"

"你是什么意思？"

"我是说，你应该明白，你在这里的工作不像你以为的，是供男人们消遣的。"

她气忿地说道："住嘴，我不允许你对我讲这样的下流话，你听见了吗？"

"你要是以为可以用强迫的手段压制我不说话，那就错了。我对此是不会保持沉默的，你懂吗？从今以后，我也不允许你再做出那样可耻的行为。"

法蒂拉怒斥道："我警告你，不许再讲这样厚颜无耻的话！你是什么人，要你来监督我的行为？你是我的监护人吗？我警告你，以后别再让我从你的嘴里听到一句有伤我的尊严和自尊心的话，否则我就要向旅馆的主人告你，如果他不知道怎样管束你的话，我就辞职！"

阿拉维顿时气馁，说道："别这样，法蒂拉。你知道，自从舒埃布博士来了以后，这儿全乱套了。"

"谈不上什么乱套。"

"这绝不是我想入非非。人人都已发觉你对他的关心是异乎寻常的。"

正在这时，舒埃布博士走了进来，他步态从容，英俊的脸上带着常有的安详笑容。他向他俩打招呼道：

"两位早安。一切都好吗？"

法蒂拉脸色立即变得开朗，展现出笑颜，而阿拉维则感到嫉妒在咬噬他的心。

法蒂拉说道："早上好，博士。我没想到你会提早一个小时出门。"

"我想到海边散会儿步。"

他察觉到这儿的阴沉气氛，便转脸问阿拉维：

"你在忙什么,阿拉维?"

法蒂拉怕阿拉维说出什么伤害舒埃布的话,赶紧插嘴,抢着回答:

"这几天旅客多,阿拉维忙得不可开交。"

舒埃布想同他聊两句,但发现他的情绪异常,不想谈话。事实上,阿拉维正在紧张地思考,想找到一个摆脱舒埃布的办法,既不让人怀疑到他阿拉维,又不致激怒或失去法蒂拉。他好像终于想出了办法,一下子就丢开了那种死气沉沉的样子,微笑着问舒埃布道:

"博士,这个星期你都待在这儿吗?"

他的问题还没有得到答复,这时候曼扎拉卫先生走了进来,他向大家问候道:

"哈罗,各位都好。邮件还没到吗?"

法蒂拉简单地答道:"一切都好。直到现在还没收到任何东西。"

曼扎拉卫注意到舒埃布在场,便转向他问候:"你好,博士。我看,你正准备出门?"

"过一会儿,我想到海滩上走走。"

"好极了,你愿意我陪你吗?我觉得需要呼吸一下新鲜空气。"

"这使我感到荣幸。"

"你用早餐了吗,博士?"

"没有,还没有。"

"那么,让咱们在海边兜风之前,先到我的海边小屋去吃点什么。"

"非常高兴。"

曼扎拉卫对阿拉维说道:"请给我们送一份早餐到海边小屋。"接着,他又望着舒埃布问道:"你要饮料吗,博士?"

"这样美好的早餐,有谁会不欢迎来一杯鲜橙汁呢?"

"那好。我呢,则要喝一杯威士忌。"

他俩来到海边小屋,坐在一张小餐桌旁,开始边吃边谈,并不时地纵目远眺,那远方海天相接之处,犹如一幅艺术杰作。曼扎拉卫五十岁了,高个子,衣冠楚楚,谈吐文雅,几绺银灰色的头发更使他显得威严而庄重。他明亮的眼睛经常闪烁着迷人的光。他一开口说话,总透出同情和亲切的口吻,他的脸上带着善意的表情,以至就像一位父亲在同他亲爱的孩子们说话。

正是因为他具有这些特点,才使他轻而易举地吸引住了菲露兹。她瞧着他的目光里,充满了钦佩和赞赏,在她对伊克拉米绝望之后,更是如此。有些人说曼扎拉卫善良、慷慨,但也有人说他卑鄙、不讲信用;他积聚了巨大的财富,有人说他所用的手段都是无可非议的,也有人说这些手段中有间谍和走私的嫌疑。舒埃布和曼扎拉卫吃完了早餐,舒埃布说道:

"嘿,你愿意陪我到海边走走吗?"

"当然愿意。吃了这么一顿美餐之后,我更需要走动走动了。"

这时,他俩听见一个细声细气的声音:"曼扎拉卫贝克,你在里面吗?我找了你好久啦。"

曼扎拉卫迅速转过身来,一看见说话的人,眼中便流露出欣喜的目光。他喊道:"噢,是菲露兹,你好!"

他目不转睛地注视她走上前来。菲露兹身材苗条,容貌娇艳,一头波浪形的金发。她走近了,曼扎拉卫随即抓住她的手,打量着她,问道:

"见到你,我真是高兴。怎么去了这么久?"

她向他嫣然一笑:"你真的想我了吗?"

"想念之极。"

菲露兹转向舒埃布,微笑着问道:"你好吗,博士?"

舒埃布报以微笑:"好。"

曼扎拉卫问她道:"你考试都完了吗?"

"都完了。"

"考得怎么样?"

"都还挺不错。"

"你在这里,除了帮帮法蒂拉和阿拉维,还想做些什么?"

"没什么,没有什么重要的事。"

她漫不经心地举起了手,被曼扎拉卫抓住了。她望着他,心里感到十分惊奇,持续了约有一秒钟,转瞬间,她心里想道:

"我喜欢他,他年纪稍嫌大了些,正因如此,我才喜欢他。"

曼扎拉卫终于放开了她的手,笑道:"你的手指都沾染着墨水,这证明你将获得文学士学位,有朝一日会成为一名出色的女律师。"

他笑着,舒埃布博士也笑着,菲露兹跟着他俩也笑了起来。

曼扎拉卫又说道:"我们要到海边去蹓蹓,你去吗?"

菲露兹同意了。他们沿着海边散步,步伐挺一致。她走在他俩的中间。曼扎拉卫拉着她的手。舒埃布注意到,以往经常笼罩着她脸庞的烦恼和忧戚之色已经一扫而空,她显得那样的快乐、活泼和有朝气。在回来的路上,曼扎拉卫问他们两人:

"今晚,咱们一起吃晚饭好吗?"

"在哪儿?"她问。

"在我住的房间里。"

菲露兹和舒埃布接受了他的邀请。

到了约定的时间,他们坐在一起吃晚餐,漫无边际地聊着天。

曼扎拉卫把酒杯举到嘴边,目光炯炯地望着舒埃布博士,说道:

"干杯,博士。这种香槟喝得再多也不会伤害身体的。"

舒埃布歉疚地答道:"我的确不喝酒,曼扎拉卫先生,请原谅。"

"你把这叫作酒,博士?"他叫了起来,"再说,你四分之一的岁数是在美国度过的,这岂不是太离谱了吗?"

"不管怎么说,酒并不是这世界上最重要的享受。"

"照我看,酒可是最能使人愉快高兴的东西了。"

"这是一种幻觉。事实上,酒这东西既危险,又有害。你不应该麻痹大意得真以为酒能给你带来什么好处。"

"难道喝三四杯酒就有损于健康吗?你不会喝酒,博士,不知道什么叫酗酒。你要问我,我就告诉你。"

舒埃布博士无意争个明白或表示反对,因为他觉得,当着菲露兹的面让曼扎拉卫下不了台或感到屈辱是不合适的。对这种无稽之谈,舒埃布根本不信服,但也只能表示沉默,终于,他起身告辞,走了。

不一会儿,菲露兹也回自己的房间去了。她习惯于与法蒂拉同住一屋。她觉得自己变得重要了,一个年富力强的小伙子欺骗并背叛了她,而一个与她父亲年龄相仿的十足现代派男人却爱上了她。这完全是一场游戏,挺适合当作一道有趣的方程式来解。此外,她自我感觉很好,内心准备迎接各种各样的斗争和由此而产生的形形色色的问题,特别是当她的父亲和后母到伦敦去治病之后。法蒂拉见到她,便问道:

"菲露兹,我看你回来得太晚了。你刚才在哪儿?"

"我跟曼扎拉卫贝克在一起。"

"奇怪,你还留恋那个老头啊?"

"这有什么不好?"菲露兹并不以为然。

"他跟你父亲的年纪差不多。你对他又什么都不了解。"

"我对他怎么不了解,他是一位大实业家,经营着开罗一家很大的进出口公司。"

"他的年龄呢?"

"你说他哪里老了?他仍然很年轻啊。"

"你没看到他的斑白头发吗?"

"白发就是衰老的标志吗?青春要看这里……"她用手指点自己的心。

法蒂拉同情菲露兹的境遇,挺怜悯这个可怜的姑娘。她叹了一口气,说道:

"我就好比是你的姐姐,你听我的忠告,离开那个男人吧。"

菲露兹不以为然地耸耸肩,答道:"我不离开,我对你说过,我不离开他。将来,我要同他结婚。"

"那随你的便。"法蒂拉说着,钻进了被窝。

第二天傍晚,菲露兹到海边去与曼扎拉卫相会。他俩一面坐着吃糖果,一面交谈着。曼扎拉卫讲的话亲切动听,充满了柔情蜜意。菲露兹耳朵听着他讲,心里直问自己:

"法蒂拉要我敬而远之的就是这个男人吗?"

曼扎拉卫问道:"你今天怎么啦?我看你神思恍惚,情绪低落。"

她微微一笑,笑容中夹着苦涩和伤感,答道:

"是为了法蒂拉,我们吵嘴了。"

"因为什么?"

"因为你,"她笑道,"就是因为你,我才同她争吵的。"

"因为我?我怎么会造成你们这对好朋友的争吵呢?"

"她要我别来与你相会。她忘了,我是一个成熟的姑娘,我想做什么就做什么。"

曼扎拉卫沉吟片刻,说道:"你还没有把你们之间发生争执的详细情况告诉我呢。"

"就我刚说的这些。她是替我担心,怕我吃你的亏。"

"你对我有什么担心吗?"

"没有的事。我一点都不怕你,因为我对你很信任,也很放心。"停了一会,她又问道,"你呢?你对我有什么要求?"

"我希望能把你过去的不幸留在你心上的影响彻底抹去,我希望看到你称心如意,情绪安定,生活中笑颜常开。"

"我也是,希望你满意、快乐,可是,我不知道怎样才能做到这一点。"

"这不需要什么智慧、窍门和本领,要做到这一点,只需要一样东西。"

她困惑地望着他,仿佛并未理解他的话,问道:

"什么东西?"

"结婚。为了咱们能得到幸福,能够使反对咱们的人无话可说,不反对咱们,也不再企图设置障碍,结婚是咱们唯一的必经之路。"

菲露兹的眼睛闪过喜悦的光,说道:"这真使我高兴。不过,我有一个要求。"

"什么要求?"

"你既得像父亲待女儿似的对待我,也得像热恋中的情人一样与我共同生活在一起。"

他的手指插进她的金发,说道:"我向你保证,无论白天还是晚上,无论何时何刻,你都会发现我是你喜欢看到的人,看到我是一个忠于妻子的丈夫,是位情深谊长的朋友。"略停,他又说道:"现在,你已经知道我将来对待你的态度了,你将怎么对待我呢?"

她满面带笑地答道:"当你需要母亲的慈爱,我将待你如慈母;当你需要姐妹的情谊,我将是你的贤妹;当你需要家室的温暖,咱们将来一定伉俪情深;当你需要女友的欢快,我会是你的好知音。这一切,我都将做到。"

"你说得太好了,菲露兹。"曼扎拉卫满怀柔情,"你知道吗,你是我有生以来第一个向我倾诉绵绵情意的姑娘。"

她凝望了他一眼,目光充满魅力:"这就是说,你从来没有衷心地爱过人吗?"

曼扎拉卫凝眸远望,过了片刻,用感伤的语调说道:

"不瞒你说,我以前曾经爱过一个姑娘,然而,命运给了我一次致命的打击,几乎毁了我的一生,葬送掉我的前途。那姑娘死了,那深挚的爱也一去不复返了,从那以后,我从未想到过恋爱,全部心思都放到了工作上,这样,一直到你出现,我爱上了你。这就是我简单的爱情生活。你可以看出,在我与你相识之前,我的生命只是一片空虚。"

菲露兹默默地注视着他。他的脸上浮出一抹淡淡的微笑,然后,用满含痛苦的语调说道:

"真抱歉,我好像让你受惊了。"

她脸上露出温柔的笑容,说道:

"你没有让我受惊,正相反,你使我更加喜欢你了。"

准备回旅馆了,他俩站了起来,菲露兹挽着他的手臂,轻快地依傍着他向前走,宛如一只快乐的小鸟在天空中飞翔。

第六章

连续两个星期,菲露兹和曼扎拉卫出去了好几次,不过都有法蒂拉、舒埃布和勃拉文陪同。他们都喜欢散步,在旅馆周围的空旷地区蹦跳,相互讲述着以往旅行中的趣闻。

一天傍晚,他们一如往常到野外去,走了大约五英里后,来到一座房子的小木门前。曼扎拉卫走上前去敲门。此时,太阳已开始向西沉落,撒下一片金色的余晖,给他们的周围染上迷人的色彩。

曼扎拉卫听见屋里有脚步声在朝门走来,便说道:

"我认识这家的女主人,她叫纳伊玛,能向我们提供挺不错的鲜奶。不过,你们先朝后面看看,这自然景色怎么样?"

景色确实是奇丽无比。天际闪耀着金色的光辉,和风轻轻吹拂,带来了海水的湿润和咸味,空气明净、透亮。这一切在他们的心里,留下了强烈的印象。门开了,一位老妇出现在门槛边上。曼扎拉卫对她说道:

"你好,纳伊玛,我们想要些鲜奶,带到野外去喝。"

"遵命,先生,一刻钟后就送去。待会儿,你们坐在哪儿?"

"就在那边,那小山冈脚下。"他又转头对法蒂拉说道,"这会儿,咱们可以更好地欣赏一下你带来的音乐录音带了。"

他们向小山冈走去,在山脚下各自找了个地方坐下,开始亲切而愉快地谈笑、聊天。不几分钟,那老妇提着个容器来了,容器里放有一壶鲜奶、几个面包和水果。菲露兹脱下帽子,让金色的波浪起伏的一头秀发披散在肩上——她以前的头发短而卷曲,梳法一如男人。她和法蒂拉一起,帮老妇人把食物送到三个男人跟前。

他们时而絮絮叨叨,时而听听音乐。暮色渐浓,吞噬了落日彩霞残留的暗红色。

过了一个小时,曼扎拉卫站起来说道:

"该回旅馆去了。"

"该回旅馆了,"舒埃布博士像回声地重复他的话,"咱们走吧。"

在归途,舒埃布博士故意走得较慢,他凑近曼扎拉卫,悄声说道:

"请慢点走,我想单独与你谈谈。"

曼扎拉卫诧异不已:"你想单独跟我谈什么?"

"这样可以不让人听见咱们的谈话,你觉得不方便吗?"

曼扎拉卫惶惑地摇摇头,他放慢了脚步,问道:

"真有这个必要吗?"

"有件事,我想提出忠告。"

"你的话令我莫名其妙。你想说什么?"

"我想对你的良心说几句话,想作一次男子汉之间的谈话。"

"这是什么意思?"

"我的意思是,你与菲露兹结婚对你们两人都不利,它必将导致一场悲剧,对你俩来说,后患无穷。"

"真的吗?"他讥讽道,"你受谁的委托来跟我谈这件事的?"

"我认为我有责任这样做,因为菲露兹在她父亲病后、她父亲与她后母到欧洲去治病以后,需要有人关心她。"

曼扎拉卫的语气中蕴藏着怒意:"我很遗憾,博士,我无意听从你的劝告。"

"别忘了,你和她的年龄相差三十多岁。"

曼扎拉卫皱起眉头,双眼冒火,这句话似乎伤了他的自尊心。他说道:

"这不关你的事!要不是与大伙在一起,我非给你上一堂礼貌课不可!"

舒埃布当场反击:"我不需要人来给我上礼貌课。你把话说出口之前,先应掂掂分量。"

"你知道我们把你这样的人叫作什么吗?"曼扎拉卫依然怒气冲冲,"我们称之为多管闲事的人!"

"那么,咱们就谈到这里吧,没有必要越说越远。"舒埃布说完,不等曼扎拉卫回答,便快步向前,赶上了其他的伙伴。

曼扎拉卫仍站在原地不动,寻思着。他问自己,舒埃布能影响菲露兹吗?能使她对他的看法心服口服吗?舒埃布如果真能影响她,那么,全世界都无法让他逃脱我的手心。

一个星期过去了,菲露兹丝毫未变,这使曼扎拉卫暗自感到欣喜。第二天,他邀请菲露兹到亚历山大市的圣伊斯梯法努饭店吃晚饭。吃饭的时候,他对她关怀备至,大献殷勤。菲露兹专注地听着他讲话,脸上浮出甜蜜的梦幻般的表情。

他停了一会,接着开始谈论结婚计划,说道:"现在,菲露兹,我可以知道咱们什么时候结婚吗?"

她开心地笑了:"老提这件事,你不觉得累吗?"

"我等腻了,已经没有耐心了。"

她抚摸着他的手,微笑道:"我不是跟你说过,等爸爸、妈妈从英国回来,咱们就着手筹备吗?"

"他们什么时候回来?"曼扎拉卫挺不耐烦。

"我不知道。"

"你父亲的病搞清楚了吗?"

"他得的是肝硬化。"

"身体有什么变化吗?"

"没有,有些好转,但总的变化不大。"

"我希望他能早日痊愈。"吃完晚饭,他邀请她跳舞,两人在舞池里盘旋,他不断地在她身边喃喃私语,说些温柔的情话。菲露兹仿佛觉得他是她有生以来最潇洒的舞伴,她好像从来没有听过如此绵绵、如此亲切的悄悄话。年龄的差距在幻觉中消失了。事实上,曼扎拉卫步履蹒跚,轻快根本就谈不上,但是,菲露兹却偏偏觉得他说的话是她这辈子听到的最娓娓动听的情话,他的舞步不比与她跳过舞的活泼小伙子的舞步逊色。

"真不走运,"他轻声说道,"我不应该与你跳舞。"

菲露兹盯着他的眼睛问道:"我跳得真这样糟吗?"

"我不是这个意思。你的眼睛搞得我神魂颠倒,腿都迈不开,真怕被你说成是你一生碰到过的最糟的舞伴。因此,我本来不应该与你跳舞,而应该满足于与你谈心……你是这样的美丽,这样的充满朝气。"

她温柔地答道:"你说你跳得很糟,那么,谁跳得好?我这辈子还没碰到过比你跳得更出色的人呢。"

他俩转到了大厅的边上。他问道:

"你是回家,还是咱们一起去看场电影?"

"我想,我最好是回家。"

"明天你去哪儿?"

"去大学,打听一下考试成绩,以后去孤独旅馆。"

"要我等你一起回旅馆去吗?"

"不必,我可能还要到这里来看几个女朋友,晚些时间再走。"

他俩分手了,各自都感到兴奋和愉快,然而,这种快乐是注定不会持久的。两天以后,菲露兹回到旅馆,第一件急着要做的事情,就是与曼扎拉卫联系,她到他的房间去,发现他不在,便到处找他,最后来到海边上他专用的小屋。她走近小屋的时候,已经晚上八点多了。她继续向前走,来到小屋的门前,正想举手敲门,但马上又缩了回来,因为此时她听见曼扎拉卫在里面的说话声:

"你干了些什么,蠢货?你怎么让他溜掉了?我不是告诉过你,把他引到她的房间,然后干掉他吗?"

传来一个低沉的声音:"我试了,但他溜掉了。"

曼扎拉卫咆哮道:"你这个该死的笨蛋,你要为此付出代价!我要对你把话讲绝,你和团伙中的全体成员都将付出高昂的代价!"

"可是,老板,我们已经尽了最大的努力。我向你保证,下一次我们一定把他引到她的房里。"

停了几秒钟,菲露兹没有听见里面有什么动静和声响。她慢慢地转身,返回旅馆去,内心恐惧莫名。她琢磨着这件事,终于得出了一个结论:曼扎拉卫是个坏人,她上当了,掉进了他的情网。她对听到的事作出了最后的决定……

第二天上午,曼扎拉卫到她办公室来了,问道:

"你想到海边去走走吗?"

她转过脸,直截了当地说道:"对不起,我不想出门。"

"那么,咱们一起吃午饭吧。"

"没必要。"她的口气很生硬,"我和法蒂拉一起吃饭。"

他惊奇地瞪着她,说道:"奇怪,菲露兹,这可是你第一次拒绝我的邀请啊。"

姑娘打开办公桌,翻阅着里面的纸张,一面说道:

"你看,我挺忙。"

"你往常可是从不拒绝我的要求的。究竟出了什么事?"

"我跟你说了,我很忙。"菲露兹的口气很不耐烦。

他仔细地打量着她,说道:"你最好还是对我说实话。"

"什么实话?"

"我发现你变了。我有什么事惹你生气了吗?"

她疾速地瞪了他一眼,气忿忿地说道:"没有必要谈这些。我希望你离我远些,从今天起,咱们之间的一切都结束了。"

"菲露兹!"他激动得叫了起来,"你在说些什么啊?"

"离我远点!让我去!"她也嚷道。

他缠住不放:"可是,我总应该知道原因。"

"我跟你说,让我去,我不想同你说话!"

"菲露兹,不要生气!你忘了咱们过去的事了吗?"

她冲着他嚷道:"从我面前走开,我讨厌你!"

"等一等,我想……"

可是,他的话未能说完,突然看见舒埃布博士走了进来。舒埃布对菲露兹说道:

"对不起,我不知道你有客人。"

他说完就想退出去,但是菲露兹留住了他:

"来吧,博士,我想和你谈谈。"

"我这会儿来是想了解一下你今晚是否出门。我想邀请你跟我一起吃晚饭。"

"我不出门。"

"那好。你想和我谈什么?"

"有件事,我想和你谈谈。你干吗不坐下……"

曼扎拉卫双眉紧锁,满面怒容地看看这个,又看看那个。过了一会,他转身回房,胸中似有火山在沸腾。

路上,他碰到了伊哈卜先生。伊哈卜把他叫住了:

"你怎么啦,曼扎拉卫先生?出了什么事,把你气恼成这副样子?"

曼扎拉卫擦去前额沁出的汗珠,说道:"你好,伊哈卜先生。"

"你可真怪,曼扎拉卫先生,"伊哈卜审视着他的脸,"你刚才还像个疯子似的在自言自语。"

他竭力掩饰自己的愤怒:"我没什么。"

伊哈卜向菲露兹的办公室方向投去一瞥,狡黠地说道:

"哦,看来问题是围绕着爱情和嫉妒了。"

曼扎拉卫没有回答。伊哈卜一心想让他谈谈,也许能从他那里听到一个什么事件,适合来作一个动人故事的题材呢。于是,就说道:

"主啊,你又是叹气,又是痛苦,堂堂男子汉,振作起来,把你的不幸对我谈谈,你不应当沉默,你有许多朋友,大家都会安慰你的。"

"好吧,伊哈卜先生,咱们到你的房里去,我把我的事情讲给你听听。"

他俩一走进房,曼扎拉卫就倒在离他最近的一张椅子上。伊哈卜递给他一杯威士忌,说道:

"克制些,男子汉。拿着,喝吧。"

曼扎拉卫接过酒杯,举到嘴边,一饮而尽。伊哈卜坐在他旁边,问道:

"你碰到了什么问题?"

"这不是问题,而是令人痛苦的打击,甚至是巨大的创伤。"

他开始把他与菲露兹的事情原原本本地讲了一遍。伊哈卜等他讲完了,说道:

"亲爱的,我看,你的推论是正确的,菲露兹发生的变化,肯定与那位博士有关。"

曼扎拉卫克制着火气,问道:"那么,你也这样看?"

"肯定是这样。"

伊哈卜细细地端详曼扎拉卫的表情,看见他陷于沉思时脸上阴晴不定,伊哈卜的话激起了他怀疑和妒恨的烈火,如火山一般开始在他的心胸喧嚣。这时,他恨不能抽出一把匕首,一下子插进舒埃布博士的胸膛。他听见伊哈卜说道:

"我作为一个小说家,非常理解一个人由于这样的难题所感受到的不幸……"

他忿然答道:"我已经失去了理智的控制。我爱菲露兹爱得发狂,我真想用一支手枪或一把匕首结果掉那个该死的家伙,以消我心头之恨。"

伊哈卜明白,自己面前正有一个摆脱掉他的情敌舒埃布博士的千载难逢良机,他得假手曼扎拉卫除掉那个年轻人,进而扫清他独占法蒂拉芳心的道路。于是,他奸猾地说道:

"你的处境无疑很尴尬,不过,我不主张你铤而走险,去犯杀人罪。你知道为什么？因为警方总有一天会抓住你，那时，你就什么都完了。"

"警察有时也破不了案。"曼扎拉卫又喝了一杯威士忌。

伊哈卜细细地审视着他的脸，好奇到了极点：

"你的意思是你决心要干掉他？"

"我总得干些什么，以平息我胸中呼啸不停的风暴。"

"你想听听我的指点吗？"

"是的。你有什么高见？"

"我劝你不要尽想干什么疯狂的事，那样你会冒风险的。你干嘛不想办法把这件事忘却呢？"

"忘却？忘却对我这样的情况有用吗？我怎样做才能忘却这伤痛。"

伊哈卜的眼睛一亮："我相信有许多办法可以帮助你忘却，比如说读书。"

"读书？！我的脑子乱成这个样子，还能读书？"

"我有许多朋友都是通过读小说来克服烦恼的。我可以借一部有趣的小说给你，帮助你消磨时光。正好，我昨天刚写好一部小说，很高兴你能成为第一个读者，你愿意读一读吗？"

"如果你认为它有助于我忘却，那就请拿来给我吧。"

"我相信是有帮助的。请稍微等一下。"

伊哈卜离座，到隔壁房间去，带回了一叠稿纸。他把稿纸放在曼扎拉卫面前，说道：

"就是这部小说。你会读到一个极其有趣的内容。"

"谢谢你。在我困难之际，你能助我一臂之力，真是恩德无量。"

"别发愁，一切困难都会消失的。"

曼扎拉卫走了。伊哈卜独自一人在房里，嘴上浮起一个恶意、狡猾的微笑。他自言自语道：

"事情不会拖久了。我早晚都能摆脱舒埃布博士,不是通过我的手,就是假手曼扎拉卫。"他的眼睛露出喜悦的光芒,又说道,"只要曼扎拉卫读了小说,就会毫不迟疑地照着我在结尾部分所设想的办法去做,他会弄坏舒埃布博士汽车的刹车,不露痕迹地把他干掉。"

第二天上午,伊哈卜碰到曼扎拉卫,问他关于对小说的看法。曼扎拉卫目光闪烁,沉吟良久,才说道:

"它无疑是一部引人入胜的小说。"

"你表示满意,我太高兴了。"

"我怎么会不满意呢,如果它能说明什么的话,那就是你具有罕见的创作天才。"

突然,伊哈卜觉得曼扎拉卫的目光游移不定,注意力分散,表情也变了,他好像受到了惊吓,于是问道:

"什么事?"

曼扎拉卫一面从窗子观望旅馆大门,一面迅速答道:

"没什么。"

他说的话很轻,但声音低沉慌乱。伊哈卜顺着他的眼光望去,只见一个身材高大魁梧的青年,脸上的表情显得高尚、豪爽。伊哈卜感到纳闷,这个年轻人好像挺善良,没有什么恶意,为什么曼扎拉卫一看到他就惊慌失措呢?伊哈卜不愿多想这件事。曼扎拉卫一离开,伊哈卜就到海滩去溜达溜达。然而,他很快就后悔了,他急匆匆地离开旅馆,而曼扎拉卫一看到那个青年,脸上就流露出惊慌失措的秘密还没有搞清呢。

那年轻人走进旅馆办公室。曼扎拉卫听见他对阿拉维说:

"旅馆主人在吗?我想同他谈谈。"

"他在英国。"阿拉维答道,"有事要我为你效劳吗?"

"我是马特鲁港安全局的巴克尔·阿卜杜·哈米德少校。我来寻找一辆被盗贼偷走的汽车,他们把车开到这个区域来了。这是一辆梅西迪斯牌红色汽车。我搜索了邻近地区之后,想到这里来调查一下。"

"先生,这里没有符合你说的特征的汽车。我们所有旅客的汽车,你看现在都在你面前。"

那位军官望着汽车,开始一辆辆仔细查看,最后,他转过来对阿拉维说道:

"如果你发现符合我说特征的汽车,请马上与安全局联系。"

"好的,先生。"

听完了这段对话,曼扎拉卫松了一口气。他一瞥见那军官出现在门槛,便转过身去,快步向客厅大门走去,刚走了几步,听得后面有人喊道:

"喂,你这个人,站住。"

这声音很粗鲁,命令口吻,令人生畏。他转过身去,只见那军官眼睛直盯着他,不由得一震,全身战栗,心想:

"难道他认出我了吗?"接着又想:"我看不会,他在开罗袭击我们的时候,我蒙着脸。"

军官对他说话的声音很粗:"你等一等,我有话对你说。"曼扎拉卫假装挺沉着:"你是谁?你想要什么?"

巴克尔少校端详着他的脸:"我是安全局的巴克尔少校。咱们以前没见过吗?"

"不,这是我第一次见到你。"

"你是谁?"

"我叫穆斯塔法·曼扎拉卫。"

"职业?"

"开罗埃及进口公司经理。"

"可以看看你的身份证吗?"

"因为什么你要看我的身份证?"

"不为什么,只是好奇。"

曼扎拉卫耸耸肩,有点满不在乎地说道:"我向你介绍了我的身份,你还坚持要看我的身份证吗?"

"当然。"少校的态度很坚决,"我是在履行职责。"

"那么,好吧。这是身份证。"

巴克尔拿过身份证,看得很仔细,然后把它还给曼扎拉卫,歉疚地说道:

"对不起,看来我是搞错了。"

说完,他微微一笑,走了。

第七章

第二天上午,巴克尔少校正坐在办公桌前专心写东西,一个士兵进来报告,说有一位姑娘想见他。他吩咐让姑娘进来,一面继续写他的东西。处理完了面前的卷宗,他抬起头,环顾四周,只见相隔几步的地方有一位身材苗条、容貌姣好的姑娘,长着一头金发,脸颊洋溢出青春的活力。少校怔怔地望着她,脸上不由得露出隐约的微笑。他问道:

"有事需要我为你效劳吗?"

她脸上惶恐不安的神情依然存在。他一面邀请她坐,一面说道:

"请坐。有什么事吗?"

她点点头,低声答道:

"是的。"

她点头的时候,一绺美丽的金发披落在前额。

"你叫什么名字?"巴克尔问道。

"菲露兹·艾布·马卡林。"

"你有什么要求,菲露兹?"

"我是来请求你保护我的。"

"我保护你?"他感到诧异。

"是的。"

"因为谁?有威胁你的危险吗?"

"是的。"

"威胁你的是什么人?"

"他叫曼扎拉卫,就是你昨天在孤独旅馆跟他谈过话的那个男人。"

"曼扎拉卫?"他很惊讶。

"是的。"

"你和他是什么关系?"

"这就是我现在要向你解释的。我起先以为他是一位天使,原来他是个魔鬼,昨天我听了你和他的谈话之后,更证实了我的看法。"

"你昨天听见我和他的谈话了吗?"

"是的,我不得不偷听一下,以澄清我的怀疑。尽管你当时没有能回想起来,我的猜测却得到了证实。"

"这就是说,你对他过去的一切都很了解?"

"不,我还不能这样说。但是,我听到过他一次令人恐惧的谈话,它使我看清了他的真面目。我决定与他一刀两断,因为我不能嫁给一个凶恶的罪犯。"

巴克尔再一次审视她的脸,只见她的双眼流露出惊惶不安的神色。他纳罕地问道:

"这件事不令人感到奇怪吗?"

"你的意思是……"

"我是指这门离奇的婚事。像你这样一位豆蔻年华的美丽姑娘,怎么会愿意嫁给一个与自己父亲年龄相仿的男人呢?"

"我首先希望你能知道,我出身于一个富裕的家庭,我父亲就是孤独旅馆的主人。"

"嗯。"

"因此,我的目的并非贪图体面和钱财。"

"你的话使事情更加扑朔迷离、令人不解了。你能对这一点稍微解释一下吗?你怎么会同意与一个上了年纪的诸如曼扎拉卫这样的男人结婚呢?"

她犹豫了一阵,才说道:"军官先生,此事说来话长,要从头到尾讲一遍,至少要有一个小时,而你呢,我看也非常之忙。"

"那么,就请简单扼要地说一下。"稍停,他又说道,"为了使我能帮助你,你得向我说实话。我有责任保护你,这要求你信任我,对我丝毫不加隐瞒。"

她低下了头,过了一会,抬起头来说道:

"说实话,我不知道该从哪里谈起。"

为了鼓励她说话,巴克尔温和地说道:

"先向我谈一点你的家庭生活吧。"

于是,她答道:"我是一个黎巴嫩姑娘。母亲去世后,我和父亲、后母就住在马穆拉,生活很优裕。我在亚历山大法学院求学,每年暑假,习惯到孤独旅馆来度假,帮帮办公室的忙,自己也散散心。在此期间,我结识了曼扎拉卫,后来中了他的圈套。"

"你怎么会掉进他的圈套呢?"

"因为我觉得自己很不幸。"

"你具备过幸福生活的一切条件,钱,美貌,青春,你都有,你怎么会有那样的感觉呢?"

"这些仅仅是表面现象,一个人只有得到了爱、同情和体贴,才会感受到真正的幸福。"

"然而,你并不缺乏爱、同情和体贴啊!我不是说了吗,你是一位漂亮的姑娘,所有的人都会喜欢你的。"

菲露兹讥讽地微微一笑,说道:"受到所有人的喜欢,这就够了吗?"

"你指什么?"

"我在爱上同学伊克拉米,在掉进曼扎拉卫的圈套之前,母亲去世以后,我最关心的就是父亲,我关心的是父亲而不是所有的人。我过去缺少的,现在仍然缺少的,是我父亲的爱和体贴。"

两人一时都没有吭声。菲露兹打破了沉默:

"这绝不是说,我的后母是个心肠冷酷的女人,不是的。但对我来说,她和其他女人一样,一点都不理解我的感情、我的思想、我的追求或我的忧虑。"

巴克尔沉默了一会儿,问道:"你父亲呢?"

姑娘笑了,说道:"我父亲,他实在是个陌生人,而且是我最陌生的人。"

"我觉得你大概冤枉他了,"巴克尔不以为然,"他不是为你提供了舒适的生活吗?你刚才还对我说过。"

"也许是吧,也许是吧。不过,我从来就没有体会到他是我的父亲。难道为父之道,就是给我钱、衣服和汽车吗?我只要这样对你说就够了:我和他没有同桌吃过一顿饭,我们见面,说不了三五句话,然后就各想各的事。"

巴克尔紧接着说道:"据我知道,他是位实业家,而实业家总是很忙的。"

"你说得对,他是忙,"她以冷嘲的口吻说道,"忙得连自己有个女儿都忘了。他这一辈子,就只知道他的企业,他的钱财,从来没有慈爱地拥抱过我,没有像父亲似的亲过我,也没有问问我有什么忧虑,有什么要求或在想些什么。这就是我的父亲,就是我和他在一起的生活。"

"这一切,与曼扎拉卫有什么关系?"

她沉默不语,陷入沉思,神情恍惚。过了一会,才抬起头来说道:

"我起先以为他是一位贤良的人,能够补偿父亲没有给我的慈爱,帮助我忘却我原来那个未婚夫的背信弃义和欺诈,可是,我发现他竟然是个恶人,领导着一个犯有最丑恶罪行的危险团伙。"

"什么?"他大吃一惊,"你是说有一个团伙是听命于他的吗?"

"是的,我有证据。"

"什么证据?"

菲露兹把那天在海边小屋听到的曼扎拉卫与另一个男人的对话讲给巴克尔听。她讲完了,少校惊讶地说道:

"这么说,我的怀疑是对的。我记得过去见过具有那种尖锐和令人生疑的目光的男人,可是,记不起时间和地点了。"

"你怎么会记不起来呢?好好回忆一下吧。"

他徒然地拼命追忆,说道:"我的记忆力挺强,见过的脸,不太会忘,可是,真遗憾,我想不起那人的脸了。"沉吟片刻,他又说道:"不过,他很可能是个以社会名流身份作掩护的职业罪犯。"

巴克尔点燃一支香烟,吸了几口后,说过:"这是很有可能的。我们即使错了或是误会了,也没有什么损失,而要是我们看对了,那无疑是对司法工作的重大贡献。"

"你想怎么行动?"菲露兹关心地问道。

他想了一下,答道:"接下来这几天,我要好好回忆一下,也许能想得起他来。"

"那我呢？我应该怎么做？我挺害怕。"

"不要怕，对你只有一个要求，那就是别让他知道你跟我联系过，因为他要是知道你来过，就会逃之夭夭或加害于你。"他接着又问道，"你想喝点什么吗，菲露兹？"

"是的，想喝杯咖啡。"

他坐着一面喝咖啡，一面跟她谈论将对孤独旅馆实行严密的监视，不会引起任何旅客的疑心，菲露兹的脸上露出欣慰的表情，问道：

"这期间，我见得到你吗？"

"这得看情况。"

短暂的沉默后，她说道："我不知道该怎样向你表示感谢。"

巴克尔谦逊地答道："小姐，我并没有做什么值得人感谢的事情。"

"事实上，你已经卸掉了压在我肩上的重负，这恩德，我永远不会忘。"

"任何一位军官处在我的地位，都一定会帮助你的。"

她抬起头，投去钦佩的目光，说道："我现在的心情很平静，是欠了你的情，我一向有恩必报……"

"我希望你忘了我对你做过什么好事，这是我的职责。"

"好吧。现在，在我离去之前，我可以向你提个要求吗？"

"完全可以。是什么要求？"

"下星期四，我在家里庆贺我的生日，我怕我原来的未婚夫伊克拉米前来扰乱生日晚会，因为我没有邀请他。我父亲这会儿在英国，因此你要是能光临，保护我，我将十分高兴。你同意吗？"

"我同意，但有一个条件：曼扎拉卫不在被邀请之列，免得他对咱们生疑。"

"他肯定不会在场。我邀请的全是大学里的男女同学。"

"如果是这样,那我就没有什么不便之处了。可是,假如这个伊克拉米硬往你家里闯,我怎么办?"

"毫不犹豫地把他赶走!"

"这就是说,你已经切断了与他的一切联系!"

"是的。我与他已绝对不存在任何关系!"

"他对你抱什么态度?"

"尽管我斥责他,把他拒之门外,不再理睬他,但是,他仍在缠着我。下星期四,我来请你伴我参加晚会时,将把他的背信弃义和厚颜无耻行径都告诉你。"

"放心吧,如果他胆敢轻举妄动,扰乱晚会,我知道怎么让他守规矩的。"

她再一次对他表示感谢,回旅馆去了。

她走到客厅的大门,只见舒埃布博士正朝办公室走去,他脸上的表情极度惊惶。菲露兹叫住他,诧异地问道:

"你碰到了什么麻烦事,博士?你好像惊慌不安得厉害?"

"我的皮包被偷走了,偷窃的方式很奇特。"舒埃布神情恍惚地答道。

"这不可能!旅馆里竟有偷窃事件?"

"这事已经出了……"

"怎么会出这样的事呢?"

"我离开房间才几分钟,回去的时候,就发现皮包丢了。"

阿拉维和法蒂拉闻声赶来。听完了事情的经过,阿拉维耸耸肩说道:

"旅馆里有贼?这不可能。"

法蒂拉问道:"皮包里的钱很多吗?"

"不,皮包里从来不放钱。"

阿拉维接口道:"既然如此,就没有必要大惊小怪。"

菲露兹说道:"也许里面有重要文件,是这样吗,博士?"

舒埃布想了一下,答道:"说实话,皮包的样子好像装了很多钱。那是一个黑皮包,挺考究,看上去挺重要,也挺值钱。那个倒霉的小偷一定认为他发现了一笔财富,可以终生不再受穷,于是,溜进房间,拿走了皮包,他还以为他发了一笔财呢!"

这时,菲露兹插嘴道:"这也就是说,皮包里没有什么重要的东西。"

"事实上,"他略沉吟了一下,"皮包里只有一些纸头,全部称好卖出去,也不值三十个皮亚斯,假如都是白纸,小偷还可以卖掉或拿去写字,可是,纸上都写满了字,小偷要是把它撕了,我几个月来日以继夜的辛苦就付诸东流了。简单地说,那是一叠我准备为大学学生开课的讲稿。"

说到这里,法蒂拉望着他问道:"你希望我们报告警察吗?"

"我看没有必要,"阿拉维发表议论道,"因为这有损旅馆的名声。我认为,等小偷发现皮包里没有什么他认为重要的东西会把皮包送回原处的。"

菲露兹看看舒埃布博士,问道:"你看呢,博士?"

"好吧。"他尽量用平静的口气说道,"为了珍惜旅馆的名声,就不报告警察吧。"

菲露兹说道:"谢谢你。我敢向你断言,小偷最近会把皮包给你送回去的。"

第二天,舒埃布博士愁眉紧锁,心不在焉地走出房门,法蒂拉一看见他,便快步迎上前去,温和、关切地问道:

"你干吗这样愁眉苦脸?还在想皮包的事吗?"

舒埃布深深地叹了一口气,难受地说道:"是的,法蒂拉。"

"你干吗还要想它呢,你不是说,里面没有什么重要的东西吗?"

他有些迟疑,谨慎地张望了一下周围,悄声说道:

"我没有把实情告诉你们,法蒂拉,尽管我讨厌说谎,非常喜欢开诚布公。"

法蒂拉投去同情的目光:"你也许是有理由的,你隐瞒的是一件重要的不想告诉别人的事情。"

"确实是这样,法蒂拉。"

她显出关切的神情:"那你心里打算怎么做呢?"

"我不知道……我以后再考虑。不过,我需要有个我信任的人来分担保守这秘密的压力。"

他沉默了一会儿,抓住她的手说道:"来,跟我一起到我的海边小屋去,我把秘密告诉给你。"

他们两人单独坐在海边小屋,舒埃布确信附近没有旁人了,他望着法蒂拉又黑又大的眼睛说道:

"法蒂拉,如果我把秘密透露给你,你能守口如瓶吗?"

她和蔼地看着他,答道:"这,你还有怀疑吗?"

他有些迟疑,但持续时间不长,接着说道:

"我相信你是一个好姑娘,你不像大多数姑娘那么轻率和冲动。"

"你想告诉我什么,博士?"

"我想告诉你,我已经掌握了一种新式化学武器的制作方法,这种武器拥有巨大的破坏力,而且造价不高。"

"化学武器?"她感到奇怪。

"是的,我本想完成后把这种制作方法交给政府,让政府进行生产以对付以色列的威胁。可是……"

"可是什么?"

"由于皮包失窃,一半表格和推算资料都丢了。"

"主啊,那怎么办呢?"她的声调充满了惊骇和同情。

"我不知道……我觉得很棘手。"

"你没有这些资料和表格的复印件了吗?"

"没有,真是遗憾极了。底稿和复印件都在皮包里。"

"你认为小偷了解这些材料的重要性吗?"

舒埃布犹豫了一阵,说道:"我不这样认为。他看到的只是谜中之谜。"

"你难道不能重新写吗?"

"我当然能够,可是,这需要付出艰辛的劳动。"

"那你打算怎么办呢?"

"我想再等几天,小偷也许会采取这样或那样的方式把皮包给我送回来。"

"你看,是这样做好,还是报告警察更明智些?"

好一阵,他凝视着她,然后说道:"我认为,保守秘密比向警察和盘托出更有益。这秘密不应向任何人泄露,否则,会被以色列情报局获悉,它会千方百计地攫取情报,或者将我干掉。"

她惊恐地望着他,问道:"你认为他们敢这样做吗?"

"这只是一种假设。不过,咱们得谨慎从事,我的一些美国科学界同行很了解我的活动和能力,他们中可能有人与以色列科学家有联系,在这种情况下,他们可以暗示以色列科学家,说我掌握了化学方面的高级知识,有可能发明出一种新式化学武器。"

"这是件麻烦事,"她忐忑不安地说道,"怎么办呢? 有什么办法没有?"

"咱们只能等待。皮包如果被送回来,那就没事,如果不送回来,那咱们得重新考虑。"

"好吧。现在,让我问你一下,你心里怀疑什么人吗?"

"我怀疑曼扎拉卫,因为我劝过他离开菲露兹。"

"那么,我悄悄地去搜一下他的房间。"

法蒂拉暗中细细地搜查了曼扎拉卫的房间和其他一些房间,她虽然花了九牛二虎之力,但仍没有找到皮包,也没有弄清皮包突然丢失的奥秘。

第八章

有一天,报上以醒目的标题登出了以色列有可能拥有原子弹的消息。这不啻是危险的信号,预示着阿拉伯各国行将遭受灾难,它证实了以色列某些领导人一直在鼓吹的各种威胁和西方各国首都一些通讯社就此题目所做的文章。

这个消息使舒埃布博士内心很痛苦。一天傍晚,东方学者勃拉文碰到他,看出了他的情绪,便说道:

"博士,你们应该知道,你们与以色列的战争还没有结束,否则你们就损害了你们国家和你们自己的权利。以色列不可能要和平,因为,正如我曾对法蒂拉小姐说过的那样,它是一个种族扩张主义国家,它竭力加强它的军事力量,不遗余力地扩军备战,用各种新式先进武器装备自己,以始终保持它的优势。我与许多人的看法一样,不排除它拥有原子弹的可能性。以色列一旦掌握了这类毁灭性的武器,那将是世界毁灭的前兆。"

"为什么?"

"因为犹太复国主义者遭到世界各国的唾弃,他们受人憎恨是由于他们背信弃义,总是只为自己打算,在所到各地蝇营狗苟,原因只有一个,那就是他们声称所有的土地都是他们的,所有的金子属于他们,所有的民族都是他们的仆役。"

"各国人民过去和将来都不愿意一切都归犹太人所有,其他民族一无所有。因此,在世界各地持续不断地出现了其他国家人民和犹太复国主义者之间的斗争。"

舒埃布接着他的话说道:"你对犹太复国主义者的看法,与我相同。我认为他是人类的敌人。"

勃拉文痛苦地说道:"正是这样。关于他们,你想问什么,我都可以回答。"

"你深入地研究过他们的历史吗?"

"是的。我可以告诉你,他们是患有优越狂和权力欲的病人。只要这样说就够了:他们认为世界各国人民只是一种动物,是造物主创造出来为他们的犹太主人服务的,这是犹太人对自己说法的一种概括。至于以色列,作为一个国家,则是世界列强在这个地区硬扶植起来的,目的在于消耗阿拉伯人的力量,使阿拉伯人永远处于衰弱、涣散的状态。阿拉伯人应该懂得,这就是以色列国之所以产生、现在和将来能够存在的原因。"

在这之后,他俩的话题转到了勃拉文编写伊斯兰文明一书的最近进展。勃拉文带着明显的热情,口若悬河,滔滔不绝地说开了:

"可以说,伊斯兰文明的伟大是难以形容和评价的。简而言之,阿拉伯人在历史上崭露头角的时候,他们高举着信义的旗帜,他们像历史上以前的民族一样,接过火炬,传向四方。他们对文明作出的贡献,数倍于他们汲取的文明,他们为历史文明增添了智慧之火、思想之光。信仰伊斯兰教的阿拉伯人,并不吝啬自己的知识,而是把他们所掌握的一切文明、文化和科学都当作一份高尚、慷慨、贵重的厚礼,献给了其他民族和后代。"

大约半个小时之后,法蒂拉来了,加入了他们的谈话,话题海阔天空。谈话间,法蒂拉望着勃拉文问道:

"告诉我,你在开罗最不喜欢什么?"

他微笑道："你要我说老实话吗？"

"当然。"

"坦率说，我不喜欢它肮脏的街道。"

"你说得对。"舒埃布博士评论道，"我们街上的垃圾，实在是个伤透脑筋的问题。"

勃拉文说道："我不明白为什么要为此伤脑筋，这是一个只需要二十四小时就能解决的问题。这方面早已有先例。"

"什么先例？"法蒂拉问道。

"一百七十多年前，确切地说，是在法国侵入埃及时期，拿破仑进入法蒂玛王朝穆伊兹·利丁拉的开罗，很快在城里兜了一圈，临结束时，他说：'开罗确实是一个美丽的新娘，可是人们把她的脸、衣服和身体搞脏了。'他下的第一道命令是每家的主人都得把家门前和相连接的街面打扫干净，洒上水，晚上门前要点上灯。不过二十四小时，或者说仅仅旦夕之间，开罗就成了世界上最光辉的城市之一，它显得壮丽，灯火辉煌，市容美丽，令人赏心悦目。我们谈论爱资哈尔清真寺和千塔之城的开罗，让每个埃及人打扫自己的住宅、街道和区域，使来旅游、参观的人能在没有坑坑洼洼，也没有成堆垃圾的街道上行走，这不算什么；如果把一切责任，甚至连打扫卫生，都推给政府，那是不公道的。这样的事，不能设想在我们的时代还办不到，而中国却在极其艰难的情况下办到了。我们今天都了解中国的地位和能力了，她在短短的几年内，已经从肮脏的深渊升到了力量和清洁的预峰。"

为了回答法蒂拉提出的关于德国人民的问题，勃拉文答道：

"你无疑知道，德国在本世纪参加了两次世界大战，都遭到了失败。从死亡人数和全世界遭受物质损失的严重程度看，第二次世界大战更为可怕。这次大战爆发的主要原因，是希特勒决心夺回一次大战德国战败后被协约国占领的德国殖民地。这次大战以我国的失败告终后,同盟国为了防止德国东山再起,决定肢解它。然而,我们德国人为了恢复德国昔日的光荣和地位,重新发奋工作,使工厂和商行恢复了活力。德国战败后不过十年,全世界就看到它又一次巍然屹立,战胜了困难,而且起到了平衡东西方两大阵营之间冷战的作用,成为欧洲经济的领导中心,在国际市场上,是对美、苏、英、法、意等国的巨大威胁,在外汇市场,德国马克比美元、英镑都要坚挺。"

听完了勃拉文的话,法蒂拉说道:"你对你的祖国人民是多么自豪啊!"

"当然,我很为我国人民感到骄傲。"勃拉文热切地说道,"德国人无疑是一个伟大的、历史悠久的民族,我刚才说了,德国人能在短短的十年内从一个听命于人的战败国跻身于世界强国之列,就足以证明这一点。"

法蒂拉和舒埃布博士离座走了。在路上,法蒂拉说道:

"我对勃拉文先生了解得越多,就越钦佩他。"

舒埃布博士说道:"他无疑是一个典型的知识分子,懂得分析和概括。"

两人一时都没有讲话。隔了一会儿,法蒂拉问道:

"你怎么看那些消息?"

"什么消息?"

"说以色列已经掌握了原子弹的消息。"

他皱了皱眉,说道:"这可能是真,也可能不是。我的意思是说,这也许是以色列用来恫吓阿拉伯人散布的谣言。"

稍停,他又说道:"不管怎么说,为了保障我国的安全与和平,这是我们应当认真考虑的问题。"

"记住,博士,我们对你寄予最大的希望。"她热情地攥紧他的手。

"我希望,法蒂拉,我不会辜负你的好意。只要你在我身边,我就不会失败或失望。"他也怀着同样的热情。

"我准备用我的全部精力和时间为你提供舒适的条件,让你能够成功地完成计划。"

"我完全相信,尽管遭到了挫折,但我最后一定会成功。"

"你说的挫折是指皮包的失踪?"

"是的,这是个大挫折。但我将忘掉它,重新开始。"

他默然,眼睛眺望远方的天际,仿佛真的忘掉了失窃事件。末了,他又说道:

"我虽然热爱和平,但却认为只能用战争来消灭战争,以诈治诈,以刚克刚。因此,要让以色列接受和平,我们只有掌握一种可怕的武器,威慑它,遏制它,打消它再次向我们发动战争的念头。"

法蒂拉用严肃的充满柔情的声调说道:"你是一个值得赞扬的爱国者,我们将记得这一点,我们将为此而欠你的情。"

"谢谢。我觉得你在为我操心,这将鼓励我干下去,因为我需要你的照顾、你的鼓舞和你的友情和忠诚。"

她疑惑地望着他,好像没有理解他的意思,问道:

"你认为我在这方面能有点用处吗?"

他亲切地说道:"你是个温柔、有教养、忠诚的姑娘。你现在这样,已经使我心满意足。"

"你将发现我是一个忠心耿耿的朋友,与你一起从事工作,帮助你分担压力,将使我感到高兴。"她的声音充满笑意和温情。

"这使我非常高兴。"他凝视她的眼睛,"请相信,只要你在我身边,看到你这样温柔的目光,听到你如此亲切的话语,那我就是最幸福的人了!"

这一天,舒埃布博士度过了他最快乐的一段时光,没有痛苦,没有忧愁,既不为过去感到惆怅,也不去遐想将来,他眼下生活得很充实,法蒂拉谈笑风生,笑意盈盈,妙语如珠,她态度从容,毫不矫揉造作,这使他享受到安谧的快乐。他俩怀着极为愉快、陶醉的心情分手。对他俩来说,这是一生中最幸福的日子。他俩没有公开地互诉衷曲,但上床时都心旷神怡,满怀着神奇的喜悦,究其原因,除了大自然的美景,夏日的晴朗和明媚外,还因为他俩都引对方为良伴,相互爱慕,在对方身旁感受到了真正的幸福。

清晨,他俩醒来,内心充满着高尚、温柔的情怀,细腻地体会着对方身上的可贵之处。

一个小时之后,舒埃布又碰到了法蒂拉,她满面含笑,容光焕发,宛如一朵娇艳的鲜花。他微笑着,有点腼腆地对她说道:

"法蒂拉,我想对你说件事。"

她妩媚地一笑,问道:"博士,你想对我说什么?"

"我想告诉你,我爱你,我衷心希望你能做我的妻子。"

她顿时满面通红,沉默片刻,说道:"这是我的光荣。"

"这么说,你同意了?"

"我怎么会不同意呢?我知道,跟你在一起,我将成为世界上最幸福的姑娘。"

她刚说完,就瞥见阿拉维向他俩走来,眼中迸射出愤怒的光,他神经质地咆哮道:

"法蒂拉,你到办公室来,从昨天起,就有许多工作等着你去做。我不允许你对待工作这样疏忽,敷衍塞责。"

她有点恼火:"我不允许你用这种口吻对我说话!你是我的领导吗?"

他怨恨地瞟了她一眼,说道:"不,我不是你的头头,可是,我不能同时承担你和我两人的工作。"

"谁要你干我的工作啦？现在，你别管我！"

她转身对舒埃布，说道："咱们走吧，博士。"

"稍等一下，法蒂拉。"舒埃布对她说道，"你答应阿拉维的要求又有何妨。他之所以那么说，是因为他热爱工作。我很喜欢热心工作的人。"

接着，他看看表，又对法蒂拉说道："法蒂拉，过两个小时，我再回来继续咱们已经开始的谈话。"

法蒂拉恢复了平静，说道："好吧，我等你，博士。"

"我回来之前，希望你们之间的问题已经解决，好让我感到安心。"

她微笑道："一切都会圆满解决的，这方面你别担心。"

"好，再见。"

舒埃布刚离开旅馆，阿拉维又变得粗暴，怒不可遏。他的心里翻滚着激烈的感情，脑海中充满愤慨的思绪，说道：

"从现在起，我不允许你在与他的关系方面越走越远。在你感情冲动的时候，我有责任保护你。"

她怒视着他，问道："你有什么权利对我说这种话？"

"尊严的权利，名誉的权利！你不认为你可耻的行为与荣誉和道德的原则是背道而驰的吗？"

"去你的，住嘴！你竟敢对我说这种话，你再说一句，咱们之间就算拉倒！"

阿拉维面色突变，沮丧地神不守舍地望着她，此时，他的目光已毫无愠色。

他半晌没有吭声，最后，才带着明显的尴尬神情说道：

"法蒂拉，我对刚才的行为感到遗憾，我因为爱你才越了轨，请原谅我。"

她怜悯地看着他，说道："好吧，阿拉维，就当刚才的一切没有发生过吧。让咱们像过去一样做朋友,这样,咱们还能和睦共处。"

"我尽力而为。不过,我劝你跟他的事别操之过急,你可能会一时冲动,像火苗,刚窜起便会熄灭。"

"说这些话没有必要,阿拉维,你想法忘了吧。多想想咱们的友谊,到时你就会知道,我对你总是一片诚心和好意。"

然而,阿拉维这一天的白天和晚上,都没法满足于单纯的友谊。他回到卧室,神情黯然,心绪紊乱,简直是坐卧不宁。他在房里来回踱步,有时站在窗前,让海风填塞胸膛,眺望那抖动着微弱光亮的夜空。他走来走去,彻夜未眠,直到拂晓。

他到办公室去的时候,内心认定这样的友谊既解不了渴,也治不了创伤,它只能是越喝越渴,火上加油。

正在这时,在旅馆的台阶上,曼扎拉卫与伊哈卜不期而遇,两人热烈握手。伊哈卜开玩笑道:

"你好吗,神魂颠倒的恋人,是赢得了菲露兹,还是眼睁睁地让她溜走啦?"

"她还没有溜走。"他简要地说道,"告诉我?你以前也有过这样为难的境遇吗?"

"还不曾有过。我是个喜欢当机立断的人,在这种情况下,要么我撤出,要么迫使情敌撤出。"

"这么说,你处理问题时,不相信忍耐和等待。"

"不相信。我相信抢在时机丢失之前速战速决。"

曼扎拉卫耷拉着脑袋,说道:"你说得对,速战速决无疑更有益、有效。为了赢得她,我将想尽各种办法。"

伊哈卜挽着他的胳膊朝海边走去。曼扎拉卫愁容满面,菲露兹拒绝跟他结婚,是对他心灵的沉重打击。昨天,他还试图让她改变决心,但是

她不同意,拒绝撤回她的决定。曼扎拉卫说道:

"她已经固执到了我无法想象的程度。"

"这显然得归咎于舒埃布对她思想的控制。我认为,舒埃布的介入,是引起和促成这种变化的根源。"

"可是,我感到奇怪的是,听说他正热恋着法蒂拉。"

"这有什么奇怪的?他是一个贪心不足的人。朋友,贪婪是每个人的本性,不过,在舒埃布之流身上更为突出罢了。他们处心积虑地设下圈套,诱漂亮的姑娘入彀。"

稍停,他又问道:"我的话好像让你感到吃惊?"

"稍微有一点。"他沉吟道,"因为我认为像他那样的学者是不可能如此放纵自己的。"

"是吗?亲爱的曼扎拉卫,你从来没有想到过,有的学者比普通老百姓更加轻浮?"

"我得承认,我没有想过。"

"那你就应该想一想。"

曼扎拉卫陷入沉思,半晌才抬起头说道:"好的,我要想一想。"

第九章

菲露兹生日那天,她到保安局去,与巴克尔少校简略地谈了谈她与伊克拉米的关系之后,两人即出来,乘她的汽车回家。汽车在路上飞驰,菲露兹用眼角偷偷扫了巴克尔一眼,只见他正在沉思。她尊重他的沉默,好半天没有开口,但后来终于忍不住了,问道:

"你在想什么?"

他警觉到自己的失态,答道:"我在想那个名叫伊克拉米的坏蛋。我不明白,他为什么要干这种无聊的事,他缺钱用吗?"

"不,他很有钱,他那样做,是出于虚荣心。"

"我无法为他找到理由。辜负一个像你这样的美貌而有教养的姑娘的信任,他于心何忍!"

"他是个狂妄、放荡的青年,什么蠢事都干得出来。"

"肯定是这样,要不然,他就不会参与那丑恶的赌博。"

"那么,你同意我的看法,那是一种卑鄙的侮辱了?"

"当然。可是,他如果道歉,你能原谅他吗?"

"有什么用? 我对他已不会回心转意。"

"如果他请求你宽恕,你为什么不能回心转意?"

"因为我后来发现,他是个厚颜无耻的青年,心思都放在酗酒、追逐女人上。"

"对一个有钱、充满活力而又挺有气概的青年,你还期待他什么呢?而且,我还相信,这样的年轻人一旦真心地对待爱情,是有可能改邪归正的。因为真正的爱情能净化人的心灵。"

她抗议道:"一个姑娘,她的爱情受到侮辱,她的自尊心蒙受了耻辱,他使我尝尽这样的痛苦和耻辱之后,你怎么还想要我回心转意?"

"我的意思是在你结束与他的关系之前,得扪心自问一下,也许你内心深处还有与他重归于好的愿望而你并未知道。"

"我最了解自己,我向你肯定,我对他已毫无情意可言。你为什么不相信我?"

"要我现在就相信吗?"

"怎么才能让你相信呢?"

"通过你表白的方式,你肯定不爱他。"

"凭什么?"

"凭你将他撵走,如果他硬要闯入你家的话。"

生日晚会准时开始,应邀者陆续到来。巴克尔站在门口迎接,看清了来宾在签到名册上写的名字,便表示欢迎。请他们进去。这时,伊克拉米和他的一伙子正在俱乐部里,面前放着酒杯、酒瓶,他们一杯接一杯地干,满屋子是他们的喧笑声。他们的头脑已被酒搞晕了,因而又叫又嚷。半个小时后,伊克拉米站起来喊道:

"现在,是去参加菲露兹生日晚会的时候了。咱们走吧!"

大伙跟在他后面,嘻嘻哈哈地离去。

他们来到菲露兹家门前时,巴克尔立即用身体挡住大门。伊克拉米想进去,巴克尔把他拦住,问道:

"尊姓大名?"

"我叫伊克拉米。"

"对不起,你没有被邀请。"

伊克拉米脸红了,他横蛮地说道:"我还需要邀请吗?我是菲露兹的未婚夫。"

"我不知道菲露兹有未婚夫。"巴克尔斩钉截铁地说道,"我只知道,你没有被邀请,你无权入内。"

伊克拉米想把他推开,但是,巴克尔坚决不让:

"对不起,你既然没有被邀请,那就应当走开。你强行入内,对你不利。"

伊克拉米在他冷峻目光的逼视下,稍稍有点气馁,问道:

"可是,菲露兹在哪儿?"

"在里面,同客人们在一起。"

"我想见她。"

"但是,她不想见你。她明确地吩咐我,禁止你入内。"

"你是什么人?"

"这不关你的事,你最好在我失去耐心之前走开!"

"这么说,你想吵架?"

巴克尔用毫不含糊的语调说道:"如果你头脑发热要闯进去,我将把你扭送警察局!"

伊克拉米皱了皱眉,两眼直冒火,巴克尔的话似乎使他在同伴面前丢了脸。尽管如此,他还是平静地、丝毫不带火气地答道:

"好,我走,不过我决不会罢休。"

"有件事你应该十分明白:如果菲露兹有朝一日遭遇不测,那就唯你是问。"

伊克拉米与同伴窃窃私语了几句,转身走了。

巴克尔这才进去参加晚会,与菲露兹及其宾客坐在一起。他们围着一张豪华餐桌,一排大蜡烛把桌子照得明晃通亮。菲露兹微笑着对巴克尔说道:

"我最担心的就是伊克拉米闯进来扰乱这欢乐的聚会,可是,你知道怎么摆脱他。谢谢你。我觉得,欠你的情实在不少。"

巴克尔谦逊地答道:"菲露兹,朋友之间谈不上欠不欠情的事。"

"我希望你对伊克拉米已经有了一个正确的概念。"

"事实上,你说的有关他的一切都是正确的。一个像他那样的恶少,根本配不上你。"

一位名叫纳吉琬的姑娘转过头来,对他说道:"这正是我以前对你说过的话,可是,她不信。"稍停,她又说道,"她爱伊克拉米,是因为她心地善良。她是很值得爱的,但是,伊克拉米并不爱她。"

菲露兹抬头望着纳吉琬,脸上露出淡淡的微笑:"我其实是一个大骗局的受害者。我不知道,我怎么会相信他的。当时,他说他一生没见过比我更漂亮的人,说他第一次看见我之后,当天夜里就失眠了,老想着我,眼前一直是我的形象,说如果与我结婚,他将是世界上最幸福的人,另外还在我耳边灌了许多甜言蜜语。我至今弄不懂当时怎么就没想到他是在骗我。不过,感谢真主,伊克拉米的事情终于败露了,我摆脱了灾难,但得了一个教训,我将终生受用无穷。"

一位姑娘问道:"你指什么?是表示你终生不再恋爱和结婚吗?"

"不是。不过,我将更小心翼翼地选择我的爱人,免得重蹈覆辙。"

这位姑娘不无诙谐、戏谑地说道:"爱情难道会服从于意志吗?爱情就像细菌,不管人愿不愿意都会侵入人体的。"

巴克尔对她说道:"说得对,但是人有能力抵御细菌。"

姑娘望着巴克尔充满朝气、坚毅的脸,微笑道:"这是你对爱情的真实体会吗?"

他庄重地看着她答道:"我不能给你一个明确的答复,因为直到此时此刻,我还不懂得爱情。"

"为什么?"

"因为我生活在另一个世界,与其他青年的天地不同,那是一个需要致力工作和忠于职守的环境。"

"这就是说,你将来也不会考虑爱情和结婚的事吗?"

"不,我会考虑、憧憬和期望的,直到有朝一日我理想的姑娘出现。"

"你心目中的理想姑娘是怎么样的呢?"

"我想象她是一个聪明的姑娘,心地善良,感觉敏锐又不轻浮,机敏灵活,又不矫揉造作,长相动人,富有魅力,有思想,有信仰。具有这些特点的女性,肯定是投合我心意的伴侣。"

一位姑娘笑道:"你到哪儿去找这样的姑娘?你只有在幻境中才会碰到。"

"你认为我是缘木求鱼?"巴克尔问道。

"我认为,只有天使才具备这些条件。"

"谁告诉你的? 也许我近期就能碰到呢!"

"你是说邂逅?"

"有可能。谁说得准呢……命运给人安排的,常是一些始料未及的事。"

"说得对,你说得对。"

他起身告辞。姑娘们都走上前来,亲切地、钦佩地与他握手告别。

菲露兹一直把他送到门口,问道:

"曼扎拉卫有新情况吗?"

"除了你说过的,还没有更新的情况。我认为,我曾经在一个蒙面人那里见过他的目光。"

"怎么回事?"

"我相信,我曾在一次战斗中与曼扎拉卫相遇,他当时为了隐瞒真实身份蒙着脸,那极可能发生在开罗,在我调到马特鲁港之前。"

"有根据吗?"

"事实上,我已把他置于严密的监视之下,不让他察觉。不久,我们就将识破他的真面目了。"

晚会结束之前,纳吉琬对菲露兹说道:"明天和我一起吃午饭好吗? 我父亲看到咱俩的合影,听我说了你和伊克拉米的事后,想见见你。"

"我感到荣幸,纳吉琬。"菲露兹微笑道。

"那好,我十二点钟等你。"

菲露兹按时抵达纳吉琬的家,纳吉琬在门口迎接她,一面拉着她的手往里走,一面说道:"你来,我真高兴,菲露兹。来,让我把你介绍给我的父亲。"稍停,她又说道:"我父亲是一位退休少将警官,他对你和伊克拉米的事很是关切,见到你他将非常高兴。"

"我也很高兴。"

纳吉琬又拉着她的手,让她跟在后面,说道:

"那么,来吧,我来介绍一下。"

她领菲露兹进入书房,她父亲正站在一张装满书的书橱前。他盛年已过,但还未见衰老。他身躯高大,仪容威严,显得富有而且地位很高。这一点,菲露兹从他考究的衣服,充满自信并带有矜持的表情上可以看出。他察觉菲露兹已到,即放下手里的东西,迎上前去,欢迎道:

"欢迎,欢迎。见到你,不胜荣幸。"

她嫣然一笑:"我也很荣幸,伯父。"

三人在桌前坐定,他望着菲露兹问道:"你暑假怎么过啊?"

"有点不妙,我碰到了一些麻烦事。"

"你是指那个名叫伊克拉米的小伙子捣乱吗?"

"这是其中之一,不过,他的事已经有人管了。"

"哦,这么说,已经有人干预了。我本来希望我能做些什么,帮你摆脱伊克拉米的纠缠。"

"谢谢。有一位警官答应不让他接近我。"

"这位警官是谁?这里的警官大多不是我的同事,就是我的学生。"

"是马特鲁港保安局的巴克尔·阿卜杜·哈米德少校。"

"巴克尔·阿卜杜·哈米德少校!"他重复了一遍名字。

"你认识他?"

"怎么会不认识呢?他是位敢冒风险的警官。"

"你指什么?"

"我是说,他是一个勇敢的青年,喜欢冒险。凭着这种冒险精神,他曾与罪犯和杀人凶手激战,他抓过许多盗匪、间谍、毒品走私犯和人贩子的首领。简而言之,他的一生就是同犯罪和犯罪分子战斗。我毫不怀疑,他将彻底帮你摆脱伊克拉米的干扰和傻事。"

他侃侃而谈,在菲露兹眼里,他显得轻快、和蔼可亲。吃完午饭,他陪菲露兹去观看他豪华的卧室,慎重地请她坐在沙发上。他俩一面聊天,一面等纳吉琬沏茶回来。他问道:

"你看纳吉琬怎么样?"

"是个好姑娘。我听说,你非常爱她。"

"是的。她小时候,母亲就去世了,一直由我照料她。我是既当父亲,又当母亲和兄长。我一生最大的愿望,就是看到她在一个爱她、疼她的好丈夫身边,生活得幸福、安康,可是……"

"可是什么?"

"奇怪的是,她下定决心,非要给我找一位新娘,让我的家庭充满欢乐以后才结婚。"

"她替你物色到了合适的对像吗?"

"是的,她终于找到了,她是从她的好朋友中挑选的。"

"是谁?"她高兴地问道。

他微笑道:"就是你,菲露兹。"

她一震,仿佛突然从噩梦中惊醒,疾速地瞟了他一眼,把脸转了过去。

"请相信我,"他说道,"跟我在一起生活,将会充满幸福、欢乐,那些傻瓜和流氓就不会跟你纠缠不清,到那时你就不必提心吊胆,不受干扰地充分享受生活。你要知道,你需要一个坚强的男人来照顾你,保护你不受伊克拉米和娇宠坏了的年轻人欺侮。"

她神思恍惚地喃喃道:"我很抱歉,我不能接受这门亲事。"

他张开了嘴,望着她,嘴唇翕动着,但没有说话,像是丧失了说话的能力。

然而,惊讶刚过,他就有点气忿地喊出声来:

"为什么?什么原因?我倒想知道一下。有许许多多的姑娘都盼望同我结婚呢!"

这时,纳吉琬走了进来,她扫了他俩一眼:

"出什么事啦,爸爸?你干吗这样铁板着脸啊?"

他不耐烦地答道:"你听你的朋友说什么啦?她拒绝做我的伴侣。"

纳吉琬走近菲露兹,搂着她的脖子,温和地问道:"你为什么不同意?"

"因为我已经有过一次经历,不能重蹈覆辙了。"

"你是指与伊克拉米那一次?"

"不是。"

"那么,跟谁?"

"我不想谈它。不过,因为这,我决心坚持我的态度,还有一个原因,那就是事实上,我已选中了我的生活伴侣。"

这时,纳吉琬的父亲插嘴道:"你在再次掉进圈套之前,可要三思啊。"

"请放心。相信我,这一次,我将同一个挺般配的男人结婚。"

"你选中的这个幸运儿是谁?"他问道,"请告诉我,也许你需要我们替你参谋参谋。"

"我完全信任他。"

"让我们提提看法,对你有什么不便吗?"

"我已经了解你的看法了。"

他露出诧异的神色:"你是说谁?"

"我是说巴克尔少校。我如果结婚,非他不嫁。"

他挺困窘,不过,还是说道:"说实话,你选中了一个最合适的男人。"

他目送着菲露兹姣好的身影向大门走去,不禁流露出懊丧、难受的眼光。

第十章

  第二天清晨,菲露兹一大早就离开家,驱车向马特鲁港驶去。起初,车子在路上缓缓行驶,接着就风驰电掣。她的思绪就像这飞驰的汽车,浮想联翩,各种情景和幻境疾速地掠过她的脑际,明丽辉煌,使她的内心充满喜悦和欢乐。最先浮现在她眼前的,是巴克尔的形象,他身材魁梧、结实,犹如运动员,具有魅力的面庞,洋溢出青春的活力,一双明亮的眼睛,显示出自信、自尊。她想象起未来的生活,憧憬着爱情和幸福的理想境界,姑娘只有在一个坚强的、值得信赖的丈夫身边,在一个美满的安乐窝里才能找到这种境界……她周围的孩子们,在花园里奔跑嬉戏,采摘下鲜花,扔向她和她的丈夫。

  突然,汽车猛地晃动了一下,接着就慢下来,终于,停住了。在踩紧刹车之前的最后一刹那间,菲露兹让汽车滑到了路旁。她诧异地叹了一口气,打开车门走下车,站着打量汽车,然后又环顾四周。

  夹在海水和沙漠之间的路,一直向前延伸,前后都望不到头。她并不期望会有人来帮助她,姑娘知道,在这条漫长的道路上,人们都情不自禁地驾车飞驰,很少有人会停车来帮助抛了锚的汽车。菲露兹卷起袖子,打开车盖,探头察看引擎,用一根铁丝拨弄了几下,然后,她回到驾驶座,转动启动引擎的钥匙,引擎慢慢地转了几下便停住了。她又下车去看引擎。她心想,车子抛锚的原因,肯定是引擎太热了。

  她正不知如何是好,忽听得背后传来一个有气无力的声音:"你的汽车怎么啦?"

  菲露兹惊恐地朝后望去,但是,一看清说话的人,她的恐惧感顿时消失得一干二净,而是惊奇地问道:

"舒埃布博士?!你怎么到这里来了?"

"我在路上出事了。"他的声音透出极度的疲惫。

他的模样令她吃惊。两人相距很近,他神色倦怠,头发蓬乱,一身灰尘,手上的伤口在淌血。她又一次不安地问道:

"出什么事啦?"

"我想让一辆车,但是,刹车失灵了,撞到一个沙丘上,碰撞力太大,车子带着我连翻了两个跟斗。"

"你身上别处还有伤吗?"

"没有,算我运气好,只擦破了手。"

"你的汽车怎么样?"

"车头全撞坏了。"

"车子呢?"

"还在那儿,离这里大约三公里。现在,不谈我的车了吧,要把它修复到原样,希望很小。咱们来看看你的车,找到原因了吗?"

"没有,我弄不清是怎么回事?"

他一面整整衣服,拍掉衣服上的尘土,一面问道:

"油箱里还有油吗?"

"我想还有。但现在咱们别管这些,先来处理一下你的伤口。"

说话间,她打开皮包,取出一瓶香水,替他洗净伤口,用她的手绢包扎起来。舒埃布谢过她,就俯下身去看引擎。看了一会,他说道:

"我看,是电瓶的毛病。"

他埋头修起电瓶来,直到弄完,才抬起头来说道:

"我想,已经修好了。咱们来试试看。"

菲露兹坐在驾驶盘前,转动钥匙,引擎转动了起来。舒埃布博士放下车盖,转身进来,坐在她旁边。不一会,车子即载着他俩,向马特鲁港驶

去。有一段时间,两人都没有说话。最后,还是菲露兹先开腔:

"你的汽车保过险吗?"

"保过险。"

"要是这样,应该报告警察,在检查时采取必要的措施。"

"我确实也在这样考虑。"

"好。咱们一到马特鲁港,应该立即跟巴克尔·阿卜杜·哈米德少校联系。"

"巴克尔·阿卜杜·哈米德少校是谁?"

"是省里负责保安的警官。"

"那好。"

"借这个机会,跟他谈谈皮包的事不好吗?"

"有什么用呢?皮包是回不来了。"

"谁知道,也许巴克尔少校能用他的特殊办法把皮包找回来。尤其是,如果小偷是住在旅馆周围地区的游牧民,那么,他们会怕他,只要知道他关心这个皮包,他们出于对他的强硬和生气怀有的恐惧,就会立即把皮包送回。"

"如果这位警官能替我找回皮包,我一辈子都忘不了他的大恩大德。"

"请你相信我,不把皮包给你送回去,他是不会善罢甘休的。"她的眼睛闪烁出热情的光芒,"只是你应该把所有的情况都告诉他,让他充分地了解事情的始末。"

舒埃布默然,没有吭声。他陷入了沉思,内心在问自己:"我得把皮包里装的材料都如实讲给他听吗?这样做,会不会损害或威胁到皮包里的秘密呢?不,舒埃布,你在运算结束、定稿之前,不应向任何人泄露秘密,在这之前,应先交给政府,采取必要措施以付诸实施。"

他俩来到保安局的大楼前,巴克尔少校出来迎接。他带着欢迎的微笑，热情地紧握着舒埃布博士的手说道：

"见到你，真是高兴。我是坚持阅读你在报刊上发表的有价值的研究成果的读者之一。知道你大驾光临，我高兴极了。"

舒埃布博士不好意思地低下了头。

"请进。"巴克尔说道，"我想，你是第一次进保安局大楼吧？"

舒埃布博士微笑着点点头，表示同意。

三人走进巴克尔的专用办公室。舒埃布好奇地扫视着室内。这里，映入他眼帘的一切都表明已准备就绪：办公室里有最先进的无线电通讯设备、窃听器、录音机、照相机，和其他警方用来跟踪和追剿罪犯的先进装备。

"看到你办公室的人，都会以为这是国外的保安机关办公室呢。"舒埃布说道。

"说实话，"巴克尔微微一笑，"我挺喜欢这些设备，我曾在欧洲受过训，对这些东西很熟悉。我认为，它们能够大大节省警方的时间和精力。"

"我同意你的看法。"舒埃布说道。

巴克尔一面按了一下椅子上的按钮，一面看着菲露兹说道：

"你把博士带到这里来，我真不知该怎样感谢你呢。"

进来一个士兵。巴克尔问舒埃布博士道：

"你喜欢喝点什么，博士？"

"咖啡。"

"你呢，菲露兹？"

"也是咖啡。"

巴克尔对士兵吩咐道："三杯咖啡。"

过了一会，菲露兹说道："我们有件事想向你报告一下。"

"悉听尊命。"他向她微笑，"是什么事？"

"几天前,博士的皮包在旅馆里失窃了。这是旅馆第一次发生这类事件。"

"可是,我们却没有听说。"

"是的。这是博士出于爱护旅馆的名声,没有声张的缘故。"

"这在他,是好意,但应该通知我们,以便暗中寻找啊。"他转向博士,"皮包里放的什么?"

舒埃布迟疑了一会,说话也有点吞吞吐吐:

"大学里的讲稿,是我为学生准备的。"

巴克尔专注地望着他,仿佛想一直看到他的心坎,说道:

"这么说,皮包里放的不过是些普通东西。"

"确实是些普通东西,不过在我眼里却是十分重要的。"

"对不起,博士,你说它们是些普通东西,同时又认为它们挺重要。"

舒埃布露出惶恐的目光:"我是说,那是些原始讲义,没有草稿,如果收不回来,我就得重写,要耗费我许多时间、精力和劳动。"

巴克尔双眉紧锁,低头沉思了一会,然后抬起头来问道:

"你怀疑旅馆里哪一个旅客吗?"

"不。"

"你和大家的关系好吗?"

"很好。只有一个人,我最近和他吵过架。"

"是谁?"

"他叫曼扎拉卫。"

巴克尔惊讶地重复了一遍:"曼扎拉卫?"

"是的。"

"争吵的原因是什么?"

舒埃布讲述了他为了不让菲露兹上曼扎拉卫的当,而与曼扎拉卫发

生争吵的经过。他刚讲完,菲露兹就诧异地问道:

"那次争吵你怎么没有跟我谈起过,博士?"

"我认为没有必要。"舒埃布回答。

巴克尔问她道:"除你告诉过我的以外,你对曼扎拉卫还知道些什么?"

"只知道他是开罗的埃及进出口公司经理。"

"好吧,如果是因为小偷觉得这皮包并不起眼而不主动归还的话,那么,我将尽力把它找回来。"

舒埃布急切地问道:"你这样认为吗?"

"这只是一种假设。"

舒埃布稍微沉默了一会,接着说道:"只顾谈这件事,我忘了另外一件事了。"

"还有什么事?"

舒埃布把发生车祸的事告诉他,并要求他派人前去检查。巴克尔听得很认真,脸上显出极为关注的神情。听完了事情的经过,他瞧着舒埃布说道:

"我将对这事故给予特别的重视,原因很简单,它无疑与皮包失窃事件有关联。"

"你的意思是……"

"我的意思是有某一个人或者一伙人在暗算你。"

"你这样看?"舒埃布有些不安。

"是的,对此,我深信不疑。"

"他们是些什么人?"

"在你把隐瞒着的事情明白地告诉我之前,我不能跟你谈论我的猜测。"

舒埃布一惊，说道："你错了，我没有对你隐瞒什么。你心里想到了什么？"

"我的心告诉我，那个小偷要的不是钱，因为他如果要钱，可以闯到那些富翁旅客的房间里去，那里有钱，有珠宝和值钱的东西，可是，他偏偏只潜入一个大学教师的房间，这位教师除了薪金一无所有。这岂非咄咄怪事。因此，溜入你房间的目的就在于偷窃你皮包里的东西，在小偷眼里，那些东西显然是至关紧要的……不了解它们的价值和重要性的，只是你。你说对吗？"

舒埃布半晌没有开口。警官又接着说道：

"你对我，最好还是开诚布公，不要在你我之间竖一道墙。"

这时，菲露兹站起身来说道："我想，我现在最好还是离开，我在场可能不太合适。"

"不，"舒埃布对她说道，"我希望你坐下，你是能保守秘密的。"

"这么说，事涉机密？"巴克尔望着他问道。

"是的，我现在如实告诉你们，也减轻一些我肩上的压力。"

"你在这里谈，尽可以放心。这里没有人会或者胆敢偷听。"

舒埃布低下头，沉吟片刻，然后抬起头，好像一个深知自己即将发表的谈话的重要性，用深沉的语调说道："我的事，说来话长，可是，我可以用一句话来概括，那就是我正要发明一种可怕的武器。"

两人都愣了，瞪视着他。巴克尔说道：

"主啊，这是真的吗？"

"是的。这武器的目的，在于震慑咱们的敌人以色列，免得它冒天下之大不韪，用原子弹来对付咱们。我讨厌战争，热爱和平，可是，我相信以色列不要和平，因为和平与它的思想方法和扩张野心是背道而驰的，除非大国强迫它接受和平，迫使它恢复其他民族的主权。"

"说得对,"巴克尔评论道,"你说的,我完全同意。"

菲露兹也说道:"我也同意你的意见,咱们只有强大起来,才能赢得和平。"

舒埃布对巴克尔少校说道:"这就是我的秘密。你还想了解别的事吗?"

"是的。我想了解,你的这项武器已经研究到什么程度了?"

"还只研究了一半,但由于皮包被窃,我不得不从头开始。"

巴克尔低头思索了一会,说道:"有一点,我想问问清楚。你的打算,国外和你一起工作的外国学者有人获悉一二吗?"

"说实话,曾有一位犹太科学家对我的事有过一些怀疑,但我认为,他后来已排除了猜疑。"

"谁告诉你他已经排除了怀疑?你怎么知道,他对你的事起疑后,没有把他了解到的情况向以色列作过汇报,以色列随即派出鹰犬来跟踪你,窃取你的发明,由它来掌握实施。"

"你这样看?"舒埃布十分不安。

"我敢肯定。这个偷窃皮包的鹰犬,也许也是制造车祸把你干掉的策划者。"

"如果确是如此,那么,这个鹰犬是谁呢?"

巴克尔立即答道:"曼扎拉卫,毫无疑问。"

"曼扎拉卫是以色列走狗?"

"怎么不是?我从看到他的第一眼起,就对他起疑了。"

"怎么回事?"

"他的目光使我想起了以前曾见过的一个罪犯,但是我记不起是什么场合见到过他的了。不过,我肯定可以弄清他的一切。从今天起,我就将派出人员布置在他周围,侦察他的一切行动,同时,我还会派人去检验你的汽车,也许他们会找出你车子碰撞之前刹车失灵的原因。车子出事的地点在哪儿?"

舒埃布告诉他地点,并详细地描绘了他的汽车。

舒埃布和菲露兹起身准备告辞,菲露兹望着巴克尔说道:

"我能参加这项任务,与你们两位合作,真是太高兴了,你对我有什么指示?"

他投去钦佩的一瞥:"你能够在曼扎拉卫房里,找个隐蔽的地方放一台录音机吗?"

"当然能够。录音机呢?"

他递给她一台小型录音机,讲解了用法后说道:

"你能这样做,对我们帮助不小。"

第十一章

这天夜里,舒埃布博士辗转反侧,难以入眠,白天的事情历历在目。也是在这天夜晚,旅馆里还发生了一件人人都认为是稀奇的事情。当时,阿拉维、法蒂拉和菲露兹正在办公室里埋头工作,一辆汽车停在旅馆门前,走下一个由六个年轻人组成的乐队,旅馆的气氛顿时变得欢快、热闹。阿拉维和两个姑娘立即赶去,要他们恢复安静。阿拉维对他们说道:

"我希望你们保持肃静,你们忘了吗,这是在孤独旅馆!"

他们纵声大笑。有个人说道:"这是什么样的胡言乱语啊!世界上竟会有这样可笑名字的旅馆!"

菲露兹气忿地答道:"为什么不行!这有什么大惊小怪的!"

那人蔑视地耸耸肩,说道:"光这个名字就够呛!这里的旅客准是疯子。"

这时,阿拉维插嘴了,他有点气恼地说道:

"你们到这儿来干什么?请吧,请离开这儿,这家旅馆不接待你们这样的人!"

"为什么?"

"因为旅馆不能替你们这样的人付费。"

"谁告诉你我们付不起费?"

"即使付得起费,我们也不接纳你们!"阿拉维火了。

"为什么?"

"因为你们可能造成许许多多的麻烦,旅馆的规章制度不允许,旅客也接受不了。"

"比如什么?"

"比如嘈杂、喧闹。"

"如果我们保证不这样做呢?"

"如果你们出具书面保证,"菲露兹说道,"我们就允许你们进来。"

"好吧,我们保证。"

"那么,来吧,跟我们到办公室去。"

说完,她向办公室走去,大伙跟在后面。她拿起一张纸,在上面写了几行字。那伙人的领头人疾速地瞟了一眼纸头上的字,竭力忍着笑,签好字,问道:

"这样行了吗,我的美人儿?"

"行了。"

那人与同伴偷偷交换了一下眼色,说道:

"可是,美人儿,假如我们渴望音乐,情不自禁地弹起某首曲子来,你们会拿我们怎么样呢?"

"在这种情况下,"阿拉维气忿地说道,"我们就马上把你们赶出去,免得你们干扰其他旅客。"

那青年转向同伴,笑着说道:"听见了吗?你们都应该理智些。"

过了一会,进来一个仆役,领他们去分给他们的房间。

接下来,旅馆一片沉寂,大家都准备就寝了。突然,旅馆又出现了一种奇怪的气氛,一阵阵扣人心弦、沁人心脾的美妙悦耳的乐曲,在夜空中回荡。旅客们想知道是哪儿传来的迷人音乐,便纷纷打开他们的房门,目光向四处寻觅,想弄清传出这甜美乐曲的地方,但是,他们一无所见。这美妙的音乐氛围的最奇特之处,是有几种旋律同时进行,但听着却很和谐。这使他们想到,有几种乐器在演奏,音调不同,但都受一种奇妙力量的控制,协调了它们的相异之处,使它们变得和谐……

阿拉维突然出现,满脸火气,他对旅客说道:

"各位请回你们的房间,我知道怎么使他们马上安静下来!"

有些旅客喊道:"别这样,让他们演奏吧。"

另外一些人说道:"阿拉维,你待着吧,谁说我们要他们安静啦?"

他回答道:"可是,这违反了规章制度。"

有人高声说道:"管他什么规章制度,让他们演奏!"

大家都竖起耳朵在听,他们知道,乐队在开始演奏探戈舞曲了。回肠荡气的乐声飘进他们的耳中,听得他们如痴似醉,蓦地,旅馆各处出现了一个更动人的景象:旅客们——他们大多是男的——走进大厅,开始按着探戈的节拍翩翩起舞,他们觉得自己进入了一个飘荡着最优美音乐的人间天园,老人、学者和实业界的巨子们,都忘掉了他们的尊严,病人和疲倦不堪者们,忘记了他们的病痛,忧虑不安的人们抛开了他们的愁绪和心事,大家只有一个心念,就是跟随着迷人的乐曲跳舞。男人们各种各样,长相不同,服饰相异,他们的心思都放在舞步和音乐上,既不左顾右盼,也不理会吃惊地望着他们的旅馆职员……突然,乐队那间房间响起了"恰恰"舞曲,舒缓的旋律成了猛烈敲击地面的鲜明乐音,他们扯起嗓门按着节奏喊唱,像是在反复哼唱一首歌。旅馆顿时成了一个喧闹、欢快、充满生气的场所。

阿拉维、菲露兹和法蒂拉对他们面前的热闹场景十分不快,旅客们丢开了他们的威严,卸掉了用以掩盖真面目的文雅面具。舒埃布博士和东方学者勃拉文站在近处观看、欣赏、微笑,当看到阿拉维和两位姑娘的满脸愧色,他俩便踱了过去。勃拉文说道:

"放宽心吧,他们一会儿就会静下来的。"

菲露兹恼怒地说道:"这就是说,你赞成这样乱成一团糟!他们破坏了旅馆的规章制度。"

"我不赞成绝对的孤独,也不赞成绝对的喧闹。"勃拉文答道,"绝对的孤独会造成人的伤感,而且违背人的本性;绝对的喧闹,则令人厌恶之极。凡事最好自然是折乎其中。"

舒埃布也说了一些相类似的话。接着,他俩走到一个僻静角落的小桌前坐下,一面闲聊,一面漫不经心地观望着那些旅客。

过了一段时间,忽听到一声尖叫,舒埃布抬头朝发出喊声的地方看去,只见是菲露兹在楼梯旁的暗处叫着,拼命挣脱一个硬要同她跳舞的男人。不等她再次喊叫,舒埃布博士即一跃而起,三脚两步赶到她身边,一把抓住那人的胳膊,把他拉开。那人对舒埃布博士大肆谩骂,舒埃布也不予理会,只是对着菲露兹说道:

"我想,你现在最好还是离开这里,免得再碰到什么麻烦。"

"这些该死的流氓!"她脸色都变了,"在事态严重之前,我一定得与警察联系!"

她不等回答,快步走进办公室,立即给巴克尔挂了电话,把情况讲了一遍,要求他快来。正当旅客们在跳啊、吵啊的时候,他们听得警车的呼啸声。有些人停了下来,侧耳倾听。呼啸声越来越近,越来越响……一辆警车停在旅馆大门前,巴克尔带着两个士兵走下车,迅速走到里面,环顾四周,然后径直走向菲露兹,问道:

"乐队在哪儿?"

她指指他们的房间,说道:"在那边的一间房间。"

巴克尔马上带着两个士兵走去,强行闯入,说道:

"停止演奏!否则我就把你们送到局里去!"

他们都愕然望着他。巴克尔继续说道:

"我听说你们已经保证保持肃静,为什么又违背诺言?"

乐队的头头不安地答道:"我很抱歉,事实上我们并不想捣乱。"

"那你们是什么意思?"

"我不想瞒你,'孤独'和'喜欢孤独'引起了我们的好奇,我们想对旅客作个考验,了解一下他们是真的喜欢孤独,确实不要欢乐的气氛,还是和普通人一样,喜欢热闹。"

对这个回答,巴克尔内心深处感到高兴和满意。乐队头头机敏地看出了这位警官的心思,于是,又指着旅客说道:

"警官先生,您瞧,他们脸上的喜悦!"

巴克尔顺着他指的方向瞧去,发现旅客们确实都是满脸笑容,正想说些什么,但乐队头头凑近他说道:

"您不必说什么了,考验已经成功,事实证明,他们和普通人没有丝毫不同。我向您保证,他们在尝到幸福的滋味之后,他们将会无忧无虑地生活。我们这方面,我向您保证,拂晓之前我们就离开这家旅馆。"

"好吧。晚安。"

巴克尔刚出现在大厅门前,一群旅客就拥上前来,七嘴八舌地与他交谈。他最后把他们都打发走了,只要求他们选出两人跟他去旅馆办公室,

去讨论一下应该怎么做才能使旅客和旅馆负责人双方都满意,最终解决问题。当事情提到菲露兹面前时,她问道:

"这样解决我同意,但条件呢?"

"你指什么条件?"巴克尔问道。

"惩罚那个硬要拉我跳舞的人。对他,我不能就算了。"

"这是你的权利。那人呢?"

菲露兹在人丛中指出了那个家伙,他正想躲开,但巴克尔赶上了他,喝道:

"你站住!"

那人站在原地,惊惶地瞧着巴克尔,结结巴巴地说道:

"我没干什么……我请她跳舞……这有什么呢?"

少校的嗓音挺粗:"你怎么能不顾姑娘的意愿硬要同她跳舞?你应当受到拘留。"他又问菲露兹:"你想对他提出诉讼吗?"

这时,东方学者勃拉文插嘴了:"没有必要这样。看上去,他是喝酒喝糊涂了。不管怎么说,没有发生什么大的伤害。我相信,菲露兹小姐并不想起诉。"

"我同意,条件是一到早上就把他赶走。"

巴克尔从口袋里掏出记事本,说道:"那么,你原谅他了?"

"是的。"

巴克尔在本子上记了几行,然后望着勃拉文问道:

"你,先生,你的名字和职业?"

"勃拉文·施密特,德国东方学者。"

巴克尔端详他片刻,说道:"好吧,我在记事本里记下了:菲露兹小姐无意对他采取任何行动。"接着,又转向那醉汉:"你明天一早就离开旅馆,否则我就对你采取严厉的措施。现在,你从我面前走开!"

那人悻悻地回房去了。巴克尔立即离开大厅,在菲露兹、法蒂拉和阿拉维的陪同下到办公室去了。不一会儿,有人敲门,舒埃布博士和东方学者勃拉文走了进来。巴克尔瞧着他俩说道:

"这么说,旅客们选了你们两位作代表罗。"

舒埃布博士答道:"是的,我们希望能找到一个使双方满意的解决办法。"

巴克尔请他俩坐在他旁边,说道:

"我将谨慎地达成协议。现在,我很乐意听听勃拉文先生的意见,从他对待那个醉汉的态度看,他是一位有识之士。勃拉文先生,你对这个问题怎么看啊?"

勃拉文沉吟了一会,才说道:"我以前曾对法蒂拉小姐说过我对这类事情的看法,简而言之,孤独不是人的本性,因为人由物质和精神组成,为了能过一种平衡的生活,这两者都得发展。物质的发展,有时通过自然因素,有时靠努力和照顾,还有的时候几方面都要。如果说,热闹和欢快乃属物质发展之必需,那么,精神就正好相反,它需要安静,沉默和内省才能发展和臻于自然。人生活在这一对矛盾之中,有时偏重物质而精神受损,有时则偏重精神而物质受损。这两者有一方受损,就会破坏平衡的生活。平衡的生活必须要使物质和精神的需要始终处于均衡状态。"

勃拉文说完了,巴克尔敬佩地望着他,说道:

"你说得对,勃拉文先生,你的这番话证明你是一位了不起的哲学家。"他又转向舒埃布,"你的看法呢?"

"我与勃拉文先生持同一见解,我要加上一句,人从本性上说,是属于社会的。"

"那么,孤独旅馆是建立在一种错误理论的基础上罗?"

"我想是的。"勃拉文回答,"依我看,世界万物都是建立在我所指出的那种平衡的基础上的,不能一个方面压倒另一个方面。就以这个乐队为例,它为什么不能留在这里,为旅客们提供各种优美、舒缓的音乐,提炼人们的感情,净化他们的意趣？这些闲置的豪华大厅,为什么不能让旅客们在里面吃吃饭、聊聊天,或进行一些导致产生人类生活中数不清成果的各类活动呢？"

勃拉文讲完后,巴克尔便问菲露兹道：

"现在,菲露兹,你可以对我们谈谈你的意见吗？"

"我现在愿意作一些改革,其他的调整,我希望等我父亲从伦敦回来以后再说。我想,将不会有什么阻碍,特别是他如果能听到勃拉文先生和舒埃布博士的观点的话。"

巴克尔微笑着问道："你将从何着手改革？"

"从勃拉文已经提到的开始,我将把大客厅改成聚会的场所,让旅客们听听各种抒情的轻音乐。"

"那么,你将留下乐队？"

"是的,明天我将同他们签署在旅馆工作的合同。"

"好极了,再见。"

巴克尔走下旅馆台阶的时候,正碰见曼扎拉卫从外面回来。四目相对,曼扎拉卫内心极度恐慌、紧张,但是,这种感觉很快就消失了,因为他听见巴克尔和蔼可亲地对他说道：

"你好,曼扎拉卫贝克。"

他心花怒放,伸出手去与巴克尔握手,说道：

"一切都好,少校先生。嘿,你现在可以肯定,咱们过去没有见过面了吧？"

巴克尔微微一笑,歉疚地说道："对上次的事,我很抱歉,希望你能谅解,那次弄错了,请原谅我。"

曼扎拉卫低下头,说道:"你上次的事,不必道歉。你是履行职责,你做的一切都是正常的,无可指责。"

"谢谢你,再见。"

"再见。"

他俩分手了,对这次邂逅,双方都觉得满意。

第十二章

这次见面后,曼扎拉卫的日子过得挺舒坦,他一如既往地处理他旅馆里外的事情,丝毫都不提心吊胆。引起菲露兹怀疑的,倒不是他的行为,而是跟他在一起的那一伙人,她注意到曼扎拉卫对待他那一伙人的态度很特别,心里便琢磨,这些旅客究竟是有前科的惯犯,还是无懈可击的高尚伙伴。客厅改为聚会场所,使菲露兹有了进一步观测的机会。首先引起她注意的是曼扎拉卫和盗匪团伙之间的关系,他们毫无疑问是完全听命于他的,但是奇怪的是,当着人们的面,他们装得和曼扎拉卫是平起平坐的人,有时与他同坐在一张桌旁,聊天谈笑,接着,曼扎拉卫看看表,突然向他们做个手势,他们就立即站起身来,匆匆向外走去,不一会,曼扎拉卫也就离座,走出旅馆,直到深更半夜才回来。

有一天,菲露兹到保安局去见巴克尔少校,在一间俯瞰大海的办公室里,见他正坐着检查一台小机械。

一见到她,巴克尔高兴得双眼发光:

"哦,是你,亲爱的菲露兹,我真是想你,想听听你的近况。"

她微笑着,与他握手:"你好。有新情况吗?"

"关于舒埃布博士的汽车,我们还不能肯定是否属于刑事案件,因为很难找到证据。但是,这种情况不会再发生了,我已经对曼扎拉卫进行了严密的监视,我的人员正密切注视着他的一举一动。"

巴克尔说到这里,突然刹住,关切地问道:

"啊,我差点忘了,你在他房里安放录音机了吗?"

"是的,放在一个隐蔽的地方,他不会找到。"

"那就好。你喝点什么?"

"喝杯柠檬汁吧。"

他俩坐着吸饮柠檬汁,眼睛眺望着大海,看着那些捕鱼的帆船和几个在海里游泳、一面高声欢叫的青年人。巴克尔问道:

"你有什么新情报吗?"

她把对曼扎拉卫及其同伙观察到的情况,一五一十地告诉他。巴克尔放下杯子,瞧着她说道:

"他们很可能是一伙正在策划重大行动的歹徒。"

"你这样看吗?"

"这只是一种可能。"

"你打算怎么行动?"

"应该赶在他们铤而走险之前就制止他们。"

"怎么做呢?"

"现在,重要的是你得把录音机带来,我们也许可以通过录音带了解到一些事情,有助于我们破案。"

"好吧,我明天给你带来。"

"谢谢。我认为,这次如能顺利破案,功劳应归于你。"

"不谢。"她微笑着,"你知道,我总是听候你的吩咐。你还有什么事情要我做的?你下命令,我就执行。"

"我只希望你别让曼扎拉卫从你的眼皮底下溜走。"

"放心吧,我会提高警惕的。"

巴克尔略作沉吟,又问道:"旅馆有什么新情况? 一切都正常吗?"

"是的。你听到最新消息了吗?"

"什么消息?"

"勃拉文先生决心皈依伊斯兰教。"

"你说的当真?"他吃了一惊。

"是的。他下个星期将为此到开罗去。"

"这个消息无疑是应该提到的。你对他这个人怎么看?"

"他是个了不起的哲学家,我一生没见过比他更有学问的人。"

"但愿他到开罗去之前,我能见他一面。我对他十分钦佩。"

"下星期一,我将为他举行一个招待会,你如能光临,我们肯定会感到高兴。"

"我很高兴能去。"

菲露兹起身告辞,巴克尔把她送到门边,说道:

"明天我等你,咱们一起听录音带。"

她热忱地答道:"但愿天从人愿,我能准时送到。"

"当心别让曼扎拉卫或他的同伙撞见。"

"放心,我会十分小心。"

第二天,菲露兹带着录音机来见巴克尔,只见他坐在办公桌前,专心致志地看着面前的一张纸。他发觉她的到来,便抬起头来,表示欢迎道:

"你好,你来得正是时候。"

她一面在他旁边坐下,一面问道:"发现什么新情况了吗?"

"是的。"他显得很认真,"发现了重要情况。"

"怎么回事?"

"昨天,我截收到一条无线电电讯,我认为,它是发给某个走私集团的。"

他指指面前的那张纸。菲露兹问道：

"这就是那条电讯吗？"

"是的。"过了一会，他又说道，"电文内容很奇怪，但极为重要。"

"我问问电文内容，不算多管闲事吧？"

"电文只是这样一些断续的词组：作好准备……法老的玫瑰……星期五……演习……距隆美尔二十五和七十五公里……汽车轮胎……微型汽车……"

读完了电文内容，他望着菲露兹问道：

"你听懂什么了吗？"

"不懂。"

"你听不懂是很自然的，但是，我们却能理解许多事。"

"你理解了些什么？"

"我理解，有一项行动，在星期五实施，通过法老号船走私毒品，运入国内，法老号将作迷惑性演习，地点在隆美尔洞穴以东、以西的九十公里范围。"

"'汽车轮胎''微型汽车'和'玫瑰'呢？"

"'玫瑰'是大麻的专有名词，'汽车轮胎'是藏大麻的地方，至于'微型汽车'，则是运送大麻的工具，走私者们通常使用这类汽车，因为它与边防警用的车相类似。现在，让咱们来听听录音带，也许能发现点什么，能进一步弄清曼扎拉卫的秘密。"

他们听到的第一句话，是曼扎拉卫说的：

"我不明白这该死的舒埃布怎么会逃脱我安排的陷阱，他没有死于车祸，真是奇迹。"

他在回答他的一个部下提的问题时说道：

"我的这个鬼主意，是受到一个住在这里的名叫伊哈卜·伊兹丁的作家所写的一个故事的启发,这个主意绝顶聪明,特别是不会留下任何引起怀疑的痕迹。"

关于另一个问题,他说道:

"菲露兹无疑是一个绝色的姑娘,不过,我想要的,不光是她的美色,我的根本目的,是待她有病的父亲去世后控制这家旅馆,借它来放心大胆地从事走私活动。这里,告诉你们一个最新消息:下星期五,你们得做好准备,接收一大批大麻,运送大麻到海边的是以色列的法老号,它将在距离隆美尔洞穴二十五至七十五公里的海域进行海上演习,以迷惑海岸巡警人员。咱们把毒品放在汽车轮胎里,通过一辆与边防保安局专用车相仿的白色微型汽车运进境内,这辆车在海边出现时能鱼目混珠,不致引起注意。这次任务的详细情况你们都清楚了吗?"

响起众人的声音:"是的,非常清楚!"

曼扎拉卫又说道:"那好,回到你们各自的岗位上去,小心,别干什么出格的事儿,免得引起别人怀疑!"

录音带放完了。巴克尔望着菲露兹说道:

"现在,一切都清楚了。曼扎拉卫不仅是个间谍,而且也是个盗贼。"

"你打算怎么行动?"

"在以色列船到达之前,我们静观不动,船一到,我们马上对他和他那一伙人动手,要一举擒获,人赃俱在。"

"他会怎么对待我和舒埃布博士呢?"

"我认为,他在诱骗你上当失败之后,会把这件事彻底丢开,不再染指。"

"尽管如此,我也将继续对他进行监视。"

巴克尔低下头,说道:"当然。你的监视一有结果,就立即告诉我。"

菲露兹起身告辞,向门边走去。

星期一到了,这是勃拉文先生去开罗表示归信伊斯兰教,菲露兹为他饯行的日子。她和勃拉文站着接待宾客,表示欢迎,说上几句俏皮话。乐队演奏的美妙悦耳乐曲在四处荡漾。勃拉文偶一回头,只见巴克尔少校正跨进客厅大门,向四周顾盼,他立即快步迎上前去,一面热情地紧握少校的手,一面欢迎道:

"你能来,我真高兴。欢迎,欢迎。"接着,他又叫菲露兹:"这位是巴克尔少校,菲露兹。"

菲露兹转身过来向巴克尔问候,她听见勃拉文说道:

"你带客人到餐厅去尝尝你丰盛的佳肴。"

他俩都露出微笑。菲露兹挽着巴克尔的胳膊,边走边说道:

"来,让咱们去吃些点心。"

勃拉文转身去接待越来越多应邀而来的宾客。

半个小时后,一张小餐桌旁,菲露兹坐在勃拉文和巴克尔之间,漫不经心地聊着天。她望着勃拉文的眼睛说道:

"我在接待你的时候感到,我认识你好像已有几十年了。"

"事实上,我没有想到会受到这样的欢迎。"

巴克尔诙谐地说道:"我认为,菲露兹终于使你摆脱了孤独。"

"说实话,"勃拉文脸带微笑,"我很高兴菲露兹给旅馆带来的变化,尽管我本人为了不受干扰地看书写字,挺喜欢宁静。"

巴克尔问道:"告诉我,除了看书写字,你怎么消磨空闲的时光?"

"人其实是永远不会空闲的,即使他静止不动,他的思想、身心、感情也不停地在动,他考虑、琢磨、悲伤、不安、欢乐、灰心、期望、消除或产生猜疑,回顾过去、展望未来或细想现在……人是一台拥有马达开动许可证的机器,这许可证一直用到机器失去生命或生命离开机器时才告终。"

接着,他们谈到了伊斯兰文明。勃拉文先生主动说道:

"你们的作家如下苦功,便能从伊斯兰文明中找到取之不竭的历史、宗教和文学知识。伊斯兰文明是代代相传、历经世人研究的伟大文化遗产,对它研究得越深,就越觉得它有新意,蕴含着过去不为人知的强大和生命力的因素,每当思想家或学者深入加以钻研,便能找到令他心折的内容或他的理智追求的答案。"

谈到中东和平的前景,勃拉文先生说道:

"一个人得绝顶善良才能相信以色列会要和平,因为以色列无法呼吸和平的空气,其实质性的明显原因,我曾说过一次,就是它源源不断的移民、财政和军事援助都建立在全世界这样一种幻觉上,即认为它一直处于被消灭的危险之中。

"要是阿拉伯人能向全世界证明,以色列是中东地区挑起战端的罪魁祸首,那他们就将使犹太复国主义的这个实体处于毫不令人羡慕的地位。依我看,以色列接受和平只能是被迫的。"

过了一会,舒埃布和法蒂拉也加入了他们的谈话。大家一面悄声谈论,一面吃喝,一个女舞蹈家在抒情乐曲的伴奏下婆娑起舞……

招待会接近尾声了,勃拉文附在菲露兹身边轻声说道:

"我真不知该怎么感谢你才好。"

"不用谢。我希望你喜欢今天的晚会。"

"它真是出色之极。"

法蒂拉问勃拉文道:"你还回到我们这里来吗?"

"但愿天从人愿。"

"什么时候?"

"三四个星期之后。"

"这段时间你干些什么?"

"祷告,阅读,为我的著作买些必要的参考书。"

时间已凌晨一点了,宾客们开始陆续告辞。

巴克尔站起身来说道:"我想,我该走了。"

菲露兹走到他跟前,说道:"我希望你喜欢这个晚会,虽然穿插了许多谈话。"

"谢谢你,菲露兹,"他微笑道,"这确实是个令人愉快的晚会。"

说完,他转过身去与勃拉文热烈握手后,走了。

第十三章

星期四,巴克尔立即着手行动,先与助手们开了个会,然后,径往边防司令官邸,与司令一起制订了一个全面的计划,加强警戒,在通向海边的各条通道都设下埋伏,协调保安局与边防军之间的行动,通知边防海军,加强对通向这一地区海域的巡逻,从而把这一地区包围起来,将走私分子一网打尽。

当天夤夜,一切都已准备就绪,大家耐心地等着法老号的出现。星期五的黎明,下午,到黄昏时分,巴克尔和同伴们的心里开始忐忑不安……这时,电话铃响了,巴克尔拎起听筒,听边防司令助理说道:

"会不会把船只抵达的时间弄错了?"

"不会,"巴克尔答道,"绝对不会有错,长官。截收到的无线电波和录音带提到的都是这个时间,不会有误。"

"那好,希望你提醒你的部下提高警惕,要有耐心。"

"是,长官,请放心。"

又等了一个小时,两个小时……突然,一位警官一跃而起,欢呼道:

"它到底还是来了!瞧,法老号正在驶近海岸。"

紧接着,电话铃又响了,仍是边防司令助理打来的:

"法老号距这里一公里,正在缓缓驶近。还有一辆白色微型汽车在附近巡行,开车的是一个蒙面人。你们严格执行指令吧,还需要什么吗?"

"不需要,长官。我们一切都准备好了。"

"那好。愿真主保佑你们。"

这时候,法老号已靠近海岸,船上放下一只划子,有两个人一面泅水,一面推着,向海边逼近。边防军顿时向划子开火了,这是警告,要它停止前进,但划子仍在往前,两个走私犯向边防军还火,不一会,法老号也向边防军开火,边防军立即还击,一时枪声大作。过了一会,那辆白色微型汽车开到附近,蒙面人也加入了战斗,当他看到那两个走私犯已无力抵抗边防军的火力,即将遭擒的时候,他把枪插进口袋,退出了战斗。他转身向汽车潜去,想利用在激烈的枪声之中无人注意的机会,逃之夭夭。然而,他并不走运,巴克尔看到了他,喊道:

"站住,不然我就打碎你的脑袋!"

但是,那人不理会他的威吓,转身一跃,跳进汽车。巴克尔立即举枪瞄准,在汽车向前驶出的一刹那间扣动了扳机。这一枪打得很准,他听得车子里一声惨叫,声音久久在他耳边回荡。他看到汽车忽左忽右,踉踉跄跄,但不一会儿就稳住了,笔直向前开去,马达声隆隆震响。巴克尔迅即奔向自己的车,开足马力紧追那辆逃跑的车。

追击了很长一段距离。在惊心动魄、风驰电掣般的追逐中,两辆车都越出了正轨的道路。逃跑者的车开得飞快,轮子几乎不沾地。子弹打在他的肩部,伤口出血不止,他疼痛得控制不住,不时地发出呻吟,有时,哎哟之声几乎比车子的马达声还响。

尽管如此,他还是拼命克制、挣扎,凭异乎寻常的力量驾驭着方向盘。他知道后面是谁在追击,也知道那人追剿他的目的。

巴克尔紧追不舍,他右手握着方向盘,左手伸出车窗外,连连开枪,可惜都没有命中。

那逃跑的罪犯开始力有不逮,痛得太厉害,他的手握不紧方向盘,只是用足劲才没有松开。由于出血太多,他觉得自己快失去知觉了。

这之后,两辆车的距离在缩短,追击已到最紧张的关头。终于,逃犯失去了继续开车的能力,车速变慢了,左右摇晃。巴克尔的车飞快地逼近,就像一头猛兽,准备扑向猎物。逃犯的车突然偏离方向,撞到了一座沙丘上,不动了。

巴克尔走下车,举着枪,小心地走近那辆撞坏了的车,在相距几步远的地方,他站住对空开了一枪,警告道:

"投降吧,不要负隅顽抗。"

车子里没有反应。巴克尔握着枪,一步一步地逼近汽车,只见那人歪倒在方向盘上。他又一次喊道:

"缴枪投降!"

那人稍微动了一下。巴克尔见他的伤口血流不止,座位都弄脏了,那人蒙着脸,巴克尔看不清他的真面目。巴克尔收起枪,弯下身去,揭下他的面罩,竟是曼扎拉卫!

与沙漠深处这场追击同时进行的,是保安人员和边防军成功地包围了法老号,逮住了走私犯,查获了一箱箱的大麻和装在汽车轮胎里的大量毒品。

曼扎拉卫和受伤的走私犯被送进医院治疗,准备审讯他们对祖国和同胞犯下的罪行。其他几名都被警察拘留,马特鲁港的检察长在着手审讯。

菲露兹、法蒂拉和舒埃布急不可耐地等待着巴克尔到旅馆来,把法老号到达的前后经过讲给他们听。他们和旅馆里的其他旅客都听到了远处激战的枪声和子弹的呼啸声,但对战斗结果还一无所知。一个小时后,旅

馆的电话铃响了,菲露兹马上伸手拎起听筒,急切地说道:

"这里是孤独旅馆,我是菲露兹。"

电话那头传来声音:"我是巴克尔……"

菲露兹既欢欣又关切地喊道:"你好,巴克尔。我真替你担心极了。出了什么事?"

"简单地说,所有的走私犯都落网了,曼扎拉卫逃跑的时候,我向他开了枪。"

"打中了吗?"

"是的,在激烈的追击之后,他受伤被擒。"

"曼扎拉卫被抓住之后,没有提到偷窃皮包的事吗?"

舒埃布博士正在想心事,听见菲露兹最后这句话,他急切地对她说道:

"我可以和他稍微讲几句吗?"

"请,博士。"

他接过话筒就问道:"曼扎拉卫被捕时,是在作案现场吗?"

"是的。"

"他没有对你们提到一点皮包的事吗?"

"没有。他还没有苏醒过来。"

"你对录音带里提到伊哈卜先生的事怎么看?菲露兹简单对我说过几句。"

"一会儿我就去看你们,到那时再谈。"

"好的,我们大家都在等你。我们都盼望听听你那儿的消息。"

舒埃布博士与两个姑娘坐着谈论曼扎拉卫,他欺骗了大家这长时间,他们都认为他在这种情况下被捕,是对他的希望、势力和恶迹的致命打击。

巴克尔一个小时后来了,他脸上带着胜利的喜悦。三个人站起来迎接他。在说了几句欢迎的话后,菲露兹问道:

"你喝点什么,巴克尔!"

"随便什么冰镇果汁都行。"

她叫来侍者,要他送四杯橙汁,然后又转头望着巴克尔说道:

"你怎么样?我看你挺累。"

"我挺好。我只需要好好睡上一觉。"

"你愿意我替你腾出一间屋来,你先去休息一会吗?"

"不,没必要。我是来调查一个重要情况的。"

"什么情况?"

他转头问舒埃布博士道:"请你坦率告诉我,博士,你与伊哈卜·伊兹丁有仇吗?"

博士稍微有些犹豫,尔后答道:"按我看,那不算仇,只是有个误会。"

"原因是什么?"

"他想引诱法蒂拉去拍电影,可是,我表示反对,因为我爱她,想要娶她。"

这时,响起了一个亲切、欢快的声音:"啊,恭喜你,法蒂拉!"

说话的是菲露兹。她跳起来吻法蒂拉,法蒂拉脸颊羞得绯红,也还吻了她一下,说道:"谢谢你。"

"这无疑是个好消息,我们大家都感到高兴。恭喜恭喜。"巴克尔愉快地说道。

"非常感谢。"舒埃布博士说道,"咱们现在还是谈正题吧。你认为,我所遇到的麻烦里,伊哈卜先生插手了吗?"

巴克尔喝了几口橙汁后,答道:"我觉得,他是故意让曼扎拉卫阅读他的小说,好让曼扎拉卫按照他小说里设计的计划去作案,从而达到他摆脱你的企图,又不引起周围人的怀疑。"

"这实在太离奇了。"博士感到很难受。

"这有什么奇怪的?"

"奇怪的是一位文学家也会干出这样丑恶的勾当。"

"这不足为奇。每一次不光彩的竞争,都会使人越出理性的范围。伊哈卜明白,他面前有一个摆脱你的良机,想假手曼扎拉卫来干掉你。曼扎拉卫便直截了当地行动了,因为他也想乘机搞掉你,为他攫取菲露兹铺平道路。"

巴克尔沉吟片刻,接着,微笑着对两位姑娘说道:

"你们从这件事可以看出,你俩的幸福并不是人人都高兴的。"

法蒂拉问道:"这些坏蛋喜欢我们,难道是我们的过错吗?"

"当然不是。"

菲露兹说道:"事实上,我们与人们的关系——你们两个除外——一直是我们心上的负担,使我们感到痛苦。不过,感谢真主,我们终于有了像你们这样的好朋友,我们把你俩的友谊和忠诚引为骄傲。"

这时,舒埃布博士说道:"我亲爱的朋友,我可以肯定地告诉你,当我内心感到烦乱的时候,为了恢复平静,能够心情舒畅,我只要见法蒂拉一面就行了。"

他接着谈开了法蒂拉,夸奖她的性格、特点和德行。大家都相信,他深深地眷恋着她,不久就会订婚。

巴克尔接着也谈起了菲露兹,说在他眼里,她是最完美、最漂亮的姑娘,他这一生,除了能使她幸福,别无奢望。

他谈完站起来走了。过了一会,他带来了检察机关的搜查证,要搜查伊哈卜先生的房间,寻找他那部小说的底稿。

巴克尔带着人,在旅馆职员和旅客众目睽睽之下,闯进伊哈卜的房间,仔细地搜寻小说和被窃的皮包。他们找到了小说底稿,但没有发现皮包。

伊哈卜来了,见到这番景象,脸色突变。他问巴克尔道:

"这是什么意思?"

"我们按检察机关的命令在进行搜查。伊哈卜先生,你被捕了。"

他脸色发白,惊讶地瞪大眼睛问道:"逮捕我?为什么?"

巴克尔简单地答道:"到审讯的时候,你就知道了。请跟我们走吧。"

伊哈卜被夹在士兵中间,走向等在那里的吉普车,爬上车,士兵们紧跟着也上了车。这时,舒埃布走近巴克尔问道:

"找到皮包了吗?"

"没有。"巴克尔匆匆地答道,"我认为他跟这件事没有牵连。"

吉普车开走以后,阿拉维与法蒂拉单独呆在一起,他问道:

"这一切是怎么回事?"

法蒂拉把事情原原本本地讲给他听。待她说完了所有的细节,发表了议论之后,阿拉维愣住了,一动不动。他用慌乱的声音说道:

"我不信……你认为伊哈卜先生会干出这样的事吗?"

"谁知道。到审讯时,一切都会水落石出。"

"如果此事属实,那伊哈卜先生就成了曼扎拉卫的同谋犯了。"

他站起来,两条腿几乎支撑不住整个身子,回到房去,想休息一下。只有一个人了,他陷入了沉思,心里想道:

"曾几何时,出于嫉妒和莽撞,我为了摆脱舒埃布博士,扫清我通向法蒂拉的道路,也几乎像曼扎拉卫对舒埃布博士的汽车下手一样,干出蠢事来。在伊哈卜的影响下,我真差一点就犯罪了。要是我那样做了,今天就得以谋杀罪判刑了……我的性格中有许多缺点,我得下决心改,尽可能警惕、注意,自己留心。从今后,我不应该去想坏事,内心要培养起从善的习惯,有了这样的习惯,我才会满意自己。"

从那以后,他对法蒂拉只抱一种感情,那是纯洁无邪的友情。

第十四章

走私事件过去四个星期后,东方学者勃拉文回到了旅馆。阿拉维、法蒂拉和菲露兹一听说他来了,立即满面春风地出来迎接。可是,待见到他后,他们都瞠目以对,愣住了,他们没有想到面前的这位东方学者已非往日的形象,他身上穿着宽大粗糙的大袍,类似修行者的衣服,头发被剪刀剪成了个小平头,脚蹬一双大鞋子,都是灰,没有擦过。

菲露兹吃惊地说道:"太奇怪了,我几乎不认得你了。谁见到你,都会以为你是个苦行僧!"

勃拉文咧嘴一笑,说道:"确实,我的变化很大,现在,我的心思都放在信仰上了。"

法蒂拉问道:"你将一直保持这副模样吗?"

"是的。我感悟到了新的生活方式之后,已彻底摒弃了奢侈的享乐生活。"

"这方面,你是受了苏非派的影响吗?"阿拉维问道。

"是的,苏非派的原则将永留我心间,直到我去世。"

"可是,这样的生活需要极大的耐心才行。"

"我心理上已做好充分的准备,相信我吧,我会成功的。"

舒埃布博士这时走了过来,他的目光一落在勃拉文身上,也被他的模样惊得目瞪口呆。终于,他一面与勃拉文握手,一面问道:

"你对自己干了些什么?"

"我已经告诉他们,我决定摒弃奢侈的享乐生活,过一种别人都未尝试过的新生活。"

"这你怎么能做得到呢,咱们在这家旅馆生活,到处都有奢华和享受?"

"说的是,可是,我不住在这里,我将要求菲露兹允许我住到花园角的那间茅屋里去。你同意吗,菲露兹?"

她平静地答道:"你既然愿意这样,我没有意见。"

"谢谢你。"他接着又说道,"从今以后,我的心思将都放在宗教和历史上,直到把我的书写完,到那时,我就把所有的书和稿子装进箱子,动身回国。"

"好吧,"菲露兹说道,"那茅屋明天起就归你支配。"

勃拉文向大家致意,再三感谢着,走了。第二天,他搬进了茅屋,开始准备在里面生活。大家观察到的第一件事,是他一门心思地阅读、书写和祷告,一天比一天吃得少,到后来,他早晨只吃一个面包和一块奶酪,其他时间再吃一点简单的食物。他在周围地区转来转去,与游牧民接触,向他们讲道,提醒他们过正直的生活,行为要端正,力戒贪婪和沉溺于享乐,并鼓励他们知足常乐,言必真,行必诚,心地纯洁,弃绝说谎、诽谤中伤、冷嘲热讽,杀戮真主视作非法的生灵,必须出于正义。

许许多多的游牧民簇拥在他身边。他们热爱他,尊敬他,一听到他在某地出现,便立即前去看他,静静地伫立着,聆听他的教诲。

他习惯于早起,沐浴过后,手持一串长长的念珠到村子里去走走。人们上前迎接他,邀请他与他们一起进食。他欣然同意,稍稍吃一点后就开始讲道,要求他们深思这些训诫的含义,然后离去。午间,他在一个沙丘脚下休息。傍晚,人们麇集在他周围,听他讲演。接着,他回到茅屋,长时间地阅读,写字,沉思默想。

在这期间,白天有的时候,他与舒埃布博士和巴克尔少校相遇,有些夜晚,他与他们俩,还有菲露兹和法蒂拉一起消磨时光,他给他们说些高兴的事情,接着就聊天,闲谈,他讲述他的人生经历,他们告诉他有关曼扎拉卫和伊哈卜受审的消息。

有一天,巴克尔凝视他问道:"告诉我,勃拉文先生,你内心还没有燃起对人生欢乐的向往吗?"

"不,"他很坚决地答道,"我对此一点不感兴趣,相反,我倒从修行中找到了无穷无尽的精神乐趣。"

"我有时觉得,你对自己太残忍了。这不是一种自我折磨吗?"

"不,不。"勃拉文耸耸肩,"你可以说,这是一种心灵的自我完美。"

"你怎样追求你心灵的完美?"

"做取悦真主、为人们造福的事,我一直在向真主祈求,求他助我避开仇敌的迫害、嫉妒和忌恨的束缚,以及门第的祸害,求他指引我爱他,期望得到他的怜悯,去爱造物,努力从善。这一切,都是确保人能过高尚生活的手段。如果曼扎拉卫和伊哈卜内心能接受这些原则,那么,魔鬼就不能控制他们的理智,使他们毁灭。借这个机会,我想问问他俩最近的消息。"

巴克尔从容地答道:"一切都结束了。下个月开始审判。"

"我可以出席旁听吗?"

"当然可以。你可以和舒埃布博士一起出席。"

舒埃布博士转过头对他说道:"审判那天,我去叫你,咱俩一起去。"

"谢谢你。"

勃拉文一走,他们就相互交换目光。舒埃布博士说道:

"他无疑是位了不起的哲学家,对待生活的原则,目光很远大。"

法蒂拉说道:"每当他与我谈论什么,不管事情大小,他的话都在我心里引起巨大反响。"

巴克尔评论道:"这也许是因为,他在表达自己思想时的选词用语和驾驭自己的谈话方面,具有较好鉴赏力的缘故。"

"一般来说,"菲露兹说道,"具有这样特点的人,是能够慑服听众身心的。"

舒埃布博士低垂着头说道:"我同意你的看法。我跟他在一起时,总感到自己的思想、心理都处于最佳状态,十分平静。"

两个青年和两个姑娘在旅馆度过的这些日子,是他们一生最愉快的日子。他们常常坐在海边,或登上附近的高处,菲露兹弹琴,法蒂拉唱歌。

几天后,艾布·马卡林回到了埃及。旅馆的本来的面貌几乎已荡然无存,旅客、职员甚至他的女儿菲露兹,都一心追逐欢乐,什么都不顾了,这使他十分痛苦。他觉得,他应该工作,以恢复和增添旅馆的声誉,否则,他以往的全部心血都将付诸东流。

然而,法蒂拉在舒埃布博士、巴克尔少校、勃拉文先生和几位旅客的帮助下,终于使艾布·马卡林放弃了自己的决心。

舒埃布博士对他具有很大的影响,他对艾布·马卡林说道:

"孤独是一种困难的境界,只有隐士和修士才能适应,其他人都无力忍受。旅馆的目前状况,大家都挺满意,你就让它去吧。你别忘了,凡事最好折乎其中。"

艾布·马卡林叹了口气,说道:"就遵照你的意思吧,舒埃布博士。"

舒埃布博士谈完了旅馆的状况,又简单地把曼扎拉卫和菲露兹的事讲给他听。艾布·马卡林十分惊讶,听完了之后,他惊讶得就像受到了严重的打击,张口结舌地喊道:

"菲露兹竟敢这样做!对她可耻的行为,我知道怎样找她算账。"

"菲露兹并没有错,"巴克尔接口道,"错的是你,艾布·马卡林先生。"

"我错了?"他激动地重复道。

"是的。"

"这是怎么回事?你究竟想说什么?"

"我想说,是你对待她的态度,使她走上了这条路。"

艾布·马卡林惊奇地扬起眉毛,瞧着他问道:"你指什么?"

"我是说,你对待女儿的态度,是根本原因。"

他皱起眉头,带着光火的口吻说道:"我不懂你的意思。你能说得明白些吗?"

"我听菲露兹说,她的生母几年前去世了,自那以后,她就与你一起生活在灾难之中。"

"灾难?真是胡说八道。"

"你对待她很冷酷,她从未听你说过一句温存的话。"

"这是她对你说的吗?"艾布·马卡林感到诧异。

"是的,是她告诉我的。面对你的残忍和冷淡,第一句温存的话,是曼扎拉卫这样的人对她说的,这就足以使她投入他的怀抱,借以弥补她缺乏的慈爱。"

艾布·马卡林吃惊地睁大了眼睛,嚷道:"可是,我对她总是有求必应,从没有过犹豫。我的所有财产都归她支配,她有漂亮的衣服和豪华的轿车,她还要我怎么样?"

这时,舒埃布博士插话道:"她想要的并不是这些,她要的是你,是你的慈爱和关怀,她要不懂怎么保护自己,早就会落入曼扎拉卫的圈套了。"

艾布·马卡林默然不语,尽管他心里明白,这两个青年人说的话是对的。隔了一会,他望望他俩说道:

"看来,这些方面你俩讲得有道理。事实上,我因为一心扑在这里和黎巴嫩的工作和金融投资上,没有经常对她说些慈爱和温存的话。可是,你们知道,我是爱她的,菲露兹自己也知道这一点。让我现在就把她叫来,我当面向她保证,从现在起,她就是我生活中的一切。"

舒埃布露出亲切的微笑，说道："在你叫她来之前，我另有几句关于菲露兹的话，想告诉你。"

艾布·马卡林凝眸望着他的脸，问道："你想告诉我什么？"

舒埃布与巴克尔交换了一个意味深长的目光，然后说道：

"我们大家都知道，菲露兹是一个高尚而有教养的姑娘，是马特鲁港最美的花。因此，她如果要结婚，就应该找一个配得上她的青年。"

父亲的嘴上浮起慈祥的笑靥："我知道，不过……"

"不过什么？你允许我提一个参考意见吗？"

"请提。"

"如果菲露兹是我的女儿，我可找不到比巴克尔少校更好的女婿了。巴克尔少校是我的朋友，我不知道我的朋友中有谁比他更高尚、更慷慨了。他向我承认，他爱菲露兹，盼望着能娶她为妻。你看怎么样？"

艾布·马卡林笑逐颜开："这太使我高兴了，我对此感到庆幸。"

听到这句话，巴克尔站起来，与艾布·马卡林热烈握手，他脸上洋溢着幸福的神情。过了一会，艾布·马卡林派人去找女儿。菲露兹一到，他就亲切地把她搂在胸前，接着，一面让她坐在自己身边，一面说道：

"恭喜你，菲露兹！"

"你恭喜我什么，爸爸？"她询问地望着他的眼睛。

"巴克尔少校已经向你求婚。"

她与巴克尔的目光相遇，脸涨得通红。巴克尔走到她跟前，握住她的手，说道：

"恭喜……我现在觉得，我是世界上最幸福的青年了。"

舒埃布博士和法蒂拉同声向她祝贺："大喜啊，菲露兹。"

巴克尔接着就挽着菲露兹的胳膊，一面向门口走去，一面说道：

"对不起，我有许多话要对菲露兹说。"

她父亲微笑道:"好吧,你别忘了替我为过去对待她的态度向她表示歉意。"

巴克尔看看艾布·马卡林,又看看他的女儿,说道:

"放心吧。我会把一切都如实告诉她的,我的话和你的话,我都会讲给她听。"

"谢谢。"

父亲以慈祥的目光看着她出去。他确实很欣慰,因为菲露兹终于找到了一个理想的、肯定能使她幸福的丈夫。

艾布·马卡林回头对舒埃布博士说道:"他确实是一个出色的青年,我在去伦敦之前,就听说了他许多勇敢无畏的事迹,可是,一直没有荣幸见过他。"

"他是个难得的青年,因此,与菲露兹十分般配。"

"我的确感到,已经替菲露兹物色到了一个坚强而忠诚的丈夫,这得归功于你啊!"

"我什么也没做,只不过替双方沟通了一下。"

他说罢笑了,艾布·马卡林也开心地爽朗地大笑。接着,沉默片刻之后,舒埃布博士说道:

"这是一件事,我还没有跟你谈另一件事呢。"

"什么事?"

"我和法蒂拉决定最近结婚。"

他又惊又喜,嚷道:"你说的当真,博士?"

"是真的。"

"真是喜讯! 恭喜你们俩啊! 法蒂拉是个百里挑一的姑娘,像你这样了不起的科学家,我们都替你骄傲,为你的地位感到自豪,她配你,无疑是天造地设的一对。"

第二天晚上,艾布·马卡林为庆祝这两对幸福的新人在旅馆举行盛大的宴会。他亲自布置。他的脸上,他的动作,他热切的滔滔不绝的讲话,都充满喜气。他满面春风,容光焕发,高兴得把平日的庄重、稳健和旅馆的规矩都一股脑儿地忘了。他不停地在大厅里走来走去,发号施令:

"这个角落放上点花……里面铺一条地毯……这个角落不够亮……"

他时而登上梯子,抓住悬挂着彩纸带的绳子的一端,手举着,越过大厅,挂在钉子上,时而回头对帮手们喊道:

"你们准备饮料了吗?乐队准备好了吗?干得好,伙计们!"

有些旅客站着注视他,一面讥讽地悄声议论,他们都认为,这家旅馆的新意终于消失,一去不复返了。

第十五章

曼扎拉卫和伊哈卜被捕后,已证实他俩与皮包偷窃案没有牵连,现在,占据巴克尔少校脑海的事情,是着手在这整个地区寻找皮包,千方百计地要找到它。他不光让部下去跑,而且亲自出马,进行调查研究,从一个村到另一个村,从一间茅屋到另一间茅屋,到处转,细细搜索。他走在路上,眼睛总是东张西望,端详游牧人的脸、手和行囊,希望能从中发现踪迹。然而,他的努力都落空了,心里很不好过。

寻找皮包的失败,最使他难受不过,他曾多次成功将失窃的钱财归还原主,曾抓住过许许多多的团伙头子、杀人犯、毒品走私犯和诈骗犯,这一次,怎么就受挫了呢?他怎么能让这个事件在人们中间,特别是在菲露兹、舒埃布和法蒂拉那里玷污自己的声誉呢?

他再一次到这个地区零星分布的村落和稀稀拉拉的茅屋去转悠,一直走到两腿发酸,搜索得双眼浮肿,考虑得脑子发木,尽管经过这样长时间的艰苦寻找,他仍一无所获。

不过,他没有绝望,仍坚持不懈地在找……突然,他意外地看见皮包了。那是在孤独旅馆汽车库的后门,大概距离他只有几步,他一眼瞥见了皮包。他顿时跳进门去,就像兀鹰捕猎物一般,一把抓起皮包,迅即到处去找舒埃布博士,心里想道:

"这将使他大吃一惊!"

舒埃布碰到了他,惊讶到了极点:"天哪!你是在哪儿找到的?"

"在旅馆汽车库的后门,你想不到吧……"

"这可真是出人意料,我好几次经过车库后面,都没有看到过它。"

"这就是说,小偷看清里面没有什么对他有价值的东西,为了脱手,就把它送了回来。"

"肯定是这么回事。"

"你不查一查里面的东西吗?也许少了什么呢?"

舒埃布博士打开皮包,仔仔细细地翻看了一遍,然后,抬起头说道:

"感谢真主,什么也没丢。"

"肯定没丢?"

"是的,像以前一样完整。"

舒埃布博士从座椅上站起来,在屋里踱起方步。过了一会,他走回原地,说道:

"从现在起,我将重新抖擞精神。小偷没有从中发现重要的东西,这是理所当然的。我呢,则能看懂所有的奥秘。这项工作,正如我以前告诉过你的,将能提高埃及在世界民族之林中的地位。"

"既然如此,你为何不把计划交给政府呢?"

"因为我们的敌人也许已经猜到了,我不愿让以色列获悉一二,除非是在研究的全部阶段结束,我国政府出其不意地突然公之于众。即使是我国政府突然宣布已拥有这种武器之后,我们也不会向全世界披露这武器的秘密,以不被一些国家利用来反对另一些国家,就像现在原子弹的情况那样。"

"我想你是对的。"巴克尔说道,"你想派人警戒你的房间吗?"

他想了一想,答道:"最好不设警卫,设了警卫会引起别人对我的注意。"

"好吧。还有什么事,需要我替你办吗?"

"没有了。谢谢你。"

"你打算做些什么?"

"我今天必须把这些稿纸整理一下,如果我要求你今晚别让朋友们来看我,希望你不至于认为我粗暴。"

巴克尔朝他眨眨眼睛,问道:"甚至连法蒂拉也不让?"

"法蒂拉也不让。"他微笑,"今晚我需要独自整理一下思想。"

"随你的便,不过,这可能会使她感到烦恼。"

"我想不会,因为她非常理解我,懂得我心里的感情和脑海里的想法。"

巴克尔沉默了一会,又问道:"可是,我要是把找到皮包的消息告诉她和菲露兹,不会有什么妨碍吧?"

"当然不会。"

"咱们什么时候见面?"

"我得在房间里待几天,然后再出来见你们,但不会像这些天这样经常出来,因为我的工作欲望从来没有像目前这样强烈。"

"好吧,工作第一。祝你顺利,我的朋友。"

巴克尔来到客厅,见菲露兹独自坐着沉思。他走过去,把手搁在她肩上,轻声问道:

"你在想什么?"

她一惊,稍稍往后缩了一下:

"噢……是巴克尔。你刚才在哪儿?我给你打了好多次电话,但找不到你。"

他一面在她旁边坐下,一面问道:

"找我有事吗?"

"我好长时间没见到你了,心里又烦又闷,咱们见面可不像过去那样多了。"

他微笑道:"我不在,竟让你不安到了这种程度?"

"当然罗。我决不原谅你的疏忽,除非我知道原因。"

他高兴得双眼发亮:"那么,就告诉你原因:我一直在找那只皮包,今天终于找到啦。"

"真的?"她快活得嚷了起来,"多么突然,又多么令人高兴!"

"现在,你满意了吗?"

"非常满意。这我倒并不感到奇怪,巴克尔,你对待每件事都恪尽职守,这真让我高兴。"

他细细端详她的脸,说道:"我没有想到你会说这样的话。"

"你的意思是?"

"我的意思是说,绝大多数姑娘都不是按这种思想方法考虑问题的,她们要求男人把她们放在职责之前,如果情况正好相反,她们就会生气。"

"可是,我不是这种人。"

"正因为这样,我才觉得自己很幸福,很走运。"

菲露兹听他这么说,脸色豁然开朗,双眼发亮,她抓住巴克尔的手,说道:

"谢谢你对我的赞扬,巴克尔。"

"你不要说什么赞扬,因为你是我的一部分,这是我的真实感情。"

"对你这些亲切的话语,再一次谢谢你,巴克尔。我愿意向你保证,我这一辈子,我还从来没有,今后也不会对任何一个人像对待你这样忠贞的。"

说完,她揿了一下铃,问道:

"你愿意喝点茶吗?"

"非常乐意。"

喝完了茶,他俩一起漫无边际地聊着,谈到了未来,对未来的理想和抱负。谈话轻松,他俩心里充满了欢乐、希望、向往和憧憬。他告诉她,他只有待获得了法律学士学位,才会满意自己,因为只有这样,才配得上她,也才与他在人们和警界、检察界的同事中的声誉相称。他还说,他向她求婚,不是贪图财产或地位,而是爱她这个人,他从她身上看到的性格,将有助于他臻于完美,心灵高尚。因此,他决心等获得法学士学位后,就让她留在身边,作为妻子,作为他工作的助手,使他能出色地完成对社会的崇高使命。菲露兹肯定地答复他,这样的生活,正是她心向往之的理想生活,对她来说,除此之外只不过都是奢望、自傲、欲念、追逐或诸如此类的形形色色情感,她既然与他生活在一起,对这些都毫无兴趣,她将专心致志地关心他的事情、他的工作和家庭。

接着,他俩谈论起曼扎拉卫一案。她告诉巴克尔,检察机关已找过她、法蒂拉、舒埃布博士和阿拉维,听取了有关汽车失事、曼扎拉卫和伊哈卜嫉妒舒埃布博士原因的证词,询问了他们所了解的促使伊哈卜间接怂恿曼扎拉卫弄坏汽车刹车、策划谋害舒埃布的动机。

对此,巴克尔说道:"我不认为伊哈卜把他的小说借给曼扎拉卫看是无意识的,他一再对曼扎拉卫说,言者有心,听者也有意,这主意就在曼扎拉卫的脑子里扎下了根。这无疑是个鬼主意,很可能使谋杀案成功,而伊哈卜所起的作用却没有一个人会怀疑。然而,天网恢恢,疏而不漏。司法可是更为高明啊。"

过了一会,巴克尔离开旅馆,驾着自己的车向马特鲁港驶去。一路上,他微笑着眺望大海,观赏轻风吹拂下波浪起伏的景色。过后,他干脆停下车,向海边走去,尽情欣赏这令人心旷神怡的美景,脑海里闪过许多愉快的联想:他现在是何等幸福……声名卓著……巨大的成功……迷人的新娘……工资里已积攒起一笔可观的款子,他还有何求?他想道:

"曼扎拉卫一案判决后,我得争取一次休假,时间稍微长一些,庆祝一下我与菲露兹的婚姻,此后,我将更积极活跃地投入工作……"

想到这里,他转身想走回汽车,这时,他发现面前站着一个从未见过的人,他没有听见此人走近的脚步声。这人身材魁梧,大脸膛,头发蓬乱,表情刻板,他对巴克尔说道:

"一个美好的黄昏,对吗?"

"是的,这里一切都很美。"巴克尔说着就向汽车走去,但是,他蓦地觉得一件硬东西顶住了他的脊背,一个人不需绝顶聪明,不用看就知道那是什么。那人用命令的口吻喝道:

"站住,不许动!"

巴克尔叫道:"你想干什么?"

他马上明白了自己问题的答复:几步远的地方,另外有一辆车,走下三个人,手里都拿着枪,朝他走来……巴克尔又喊道:

"你们是什么人?"

"你最好还是不要抵抗。"其中有一个人回答他。

这时,巴克尔觉得原先那个人抵住他脊背的枪筒,顶得越来越紧。他尽力使自己说话的声音显得镇静自若:

"你们想干什么?"

有人回答他道:"我们想让你跟我们走。"

"干吗?"

"让你当人质。"

"人质?"

"是的。曼扎拉卫一释放,我们就放了你。"

"你们真是一群疯子,"巴克尔嚷道,"你们以为政府会接受这样荒唐的条件吗?"

"政府要是不接受我们的条件,我们就宰了你!"

巴克尔坚定地说道:"你们不会不知道,杀害一个警方人员,是不可能不受到严惩的弥天大罪!"

"我们不能听任你干预我们的事情而不受到惩罚。"

"那么,我就要抵抗。"

一个人用令人发怵的语调说道:"你这个家伙,你是在与死神抵抗。"

巴克尔又一次感到那枪口狠狠地抵着他的背。那人说道:

"没有必要抵抗,走,安安静静地跟我们上汽车吧。"

"我的汽车呢?"

"我们有人会开,跟我们到带你去的地方。"

"你们要带我去什么地方?"

"一个安全的地方,不用担心。"

"谁告诉你们我怕啦?我知道将来怎么跟你好好算一算这笔账!"

不一会,两辆汽车以令人骇怕的速度开了很长一段距离,驶过崎岖小路时,也一直是这种发疯似的速度,最后停在一座孤零零的茅屋前。这茅屋,类似牧人们在山岗或高地放牧羊群时在里面过夜的棚屋,又小又矮,用不规则的岩石,一堆堆的石头和泥砌成。那些人把巴克尔推下车后,突然从四面向他扑去,他拼命抵抗,摔倒了几个,但是,最后还是被他们制服了。他们用绳子缚住他的双手,留下一个彪形大汉看管,便都各自走了。

第二天一早,保安局的电话铃响了,一个警官起来接电话,说道:

"喂,我是警官伊萨姆。"

他听着听着,不久脸上就出现了极为专注的神情,他喊道:

"你说,你们已经把他押作人质啦?你听我说,你们应该马上释放他,不然就该你们倒霉!"

他放下听筒,同事们看他呆在原地不动,有人问他:

"什么事?"

他双眉紧锁,答道:"曼扎拉卫团伙劫持了巴克尔少校,决定把他扣作人质,直到曼扎拉卫被释放。我马上报告局长。"

一转眼,这消息就在保安局里传遍,各部门都忙开了,加紧活动,犹如蜂巢一般。局长助理当即采取行动,召开了警官会议,花一个小时制订了关闭道路,搜索汽车,火车、通过切断劫持者通道封锁整个地区的严密计划。

接连几天,警方人员到处寻觅巴克尔少校,但不见踪影,他们的全部努力都白费了。

孤独旅馆的人听说巴克尔被绑架的消息,都大为震惊,特别是菲露兹,内心非常痛苦,她度过的日日夜夜,都愁眉蹙额,忧心忡忡,当她听说警方人员的努力没有任何结果时,她心里更加郁悒、幽忧,闷闷不乐,心乱如麻。

一天,正当菲露兹像平日一样,满面愁容地坐着的时候,舒埃布博士和勃拉文来了。舒埃布博士轻轻地把手放在她肩上,同情地说道:

"振作起来,菲露兹,丢开你的忧愁,别灰心失望。我知道,这次打击很大,但你应该尽量减轻你内心的痛苦。"

她不以为然地耸耸肩膀,说道:"我无事可干。"

勃拉文说道:"如果天从人愿的话,在巴克尔回来之前,你尽量想些别的随便什么事。"

"你认为他会回来吗?"她郁闷地问道。

"我相信他会。"他关切地说道,"因为在这种情况下,罪犯们并不敢杀死一个警官。这是我总的感觉。"

"好吧,我尽量想个办法来消磨我的时间。"

"你能这样,是最好不过了。"

他俩离去,来到舒埃布的海边小屋,坐在一张小桌旁聊天。勃拉文首先开腔:

"菲露兹真可怜,我实在替她的状况难过。"

"她无疑是个不走运的姑娘,我是多么同情她悲苦的心啊!"隔了一会儿,舒埃布又说,"她一直在苦苦寻觅与她相合的精神和相通的心,待到她找到了,一切却又烟消云散了。"

勃拉文深深地叹了一口气,说道:"世界也是这样,世上的事不会一成不变。我已经习惯于不断地思考这个问题,每当我思考时,我对人生目的的固定看法就又会抬头。"

"按你看,人生的目的究竟是什么?"

"人生的目的,是按真主要求的完美,使心灵渐臻高尚。不过,大多数人并不理解……"

舒埃布博士投去佩服的目光,说道:"你真是一位卓越的哲学家。你这句言简意赅的话,证明你是帮助人类认识宇宙奥秘的少数天才之一。"

"过奖了,朋友。我只不过是个本能地喜欢探索真理的普通人罢了。"

"你年轻时也这样吗?"

"是的,我总是沉溺在这样的思考中。"

"你从来没有过青年人的梦幻和理想?"

"这类梦幻当然也曾占据过我的心房,但是,我从未一心向善,也未完全堕落。后来,我决心虔敬信主,清廉自守,要求自己严肃,坚持一切高尚的事。这方面,我一直还算成功。"

他俩接着谈到了法蒂拉。舒埃布说道:

"我很难按逻辑次序,向你述说她性格中的优点,也无法描绘她的完美。你只要知道,她占据了我的心和全部感情,那就够了。"

"旅馆里所有的人谈到她时,都很赞赏,大家都夸她的性格和德行,她的确是名副其实。"

"她无疑是最完美的姑娘之一。说实在的,我对生活别无奢望,只求能使她幸福,我早日与她完婚。"

"你为什么迟迟不同她结婚呢?"

"因为我的研究,我有一项重要研究,我应首先完成它。"

"什么?考虑研究比考虑跟你所爱的人结婚更重要吗?"

"我已经告诉你了,这是一项重要的研究。"

"你什么时候能够完成?"

"快了,很快了。我已有了些新主意,将能节省时间和精力,从而也就能使我与法蒂拉早日完婚。"

"那好,我的朋友,祝你一切顺利。"

一个星期以后,法庭在极其紧张的气氛中开庭,宣判曼扎拉卫和他的同伙终身苦役,判伊哈卜怂恿谋杀舒埃布博士罪,罚苦役三年。

第十六章

法庭宣判后,菲露兹更加为巴克尔的命运提心吊胆。她怀着惴惴不安的心情去见保安局局长,探询巴克尔的消息。局长非常热情地接待她,在认真听取了她的谈话后，说道：

"小姐，你别担心。请相信，他们是不敢伤害他的，因为他们知道得很清楚，如果这样做会有什么结果。"

她双眼噙着泪水，问道："还有希望找到他吗？"

"我们始终没有绝望，仍一直在找他，大家都希望发现他平安无事，并抓住罪犯，也有可能他战胜了他们，胜利而归。"

"你认为他单枪匹马能做得到吗？"她轻声问道。

"我敢肯定，因为我了解他，他是位有勇有谋的警官，他知道怎么摆脱困境。你尽量耐心一点。"

"我实在是非常为他担心。"

"别担心，小姐，我理解你的感情，也明了其中的全部理由，但是，对这件事你别想得太多，我仍然相信，上苍的眷注，过去曾使巴克尔多次化险为夷，这一次也不会对他弃之不顾的。"

菲露兹露出悲哀的微笑："我衷心希望如此。"

这次见面后，菲露兹竭力埋头工作，忙个不停，借以排忧遣愁，她神情坚毅地与职员和旅客们一起生活。有一天，阿拉维奏近她说道：

"对不起，菲露兹，你认识坐在那边那个角落里的人吗？"

菲露兹顺着他的手指望过去，看见是个身材魁伟、目光炯炯的男人，脸部表情显得严厉、坚定。她考虑了一下，说道：

"我以前没见过这个人。"

"他来了没几天。"

"他怎么了？"

"他的行动引起了我的怀疑。"

"什么样的行动？"

"他整个白天就这么坐着，什么也不干，只是审视旅客们的脸，晚上不知疲倦地在周围走来走去,实在走累了,到很晚的时候才回房,不是睡觉,而是通宵守在窗边。"

"这倒真是怪事。"

"你仔细看看他严厉的表情,他的目光也很锐利,与其他旅客迥然不同。"

"不管怎么说,严厉并不表明凶恶,我们常常会被表象所迷惑。"

"说得是。"

"他叫什么名字?"

"马津·阿卜杜·哈利克。"

"职业呢?"

"实业家。"

"既然如此,他准是有什么伤脑筋的事要解决。"

"有可能。我总想满足自己的好奇心。"

"你指什么?"

"我想跟他认识一下。"

一个小时后,阿拉维装作有事,在桌子间转来转去,走近那人的桌子时,他问道:

"我可以跟你一起坐一会吗?"

那人抬起眼睛看着阿拉维,一言不发。阿拉维又问道:

"我坐在你旁边,不打扰你吗?"

那人从沉思中回过神来,说道:"你想坐,就坐。"

阿拉维抽过一张凳子,坐在那个奇怪的人物对面,然后示意侍者过来,要了两杯果汁。他把一杯递给那怪人,说道:

"你愿意咱们认识一下吗?我叫阿拉维,负责旅馆办公室工作。"

那人默默地看着他,从他手里接过杯子,答道:

"谢谢。我叫马津·阿卜杜·哈利克。"

阿拉维提了一些问题,问问他的工作,他从哪个城市来,准备在旅馆里住多久。马津简单地一一作了回答。

阿拉维问道:"我发现你喜欢孤独,不愿和人们接触,对吗?"

"是的。正因如此,我才到孤独旅馆来。"

"当你发现旅馆已经变样之后,肯定是大失所望。"

"不。在我看来,这家旅馆有许多优点,最主要的是管理部门很注意让旅客们随心所欲,也许你现在到这里来认识我,就是一个证明。"

阿拉维微笑道:"谢谢。我确实注意到你来之后,一直愁眉不展、心事重重,故特地来跟你一起坐一会儿。"

这时,阿拉维看见舒埃布博士正缓缓向客厅走来,他对马津说道:"那位是著名的化学家舒埃布博士,你听说过他吗?"

"嗯,我听说过不少有关他的事。"

"你愿意认识他吗?"

"当然,当然。"

"跟他谈话是十分有趣的。"

"我很乐意与他谈话。"

"谁要有什么烦恼,跟他谈谈,就会感到轻松,心情舒畅,易于正常地思考问题。"

"那好极了,这无疑是个难得的机会。"

阿拉维这时站起身来,招呼舒埃布博士。博士回头看到是他,便微笑着点头,朝他们这里走来。阿拉维先替他俩作介绍,不久,三人就很亲昵地交谈起来。舒埃布问道:

"你这是第一次来孤独旅馆吗?"

"是的。"马津答道。

"以前怎么不常来呢?"

"我在开罗事务很忙,顾不上这样的消遣。"

"你把到旅馆来住称为消遣?"

"我是这样看的,不过,在我眼里,它是一种无可非议的消遣。你呢,常到这里来吗?"

"是的。"

"来娱乐和消遣?"

"不,是来从事研究。我的脑子只有在这里才能活跃起来。"

马津默然片刻后,说道:"为了今晚的相识,我能荣幸地请你和我一起用晚餐吗?"

"我不胜荣幸。"

一个小时以后,马津和舒埃布一起吃了晚饭,坐着谈心。这个夜晚,舒埃布非常高兴,他觉得自己有了一个新朋友,很为他俩的友谊自豪。

然而,舒埃布高兴的时间并不长。第二天晚上,他在海边转了一圈以后,摸黑回旅馆去。蓦地,他觉得有人在跟踪他。他没有朝后看,但他听见背后重重的脚步声。他想弄弄清楚,便突然站住,装作要系鞋带,那后面跟踪的脚步声顿时消失了;他继续向前走时,听得那脚步声又响了起来。为了让自己确信无疑,他试着迈开大步,后面那人也加快了速度。这时,他不再有丝毫疑惑了,是有人在盯他的梢。

夜色正浓,路上空荡荡的。不一会,舒埃布听见后面跟踪的脚步声越逼越近,他立即奔向前面第一个拐口,躲藏起来,紧张地一面喘气,一面谛听。突然,他觉得一支手枪的枪口正抵着他的背,一个声音说道:

"朝前走!别耍花招,小心我砸烂你的脑袋。"

舒埃布看不清对方的脸,那人是蒙着脸的,但他从一开始就觉得,这声音对他并不陌生。他说话的声音颤抖着:

"你是谁？你想干什么！"

"这不关你的事。老老实实地朝前走！"说着，他推推舒埃布，"你要想保住性命，就应该听从我的忠告！"

"什么忠告？"

"我命令你什么，你就得照办。"

"可是，这一切是什么意思？"

"你马上就会明白的！"

"可是，你是谁？你尽管刻着嗓子说话，可我觉得你我并不陌生。"

那人呵斥道："我跟你说了，别说话！"

"我不能了解一下你的意图吗？"

"你马上就会了解。现在，闭上你的嘴，不许出一点声在我前面走！"

快步走了几分钟后，那人命令舒埃布站住，用沙哑的嗓子说道："到了。"

舒埃布奇怪地问道："这是什么地方！"

"这是我的茅屋！"那人简单地回答道。

舒埃布不禁浑身战栗："这不可能是你的茅屋，这茅屋可是……"

不等他说完，那人就和他面对面站着了，舒埃布顿时惊骇得目瞪口呆，半响说不出话来。隔了好一会，他才喊道：

"主啊！我看到的谁？是勃拉文先生吗？"

"是的，我的朋友，"那人答道，"正是勃拉文先生本人。请进。"

两人钻进里面，勃拉文请他坐到放在屋子中央的一只大木箱上，说道：

"你把这里当作你自己的家吧，舒埃布博士。"

一阵沉默。舒埃布突然哈哈大笑，说道：

"好一个玩笑！我还以为不是玩笑，几乎信以为真了呢！"

"谁说我是在开玩笑!"勃拉文说道。

"勃拉文,行了,我希望你不要继续开玩笑了!"

"我对你说过我不是在开玩笑,"他坚决地说道,"我是一本正经的!"

舒埃布责备地瞧了他一眼,说道:"勃拉文,今晚你很不友好,怎么开玩笑开到了这种程度?我知道你并不喜欢开玩笑。"

"好好听我说,"那人已有愠意,"一会儿我就要把你装入这只木箱,让你去旅行。"

舒埃布大笑:"让我去哪里旅行?"

"到以色列去。我接到了以色列情报局绑架你的命令。"

舒埃布跳了起来,惊恐地问道:"什么?你是说,你是以色列的代理人?"

那人把手枪在他面前晃动,一面平静地答道:"是的,我是以色列的代理人,舒埃布博士。"

由于极度惊骇,舒埃布直瞪瞪地望着他的脸,说道:

"天哪!这么长时间,我们怎么就没有想到呢?"

"这个问题最好问问你自己。"

"你是个有地位的、富有的东方学者,为什么要替以色列当间谍呢?"

那人缓缓地说道:"我既不是东方学者,也不富有。"

"那你是什么人?"

"我是个波兰的叛教徒,名叫保罗·马丁。"

"叛教徒?"

"是的。"

"你原来的职业呢?"

"一个不择手段谋取钱财的外籍雇佣兵。"

"那你哪来的如此丰富又有特色的知识?"

"我是个大学生,我的知识是通过阅读和周游世界得来的。"

"因此,你才能用漂亮的言辞、文雅动人的谈吐迷惑我们。"

他嘲笑道:"你们被我所迷惑,把我的话当作一个穆斯林的心声,这难道是我的过错吗?"

"我们真是太蠢了,竟不加深思和考察就相信了你的话。"

接着,两人都不再说话。隔了好一会,马丁问道:

"你还有其他问题吗?"

"还有。我想另外问个问题。"

"有什么问题就问。"

"你为什么要专门从事这与道德、荣誉和良心都不容的勾当?"

马丁鄙夷地摇摇头,说道:"原因很简单:我不信那些玩意儿。对我来说,利益高于一切。就是这么回事。"

"一个像你这样把自己出卖给魔鬼的人,如此行径是不奇怪的。"

"随便。还有问题吗?"

"是的。你知道以色列干吗要你劫持我吗?"

"当然知道。以色列通过它在美国的一个代理人获悉你即将发明一种可怕的化学武器,以色列的科学家们通过审查你皮包里的材料,也肯定了这一点。"

舒埃布愣愣地瞧着他,问道:"这么说,偷我皮包的是你!"

"是我。我在把里面的材料都用显微胶卷拍下来之后,为了让你继续研究,又把皮包送了回去。为了得到你的研究结果,我们等的时间太长了,以色列情报局发电报给我,要我劫持你,把你送往以色列,他们将通过威胁利诱迫使你交出这项发明的奥秘。"

"我懂了。现在,我可以给你一个忠告吗?"

"没有比忠告更让我厌恶的了。尽管如此,你还是说吧。"

"我希望你别干这种冒险活动,体面地度过你的余生吧。"

"不行。无论如何,我都不会放弃这次冒险行动。"

"为什么?"

"因为我这一次的成功将使我在以色列的间谍中雄踞首位。"

"这种名声难道能使它的拥有者感到荣耀吗?勃拉文,我觉得你言不由衷。"

马丁摸摸下巴,用枪柄敲敲鞋子,然后说道:

"听我说,博士,我不想跟你讨论道德、政治或社会问题,此非其时。不过,我只要这样告诉你就行了:对我来说,利益高于原则,我认为,没有原则的人比讲原则的人更好一些。"

舒埃布脸色阴沉,十分愤慨地说道:"太奇怪了!说这种话的人,恰恰是以前曾经高谈阔论,说什么人生的目的就是在于按真主对完美的要求,努力造福于人、使心灵趋于高尚的人!"

"我已经说过了,我是有意对你们施加影响的。事实上,我只关心自己的幸福,除此之外,都不关我的事。"

说着,他从一只小盒子里掏出一根火柴,点燃一支烟,静静地心满意足地抽了起来,仿佛用一句话概括了人生哲学,心里颇为得意。

短暂的沉默后,"勃拉文"审视着舒埃布,说道:"像你这样的人,当然永远也理解不了我的观点,因为你不是研究人生的专家。但是……"

"你说得够多了,勃拉文!"舒埃布忿然打断他,"不久的将来,你就会为你的这种观点后悔到极点!"

"正相反,只要我活着,我就持这种观点,因为我从中得益、受惠要比别人多得多,舒埃布!"

舒埃布气愤地冲着他喊道:"住嘴!你的假面具已经脱落,你的真相已经暴露无遗,我再不想听你说一句话!我真但愿过去不认识你!"

他的话说得很慢,一个字一个字从嘴里迸出来,深深地绞痛着他的心。但"勃拉文"对他的话不以为意,从容地微笑道:

"你不要这样皱着眉头,好像这件事有什么凶险似的,说不定,你认识我,恰恰为你自己打开了幸福、享乐的大门,是你始料所未及的呢!"

"你这话是什么意思?"

"听我说,舒埃布,像你这样的科学家应该过一种完全不同于你在埃及的生活。"

舒埃布冷笑着问道:"我在这里的生活有什么缺陷?"

"至少可以说它与你这样的世界著名科学家不相称。唯一适合你的国家是以色列,你可以住深院大宅,拥有装备有最现代化设备的巨大实验工厂,此外,还有源源而来的金钱。"

舒埃布皱起眉头说道:"让我在以色列生活?你真是在胡说八道。我的祖国虽然还有不足之处,但比起强盗之国以色列来,也要好过一千倍;你想用金钱来引诱我,我的钱足够满足我的需要,还有富余,这就够了,足能使我不受穷,不受苦。因此,你的提议打动不了我,一句话,我不是利欲熏心之徒。"

"这就是说,到你退休之前,你将一成不变地生活,像别的职员一样,靠向国家领取菲薄的工资生活,等待你的就是这种命运。你这个人,应该理智一些嘛。"

舒埃布漫不经心地瞟了他一眼,说道:

"你别操心了,勃拉文,我宁可死也不会背叛祖国。"

"那么,我就只能执行以色列情报局制订的劫持你的计划了。""勃拉文"粗声粗气地说道。

这时,他俩都听见屋子一角一个小小的装置发出的声音。"勃拉文"快步走过去,俯候在那装置旁,一面听,一面在一张小纸片上记下几个字。

他把纸片塞进口袋后,又回到舒埃布身旁,说道:

"过一会,汽车就来。你不用害怕,只要你不表示反抗,就没有人会伤害你。"

舒埃布心不在焉地看着他,喃喃道:"可是,这种罪行是不会不受到惩罚的。"

"勃拉文"轻描淡写地答道:"你知道怎么执行计划?我们将把你装在这个箱子里,免得引起怀疑。"

"不过,我不会沉默,我要反抗。"

"勃拉文"哈哈大笑:"有这支手枪,反抗有什么用?"

舒埃布愁眉不展地说道:"这倒也是,但我仍要尽一切力量反抗。"

"勃拉文"耸耸肩,冷冷地说道:"我赞赏你的勇敢。不过,我认为你如果表示出一丝一毫的反抗,那就太蠢了。"

"你打算采取什么行动?"

"那是一个大胆的行动,它将使以色列情报局的英名长期为报纸杂志所称颂。我告诉过你,我将把你同一批纸张、书籍混装在这只箱子里偷运出去,谁都不会生疑。"

"谁会允许你这样做?"

舒埃布的头部猛地挨了一击,他踉跄了一下,接着就倒在地上,昏了过去。"勃拉文"立即通过收发报机给以色列情报局发报。接着,他回到舒埃布旁边,仔细地检查了一番,然后拉开一只抽屉,从一只小盒子里取出针剂,给舒埃布打了一针昏睡针,待确信舒埃布已完全昏迷以后,便把他扛进木箱……他的任务已经完成,他走到窗边,侧耳细听,焦急地等待着汽车的到来……突然,门猛地被推开,冲进一个持手枪的人来,"勃拉文"大惊失色,也举枪对着他,但那人动作比他更快,一枪打在他手上,他的手枪落到地上。那人喝道:

"站住,不许动,马丁!"

"我不叫马丁。"他惊呆了,"你是谁?这是什么意思?"

"不要抵赖了,马丁。我是埃及情报局的马津上校。"

马丁由于极为恐惧,僵立不动,但他还是控制住了自己,问道:

"埃及情报局?我干了什么竟受到埃及情报局的关注?"

"你干的不少,马丁。"他从容地说道,"你的档案里,记满了间谍活动。你以为,我们对你在苏丹边境和这里的活动毫不知情吗?无论你到什么地方,我都在追踪你。我不否认,你最近的伪装骗过了我,但是,我终于通过你和以色列情报局的通讯电波找到了你。"

这时,马津看到马丁突然侧过身去,想用没有受伤的左手拣起手枪,他立即猛扑过去,抢先下手,猛击马丁的下巴和腹部,马丁痛得一面号叫,一面往后退了几步。马津赶上去,"咔嚓"一声给他戴上了手铐,说道:

"我从你刚才发出去的电报知道,汽车一小时后到达。这段时间履行一些必要的手续是足够了。现在,到旅馆去吧,那里的朋友们在你出发去开罗之前见你一面,肯定是有兴趣的。"

马丁迟疑着。马津用枪捅他,说道:"走吧,在我前面走,有教养些,还要听话,否则我就打碎你的脑袋。"稍停,他又问道:"你的电话在哪儿?"

马丁指指放电话的角落。马津把他推到前面,拿起话筒,说道:

"喂,我要阿拉维。是你吗,亲爱的……听我说,我需要你……马上到勃拉文的茅屋来,带几个伙计,把舒埃布博士送回他房子,进行抢救……我现在不能把详细情况告诉你……过一会,你们就会知道一切。"

他放下听筒,一直等着。阿拉维带着几个工作人员来了,大家齐心协力抬起了舒埃布,对"勃拉文"的情状都感到惊讶。

一个小时后,一辆满装着鱼的汽车开到了茅屋,司机跳下了车,周围顿时弥漫着一片鱼腥气,盛满鱼和冰块的木箱渗出的水,一滴滴地掉落下

来。司机小心翼翼地走到门口,喊道:

"马丁……你在哪儿?"

这时,马津露面了,他告诉司机道:

"马丁不在这里,他被捕了。"

司机惊惶地后退了一步,畏缩地问道:

"你是谁?"

"我是情报局的军官。你最好还是老老实实地投降。"过了片刻,他又用命令口吻喝道,"伸过手来!"

马津把手插进口袋。那司机以为他要掏枪,可是,马津掏出的是一副手铐,他把它时左时右像拧时钟发条似地摆弄着。他看到最近这几个月为了追踪马丁和他的助手,缩小对他俩的包围,他付出的艰苦努力,已带来了成果,脸上不由得露出胜利的微笑。这时,那司机也在飞快地考虑脱身之法……他按马津的命令,两手向前平伸,慢慢地向前走去,离马津只有一步距离了,两手用力往前一推。这一下,马津始料未及,他被猛推之下,顿时站立不稳,险些摔倒。司机撒腿就向沙漠飞奔而去,说时迟,那时快,一声枪响,他感到腿被箭射穿了似的,一下就跌倒了。马津紧接着,又开了第二枪,子弹从司机的头旁飞过。司机使出全部力气,站起来向着橄榄树林继续逃去。快接近那树林了,他回头张望,看看自己距离那军官的位置,正在这时,马津开响了第三枪,正中他的腹部,他摔倒在地,痛得直打滚。马津慢慢地谨慎地握着枪,朝他走去。司机挣扎着,紧捂着伤口,想止住出血,减轻点痛楚,站起来,滚过草地,隐身在橄榄树的后面。他知道,这是他唯一的藏身之地了,那军官如果看见他,或赶上他,第四枪便会结果他的性命……马津走到树林边沿,一面慢慢地继续走,一面小心翼翼地顾盼四周。他停了片刻,尖声叫道:

"从你躲着的地方出来! 往前来,我答应你不开枪!"

然而,他没有听到回答,树林里传来一阵轻微的响动他朝前走了几步,举枪对发出声音的地方开了一枪,顿时传出一声尖厉的惨叫,只听得那司机说道:

"别开枪,我投降……"

马津径直走向司机,一把拉起他,给他戴上手铐,几乎像扛着他似的,把他带回了旅馆。

第十七章

"勃拉文"被捕的消息在旅客和工作人员中传开之后,大家都十分惊讶,最感突兀的是菲露兹和法蒂拉。她俩用力拍着巴掌,嚷道:

"主啊!勃拉文先生是以色列走狗!"接着,又努努嘴,轻声念叨道,"他多少次坐在我们中间,谈论政治、宗教、文学、道德和社会,我们听得都呆了;他曾多少次诅咒以色列,谴责它的野心和罪行,我们都相信他的话,又信赖又敬佩地望着他……"

她俩见到了马津上校,把她俩和"勃拉文"相互对待的态度告诉他。马津说道:

"马丁与你们谈到的一切,只是以色列间谍经过训练专门用来行骗、遮人耳目和混淆视听的一种假面具。以色列近年新招了一批间谍,经过特别的训练,非常巧妙而精细地给他们确定了目标。阿拉伯人过去识别以色列间谍,习惯于通过结识,听他们的谈话或看他们的行径,现在情况与过去大不相同,间谍的手法也变了。间谍不再仅仅是书写秘密报告,向他工作的部门递送情报,也不光是公开执行他主子的所有计划,而是采取了人们不熟悉的另外一种手法,比如,每天都发表辱骂以色列的一本正经谈话,每小时都在攻击豢养他的主子,而与此同时,他又不遗余力、拼死拼活地为以色列的目标效劳。这是一种最危险的间谍,保罗·马丁就是一个例子。"

法蒂拉问道:"你们是怎么查明他的真相的?"

"我们获得情报,知道以色列派他到埃及、苏丹来,在边境地区制造事端。我受埃及情报局的委派,对他进行监视和跟踪,在边境,我曾几乎将他当场擒获,但被他逃脱了,销声匿迹了一段时间,后又突然在这儿出现,我通过截听他与以色列情报局联络的一条电讯,终于找到了他。"

"那么,"菲露兹问道,"你原先并不知道他注意舒埃布博士的原因?"

"确实不知道,但我有能力猜得到——"

"你怎么能猜得到呢?"法蒂拉问道。

"这个题目,我宁愿等舒埃布博士苏醒过来再说。我现在问一下,有医生来看过他吗?"

"有的。现在有一位医生在照料他。"

"那好。我希望你们转告医生,舒埃布博士恢复知觉以后,我想跟他谈谈。"

舒埃布博士幸运的是,他挨的一击并不致命,治疗起来不怎么费事,如果他的头颅被打碎,那情况就截然不同,伤口也会严重得多。负责替他治疗的,是旅客中一位上了年纪的大夫,他以富有同情心、严格和技术高超而受到人们的交口赞誉。

舒埃布恢复神智之后,大夫对他说道:"感谢真主,轻点声,你觉得怎么样?"

"我觉得头痛得厉害。"

"再过几个小时就会好的。"

他俩谈到了舒埃布被劫持的事件。大夫说道:

"我听说,马津上校非常英勇,干得很漂亮,他单枪匹马袭击那个武装间谍,把你救了出来……"

舒埃布诧异地望着他,刚听到这里就问道:"你说,是马津救了我?"

"是的。"

"他是上校警官?"

"不,他是埃及情报局的上校。"

"可是,他告诉我说他是位实业家……"

"也许是他不想暴露身份。"

"这事真奇怪极了。不管怎么说,他救了我的命。我想问一下,我的伤口很严重吗?"

"挺走运,伤口不太严重,最多两天,你就可以下床了。"

这时,他俩听见轻微的叩门声,门接着就开了,马津上校走了进来。他首先问舒埃布博士:

"嘿,你现在怎么样?"

"挺好,感谢真主。我不知该怎么感谢你才好,你救了我的命,希望有朝一日我能报答你的恩情。"

"感谢什么,"马津边说,边在他的床沿上坐下,"我不过是尽自己的职责。"

这时,大夫起身告辞走了,去治疗那两个还没有送往医院的间谍。舒埃布问马津道:

"你们抓住马丁了吗?"

"抓住了,还抓住了他的助手。"

"他的助手是谁?"

"非常遗憾,是个埃及职员。"

"他们想干什么?"

"想把你放在一辆装鱼的汽车上运走。"

"那时,我已经在木箱子里了?"

"正是。"

"你原来就了解他们要劫持我、把我送往以色列的详细计划?"

"不,我只是在截收到马丁与以色列情报局联络的无线电报后,对这件事有怀疑。"

"这么说,你不知道他们注意我的原因?"

"不知道。开始的时候,马丁在埃及、苏丹边境刺探我武装部队的军情,企图制造混乱,我就一直在找他,后来他不见了,一直到他在这里露面,我才能够追踪而至。他们为什么这么重视你,我不知道,但你的名字几次出现在他们的电文中。因此,我非常希望你把情况告诉我,这也许有助于我弄清楚围绕着你的谜团。"

舒埃布点点头,说道:"此事说来话长……"

"那么,你就把全部情况都告诉我,我也许能帮助你,同时,你也可能对我们提供帮助。几个月来,我们与以色列情报局之间的斗争越来越激烈,我们需要同胞们全心全意地与我们合作。"

这番话使舒埃布下定决心,把他的秘密和盘托出。他稍微沉吟了一下,就开始详详细细地讲述起来。马津一直听他全部讲完,望着他说道:

"这确实是件离奇的事,你肯定遭到了许多麻烦——"

"这是出名带来的一种祸害。"

"不错。但是,我认为,你把事情瞒着我们是做错了。"

"我要是知道后来会出这么多事情,那一开始就向你们交底了,然而,我没有这样做,竭力地想保守秘密,免得我的研究因为这样那样的原因遭到挫折。"

"恰恰相反。你如果从一开始就向政府交待清楚,政府就采取保护你的措施,确保你的安全了。"

"你说得对。这是合乎情理的做法,我将来准定这么办。"

这时,法蒂拉敲门进来。舒埃布一看见她,顿时容光焕发,露出兴奋的微笑:

"你好。"接着,他把她介绍给马津,"法蒂拉小姐,我的未婚妻。"

马津一面同她握手,一面说道,"刚才我已有幸见过她了。我十分荣幸能再次见到你,法蒂拉小姐。"

她点头,微笑:"谢谢,上校先生。"接着,回眸望着舒埃布,问道:"你现在情况怎么样?"

"不错,感谢真主。"

"你应该感谢马津上校,他为了救你,进行了非常英勇的搏斗。"

"说实在的,无论我怎么说,都无法表达我对他的感激之情。"

马津带着期待的口气,插嘴道:"我希望你们能相信,我没有做什么值得人感谢的事,我只是在尽自己的职责。"

"你救了我的生命,"舒埃布说道,"我只要活着,就忘不了这大恩大德。"

"任何一位我们情报局的军官,都会像我一样做的。"

然后,他们谈论起埃及情报局与以色列情报局之间的斗争。马津在回答法蒂拉的问题时说道:

"我们在许多场合击败了他们。马丁被我们抓获,对以色列情报局来说,无疑是一次重大打击,它将大失所望,因为马丁是他们最出类拔萃的间谍之一,他曾多次在埃及、苏丹边境挑起事端,但他的企图全都失败了。"

谈到这里,法蒂拉要求见见那个埃及间谍,以了解是什么因素促使他走上了这条罪恶的道路。马津答应了,带她到那埃及间谍的屋子去。

那间谍听说有人要见他,脸色突变:

"我求求你,大夫,"他的声音透出惊恐,"我不想会见任何新闻界人士。"

"他们不是记者,是马津上校陪来的一位旅馆女职员。"

"如果是这样,那没有关系。"

隔了一会,门开了,马津走了进来,后面跟着法蒂拉。马津先问大夫道:

"他现在怎么样?"

"情况一般。"

"他路上跋涉几个小时到亚历山大去,受得了吗?"

"可以。特别是他的情况需要立即动手术。"

法蒂拉出神地凝视着那间谍,在他的正对面坐下,问道:

"你叫什么名字?是怎么回事?"

"我叫侯赛因·阿卜杜·拉齐克,三十二岁,生在阿里什,是亚历山大一所私立学校的教师。我在埃及受的教育。一九六七年以色列占领西奈半岛时,我正在阿里什,后来就到开罗去求学,学成后,我被任命为初中教师,我的祖国埃及张开胳膊欢迎我,我在这里生活,娶了我同班的一位女同学,生下了我们的小女儿。这一切,祖国都没有要求我报答,可是,我自己已被章鱼或者蜘蛛——我不知道——缠住,不能自拔……我听信了他们,投奔了他们,过后我才发现,我喝下了亲手拿起的毒药。我的亲人生活在被占领的土地上,父亲是阿里什的一个商人,我丢下他们到这里来完成学业……这一切都洗涤不了我内心的罪恶、软弱、堕落因素。那以后,按照当时的制度,我通过红十字会回到被占领的土地。那时,从被占领的土地来的学生可以在暑假回去探亲,新学年开始之前再回来继续上学,就在那期间,我掉进了魔鬼的圈套。被占领土地的以色列执政官官邸,我曾去过多次,去见那个专管延长居住证签证的军官。第一次,他铁板着脸见我;第二次,他脸色稍微平和了些;第三次,他开始同我闲聊,向我敬茶敬烟。我是一个有文化的青年,本来从一开始就能看出他的目的,很容易认出那还未吞服的毒药,然而,他谈话中许下的物质引诱,使我瞎了眼。他对我说:

"'钱将像雨一样落到你头上,居住证随你的便,这里的一切都遵照你的意思办,你在这里的父亲和家人将得到他们想要的一切。你是个纯洁的青年,聪明,英俊,又有文化……我们只想要和平,平静地共处……我们喜欢你们,喜欢所有的阿拉伯人。'

"他看到我听得很认真,似乎有希望,就另外跟我约了时间,去见一位重要人物。几天后,我到以色列军事指挥官的官邸去见那个人,他是个让人难以捉摸的人物,说话之前,总是先露出诡谲的微笑。这一次,倒没有人骗我了,他自我介绍说,他是以色列情报局的军官,说话开门见山:

"'我们希望你成为我们在埃及的人员,要求你的,只是好好看,仔细听……他们在各种场合好唠唠叨叨说个没完,你应该收集街头巷尾、俱乐部、咖啡馆或电车上的每一句话;你出个题目,让他们自己谈……最多在开罗到亚历山大之间去跑跑,注意你看到的每一样东西,什么场景都不要漏过……我们将教会你怎样用眼睛捕捉最普通的事物……'

"以色列军官谈完之后,把手搁在我的肩膀上,陪我到比尔萨卡厄一套豪华的公寓去接受特别训练。我在那里生活了几天,学会了秘密书写,使用秘密复写,教我如何识别埃及武器,通过收音机接收电报,掌握译电密码。我回来的那一天,他们给了我一个大箱子,里面放入了我将要使用的间谍工具,包括秘密复写纸、译密码电报的书,还给了我五百镑钱。那以色列军官微笑着对我说:

"'这是第一笔,你好好睁大眼睛,把一切都给我们发回来,不要对听到的每一句话或看到的每一个场景掉以轻心,也别害怕,你后面有我们,

蓝色的精灵是找不到你的。我们保证你的安全,只要你服从命令听指挥,谁也发现不了你……'

"我回来了,在开罗和亚历山大转来转去,到处都很平静,他们说的是真话,蓝色的精灵不可能发现我什么。于是,我转起了念头,开始执行肮脏的任务,收集起情报来。在埃及收集情报可真容易。你随便见到什么人,只要挑起一个话题,他就会主动地谈个没完,仿佛只有他一个人了解内情……我写了又写,无线电报通过收音机和他们在那边给我的特别灵敏的半导体收音机传来,电报上说:'了不起,太棒了,继续干……'我在埃及各城市到处转,从这里或那里收集言谈和场景,然后就发信告诉他们……这种情况一直持续到我最近落到马津上校手中……"

他讲完了。法蒂拉问道:

"你从来没有过天良发现的时候吗?"

"说老实话,我现在都不知道该用什么来发誓,我已经失去了一切。我也有天良发现的短暂瞬间,但恶魔很快就会使之消逝,我又重新去干那肮脏的勾当。"

马津和法蒂拉离开了房间。马津说道:

"你从中可以看到,以色列情报局一直在企图收集我们的情报,不论是军事的,经济的,还是政治的,它都要。我们有些好心人,不分场合毫无警惕地高谈阔论,往往就帮了以色列的忙,让它达到了目的。还有一个重要方面,是学生暑期出国工作。我们曾提出学生不要出国,除非他们有确实可靠的合同。如果不这样,那么,在国外等待我们子弟的,很可能就是失足于最危险、最肮脏的罪行——叛国。"

"假如他们一旦陷入了这种罪行,自首了能免于惩处吗?"

"有一条法律规定,凡揭发间谍罪者,即使自己也犯有罪,可免于惩处。条文说:'凡在开始犯罪和受审之前主动向行政或司法机关检举揭发的罪犯,可免于上述罪行——指国家安全罪——规定的惩处,在犯罪发生之后,审讯之前检举揭发的,法庭也可免除对他的惩处;罪犯受审时如能使当局抓获同案犯或性质和罪行严重程度相仿的其他罪犯,法庭也可同样处理。'"

不几分钟,情报局的汽车和救护车就来到旅馆,接着,又尖声呼啸着返回,在漫长的道路上飞驰而去。车子里有三个受伤者:舒埃布博士要去发表谈话,两个间谍去接受公正的惩罚。

他们走后,那位老医生对法蒂拉说道:

"灾难已经过去,我希望你把它忘了。"

"我尽力而为,"法蒂拉静静地说道,"至于现在,我还没有完全能控制住自己的感情。"

"你最好去睡一觉。"

"我实在是累了,正因为此,我还没有好好向你表示感谢呢。"

"感谢什么?"

"感谢你对舒埃布博士无微不至的照料,要不是你,他的情况就要糟多了。"

"我只是尽自己的责任,任何一位大夫,处在我的地位,都会同样去做的。功劳归于真主,法蒂拉。"

法蒂拉去办公室,见菲露兹全神贯注地在打电话,不由得问道:

"那边怎么样,菲露兹?"

菲露兹热情地嚷道:"有关于巴克尔的好消息,法蒂拉!"接着,她又对着话筒说道,"谢谢你,希望能把事情的进展情况及时告诉我。"

法蒂拉急切地望着她,她搁下话筒,就朝法蒂拉走去。法蒂拉的眼睛流露出关切的神色,问道:

"他们找到巴克尔啦?"

"是的,法蒂拉,"她嚷道,气都有点接不上来,"一个情报人员找到了关他的地方……一支警察部队现在已经出发去营救他……"

"这是谁告诉你的?"

"他的一个同事。"

菲露兹看见法蒂拉的嘴唇无声地翕动着,问道:

"你在说什么?"

"我在向真主祈求,让他平安归来。"法蒂拉答道。

第十八章

警车直奔那情报人员指明的茅屋。车子里坐着保安局局长助理,两位警官和三个携带着机枪、步枪的情报人员。他们的脸上都显得坚决而激动。途中,局长助理侧过身对一位警官说道:

"这一次,他们决计逃脱不了。"

那警官回答道:"奇怪的是,我们不止一次经过那儿,那茅屋都没有引起我们的注意。"他接着又说:"那房子的建造方式肯定不怎么引人注目。"

局长助理带着责备的口吻说道:"警觉一些不好吗?"

"我很抱歉,长官。不管怎么样,他们总逃脱不了咱们的手心。"

汽车急驶一个小时之后,一个情报人员指着隐伏在沙丘里的一座矮屋子,激动地喊道:

"就是那屋子!"

局长助理对同伴们叫道:"好,就在这里停车,攻他们个出其不意。"

他下车,大伙都跟在他后面,放轻步子,小心翼翼地向那屋子走去。他们竖起耳朵,仔细谛听,脸上的神情十分坚决。过了好一会儿,他们没有听到任何声响……茅屋的门突然开了,门槛边出现了一个彪形大汉,他

把捆住双手的巴克尔推在前面,一面用枪对着巴克尔的脑袋,一面对警方人员叫道:

"站住!要不我就开枪打他的脑袋!"

他站在原地,用巴克尔的身体作掩护,一会儿看巴克尔,一会儿看看来人。这时,警官们不再前进,局长助理喊道:

"你最好还是投降吧!"

那人开始后退,手里仍拿着手枪,抵住巴克尔的头部。一个警官向前走去,又一次喊道:

"投降吧,抵抗没有用!"

彪形大汉飞快地举枪向警官瞄准,扣动扳机,但子弹没有击中目标。巴克尔乘那大汉分神射击、放松监视自己的瞬间,使劲蹬了他一脚,那大汉一个趔趄,失去了平衡,几乎摔倒。说时迟,那时快,不等他恢复平衡,一个警官顿时一个箭步冲上前,一枪打掉了他手里的手枪。大汉想从地上拣起枪,但是,巴克尔比他更快,冲着他的脸狠踢了一脚。这一脚踢得极重,犹如狂怒烈马的尥蹶子,大汉顿时站立不稳,头晕眼花,但他还是挣扎着在地上爬,伸手去抓枪。迎面飞奔而来的警官高声发出警告:

"不许动!让枪留在原地!"

可是,那彪形大汉不听警告,抓起枪马上就朝巴克尔瞄准。

然而,局长助理的动作比他更快,赶在他之前就开了一枪。这一枪是致命的,正中他胸口,他扑倒在地,不一会,暗红的鲜血便从他嘴角汩汩流出,又过了一会,他全身抽搐、颤动,终于断了气……

警官和士兵们向巴克尔跑去,给他松绑。他们笑容满面,相互亲吻。巴克尔一个一个地拥抱他们,他脸上的每一个部分都洋溢着欢欣和喜悦。局长助理再一次拥抱他,说道:

"我真是替你担心极了。"

"为什么要担心,我一直相信,真主保佑我一定会回来的。"

"你怎么样?还好吗?"

"我就像一头公牛,你没看见我踢烂了他的脸吗?"

"他的同伙在哪儿?"

"从他们把我带到这里来之后,我就没见过他们。但是,我认识他们,不把他们抓住,投入监狱,我就不会安心。"

"好,巴克尔。咱们走吧,你肯定累了。"

局长助理夹着巴克尔的胳膊,走向汽车。车子立即向马特鲁港方向疾驶而去。车子里有绑架者,也有被绑架者,巴克尔去保安局,那彪形大汉的尸体被送往医院……

第二天,当巴克尔到孤独旅馆来的时候,菲露兹正在办公室里处理工作。一听说他来了,她马上奔了出去。巴克尔走下汽车,登上台阶之时,菲露兹迎上前去,欣慰之情溢于言表:

"你好,巴克尔,感谢真主让你平安归来。"

他俩热烈握手。菲露兹注视着他的眼睛,问道:

"你好吗?"

他双眼闪烁着喜悦的光芒,答道:"我一直很好。你呢?"

她点头,金色的秀发披落在额头,说道:

"只要你很好,我也就挺好。你听说间谍马丁的事了吗?"

"听说了。感谢真主,祸害已经消除。法蒂拉好吗?"

"挺好。瞧,她来了。"

法蒂拉走向巴克尔,跟他热烈握手。她笑盈盈地说道:

"感谢真主让你平安归来。我们非常想念你。"

"谢谢你,法蒂拉,我更想念你们俩。"他又问道,"艾布·马卡林先生在哪儿?我有许多话要同他谈。"

"他在办公室里。"菲露兹回答道,"见到你,他肯定很高兴。"

她挽起他的胳臂,说道:"咱们走吧。"

他俩说说笑笑快步走去,法蒂拉跟在后面。

艾布·马卡林一见来的是巴克尔,不由得叫了起来:"我瞧见谁啦?咱们勇敢的英雄巴克尔啊!"

他俩紧紧地拥抱。艾布·马卡林让巴克尔坐在自己旁边,说道:

"坐下,亲爱的,跟我们谈谈你的情况吧。你彻底打败敌人了吗?"

巴克尔笑吟吟地答道:"差不多。我们已给了他们一次打击,以后还将穷追猛打。"

"我多么想听听你的冒险经历,"艾布·马卡林非常热切地说道,"你可以详细跟我们谈谈吗?"

"我十分乐意满足你的要求,不过,我想先和你谈另一件事。"

"什么事?"

巴克尔向菲露兹投去充满爱怜和赞赏的一瞥,说道:

"谈谈我们的婚事。我想就确定在最近办。"

艾布·马卡林的目光在巴克尔和菲露兹身上逡巡,答道:

"只要你愿意,任何时候举行婚礼都行。"

"谢谢。"巴克尔又问菲露兹,"你的意见呢?"

她满脸绯红,低下了头,但不久就抬起头说道:

"我建议,咱们的婚礼与法蒂拉和舒埃布博士的婚礼放在同一天举行。你说好吗?"

"这个建议确实合适,我衷心赞成。"巴克尔很高兴。

他的目光正与法蒂拉的目光相遇,她顿时羞红了脸,说道:

"你干吗把自己与舒埃布博士拴在一起,博士事情太多……"

"我们可以等待。"

艾布·马卡林望着两位姑娘说道:"我多么希望你俩的婚礼同一天举行,这可是我的最大愿望。"稍停,他又对菲露兹说:"带巴克尔到咖啡座去,让他尝尝咱们最可口的点心……你喜欢黎巴嫩点心吗,巴克尔?"

巴克尔点点头。菲露兹挽起他的胳膊,边走边说道:

"那么,来吧,去尝尝我们的点心。"

艾布·马卡林目送着他俩,满脸喜色。他感到快慰,菲露兹终于找到了她理想的丈夫。他俩出房门时,也都喜眉笑眼。在咖啡座的一张小餐桌旁,他俩一面兴致勃勃地吃着点心,一面闲谈……吃完之后,巴克尔靠在一张大沙发上,浏览起面前的一本画报来。这时,电话铃响了。菲露兹起身,拿起听筒:

"喂……好的。"她对巴克尔说道:"是局长助理,他有要紧事跟你谈。"

巴克尔不得不接过听筒:"喂,我是巴克尔少校。"

他听着听着,脸上显出极其关切的神情,大声说道:

"你说他们躲在旅馆附近一个名叫纳伊玛的女人家里? 是,是……我在人马到达之前,等在旅馆里……谢谢。"

他放下听筒,轻松地呼出一口气。

菲露兹看他放下听筒后仍站着不动,知道是怎么回事,便轻声问道:

"是那些绑架你的人吗?"

"是的,除了他们,还有谁能引起我的注意呢?"

"我听你提到一个名叫纳伊玛的女人,她和他们有关系吗?"

"有。你听说过她?"

"是的。有一天,我们随曼扎拉卫到她家去过,在那里吃过东西。"

"这么说,她是曼扎拉卫的同伙。"

"我想大概是。"

"她的家离这儿远吗?"

"离这里大约有五英里。"

"那我们几分钟就可以到达。"

十分钟之后,电话铃又响了。巴克尔立即拿起听筒,打电话的是保安局局长助理:

"我们一个情报人员看到那伙人一小时前进了纳伊玛的家。我们的人马现在已经出发到你那儿去了。"

"好的,长官。我已经准备好了。"

没几分钟,警车就抵达了。巴克尔立即登车,转眼间,警车就向情报人员确定的地点飞驰而去。

在路上,巴克尔想道:"我应该英勇擒敌,以恢复我在当地因为被绑架而受到动摇的威信。领导们委托我去执行这项任务,是要我亲自把那伙歹徒抓获,从而恢复我的威信。为了不辜负大家对我的信任,刀山火海我也要闯一闯。机会就在面前,决不能坐失良机。"

在纳伊玛家中,走私犯们正围着一张桌子玩纸牌,喝酒。纳伊玛急急向他们走来,一面惊恐地叫道:

"警察!警察!"

走私犯们大为惊惶,手足无措地面面相觑。有一个人快步奔到窗口,接着,又折回,说话的声音在发抖:

"是巴克尔少校!"

另一个沙哑的嗓子说道:"这么看,要么抵抗,要么投降。"

又有人喊道:"准备开火!"

他们纷纷去拿枪……门突然大开,巴克尔巍然屹立在门中央,手里紧握着枪,双眼炯炯发光,犹如一把利剑,目光有一股震慑人的力量,枪口随时准备喷射出火舌,只要稍有负隅顽抗的迹象,它就会开响。巴克尔威严地对他们喊道:

"举起手来!"

三个人把手举过了头,第四个人没有听从,偷偷地去摸枪,巴克尔一眼瞥见他的动作,一枪就击落了他的手枪,那人尖厉地发出一声惨叫……

巴克尔又喊道:"谁也不许动!"

没有人需要这新的警告,他们谁都明白,只要稍微动一动,总有一天就绝对动不了了。

巴克尔快步上前,捡起他们的武器,然后退到门口,要部下进去搜索这座房子,并给那些被捕的歹徒戴上手铐。

一个歹徒提出抗议:"你们这是干什么?"

巴克尔冲着他叫道:"住嘴,不许你再讲话!"

他威胁地晃晃手枪,要把那人的话堵住。然而,那人还是大着胆子说道:

"你放心,你逃不了!总有一天,我们的人会宰了你!"

巴克尔再一次叫道:"我跟你说了,住嘴!"

这以后,警方人员开始仔细地搜查这座房子,搜查持续了很长时间,因为房子里有地下室。他们从地下室里发现了大量大麻和毒品,价值数万埃镑。

这次果敢的行动引起了人们的注意。巴克尔在他们的心目中提高了地位。领导也表彰了他的英勇和忠诚,在他心里留下了极深的影响。

第十九章

几天后,舒埃布博士精力充沛地回到了旅馆,他下定决心要做一件事,就是与法蒂拉完婚。为了求婚,他专门抽出一天前去拜访法蒂拉的父亲。陪同他一起去的,有艾布·马卡林夫妇、巴克尔、法蒂拉和菲露兹。

法蒂拉的父母住在亚历山大,生活很安逸,家里虽说不上富有,但很殷实,她父亲退休前是个官员,所以在他家所在的那条街上也颇有社会地位。

　　法蒂拉的父亲热烈地欢迎客人,使舒埃布心里很高兴,他觉得法蒂拉的双亲是欢迎他的。吃过饭后,舒埃布与她的父亲谈论起科学、文学、宗教和社会,滔滔不绝地讲述了他对妻子和婚姻的看法。他说,他决心让法蒂拉留在家里帮助他工作,照料好家务和孩子。这话引起了大家的议论。艾布·马卡林夫妇首先反对,说这又回到了家庭妇女时代,妇女在冲出家门以后,怎么又用高墙把她们禁锢起来?巴克尔说,这是最进步的表现,确保了新生的一代受到有教养的、专心致志的母亲的培育,而不是把孩子扔给保姆,听任他们走入歧途。此外,一般来说,妇女就职的效果也微乎其微。法蒂拉的父亲说道:

　　"总的来说,不让妇女参加工作并非易事,这违背进步和世界总的走向,是一种倒退,无论从什么逻辑或理由看,都不能接受。但是,我又认为,妇女的工作应限于合适的职业,比如学校和医院,其他的工作应让男人去干。这样,就把进步和我们的环境条件协调了起来。"

　　法蒂拉的母亲说道:"我呢,则主张女职员生了孩子之后,拿半薪留在家里。这是对妇女教养孩子所付出努力的评价。"

　　巴克尔反对这种意见,说道:"不工作的人拿半薪,是行不通的,也没有什么道理。按我看,妇女毕业以后就留在家里为好。"

　　艾布·马卡林对巴克尔的看法持根本否定的态度,说道:"正当我们尽一切可能,努力为妇女争取生活和工作的权利的时候,我们怎么能让社会的一半成为一个瘫痪的部分呢?"

　　舒埃布博士说道:"美国的制度规定,妇女一结婚就放弃工作,以专心致力于她的家庭和对孩子的培养。一旦她觉得孩子们已经大了,不那么迫切需要她了,她又会去工作。"

"不管怎么说,"巴克尔说道,"我已和菲露兹说好,她取得法学士学位之后就留在家里。"

这时,舒埃布博士也说道:"我和法蒂拉也商量好么办。对吗,法蒂拉?"

她笑吟吟地对着他说道:"是的,我们确实是已经说好了。"

艾布·马卡林惊异地望着她,说道:"这可就奇怪了,我还以为你关心的只是旅馆呢。"

她很认真地回答道:"现在,我的全部心思都在我和舒埃布博士的婚事上了。"

"既然如此,那我希望你给我一段时间,让我另外找个姑娘来代替你,不过,要找到和你差不多的姑娘,几乎是不可能的事。"

舒埃布代替她回答道:"好吧,艾布·马卡林先生,给你的期限是到这暑假结束,够了吗?"

"谢谢,这是你的一番好意。"

大家都兴高采烈地走上前去,祝贺并亲吻这对新人。

卡尔纳克咖啡馆

〔埃及〕纳吉布·马哈福兹

库兰芙拉

我是偶然发现卡尔纳克咖啡馆的。有一天,我到马赫迪街去修表。修理要几个小时,我得等待。我决定浏览一下街两旁商店里展出的钟表、首饰和古玩,以消磨时间。在溜达中,我发现了这家咖啡馆便进去了。打那以来,它就成了我爱去坐坐的地方。它虽然小,又位于一条不显眼的街上,但我却乐意盘桓。说实在的,在瞥见掌柜凳上的女人以前,一开始我在门口还挺犹豫。这个女人,徐娘半老,风韵犹存。她细腻明朗的面容拨动了我记忆的心弦,回忆如泉迸涌。我听见琴鼓悠扬,闻到香气氤氲,看见一个翩翩舞动的身躯——伊马德丁[①]的明星,女舞蹈家库兰芙拉,40年代玫瑰色的梦,库兰芙拉。于是,为着一个从不曾留意过我的人,受着一股莫名其妙的神奇力量推动,我怀着愉快的心情走进了卡尔纳克咖啡馆。

———————
① 伊马德丁,开罗市中心街名,街上多剧场、电影院。

我们之间，无论是感情上或利益上，甚至是礼貌上，什么关系都没有。她是明星，我则是个同时代人。我欣赏的眼光，对她天才的身躯没有丝毫影响，我也没有随便招呼的权利。从我的位置望出去，全馆一览无遗。这似乎是个大房间，不过很雅致明快，四壁裱着糊墙纸，桌椅新颖，镜子五花八门，灯光是彩色的，器皿洁净。这可真是一个有吸引力的雅座。我一有机会，便久久地望着库兰芙拉。女性的魅力已经黯淡，青春的韶华已经干枯，取而代之的是一种隐约的妩媚和感人的忧伤。她依然身材苗条、轻盈，精力充沛，透出一股饱经世故颇有修养的风度。她的活泼，则令人心神荡漾。她扫视着酒保、侍者和清洁工，观察着屈指可数的几个顾客，地方虽小，他们却像是亲昵和睦的一家人：三个老人，也许是领退休金之辈，一个中年人，一群年轻人，其中有一个俊俏的姑娘。因此，我虽然兴奋，却也感到人生地疏，自己仿佛是个入侵者。我自语道，天哪，我喜欢这个地方，咖啡滚烫，饮水清洁甘洌，杯碟清清爽爽，库兰芙拉甜蜜可爱，老人们端庄稳重，年轻人朝气蓬勃，姑娘漂亮。咖啡馆坐落在这个大城市的中心，正适合我这样的游荡者休憩。过去和现在——甜蜜的过去和光荣的现在热烈地交织在一起，还有始料不及的偶然奇遇。我的表刚坏，我便陷进了各种各样的爱情之中。那么，只要时间允许，就让卡尔纳克咖啡馆作为我的逗留地吧。

发生了我以为是愉快的意外事情。库兰芙拉看到我是个新来的顾客，好像想对我表示客气。她离座起身，朝我踱来。她穿着深蓝色的裤子和白色的罩衫，在我面前站定说道：

"很荣幸。"

我们握了握手，我感谢她的客气。她问我道：

"咖啡还满意吗？"

我真诚地说道：

"满意之极,真正的优质咖啡。"

她高兴地微笑了,然后仔细地凝视着我说道:

"我琢磨你想得起我?"

"确实,谁忘怀得了库兰芙拉?"

"可是你记得我在艺术上的真正作用吗?"

"是的。你第一个革新了东方舞蹈。"

"你听说过或者读到过有人对此进行的赞扬吗?"

我困窘地说道:

"人们有时会遗忘,但不会永远如此。"

"无以复加的漂亮话。"

"可我说的是一个不容置疑的事实。"

接着,我摆脱了尴尬,说道:

"我祝愿你生活幸福,这是最重要的……"

她笑着说道:

"到现在为止,结局看来还幸福……"

然后,她向我告辞,回到掌柜凳去:

"知道的只有冥冥中的真主!"

就这样,我们顺利地结识了。相识产生的新友情,我过去和现在都为此高兴。它在某种意义上是新的,然而它隐秘的根却深深地扎在三十多年前的往昔之中。不断见面,频频交谈,友谊更加深挚。我有一天回想起她过去艳丽迷人,是多么受人尊敬,我对她说道:

"你曾是一个出色的并受人尊敬的艺术家,这难道不是一个奇迹?"

她自负地回答:

"东方舞曾是肚皮、胸脯和臀部的颤动,我使它线条化了。"

"你怎么会如此轻易地做到呢?"

"我从不错过在凉亭里举办的欧洲舞会。"

接着,她撒娇地晃着脑袋,说道:

"说到受人尊敬,则是因为我的行为总则是只接受爱情关系,除非结婚,否则不搞关系。"

我肃然起敬,问道:

"始终如此吗?"

她笑着喊道:

"总体印象是受人尊敬,这还不够?"

我点点头。她低声咕哝了一阵,我没听清楚。她接着说道:

"真挚的爱情使关系加上了一种不可否认的合法性。"

"因此你才没有受到任何杂志的伤害。"

"包括《锤子》杂志!"

我微笑道:

"但有许多人却因为你而走上了邪路!"

她叹息道:

"夜生活充满了悲剧。"

"我还记得那个财政部职员的传闻。"

她低声打断我:

"别说了。你是指阿里夫·苏来曼吗?他就离你几米远。他是站吧台的酒保。"

我偷眼看着他习惯的站立姿势。他萎靡,满头白发,目光呆滞温顺。库兰芙拉无疑从我的眼神看到了惊讶,便说道:

"你也许会认为他是我的牺牲品,不是的,他是他自己软弱无能的受害者……"

她向我讲述了一个平常的故事。阿里夫为她神魂颠倒,但她却从未鼓励过他。他的收入不容许他经常耽在娱乐场所,于是他就伸手贪污公款。他混迹在一群像是遗产继承者似的来客中间。不过,她没有拿过他一个子儿。他们之间,只有娱乐场夜间通常习俗上的正当关系。他刚跨出一步,就被当场逮住,送上法庭,关进监狱。

"这是一个悲剧,但我没有半点过错。几年以后,他出了监狱,到原来的娱乐场找我,对我说:'我永远完啦。'我可怜他,暗暗为他着急,就替他向娱乐场老板说情。老板让他当了个侍者。我在辞掉工作自己开办这家咖啡馆的时候,就挑选他来当酒保。他干得还不错……"

我拭着胡须问道:

"他不怀念往日之情吗?"

"怀念的。他是咖啡馆的侍者,他打扰过我,结果挨了一顿痛打。那时,我是举重冠军菲勒的妻子。一年后,他跟库姆巴里斯的一个舞女结婚。她现在仍是他的妻子,替他生了七个女儿。我认为他今天很幸福,也很顺利吧……"

接着,她大笑不已,说道:

"现在我们有时乐意在口头上互致爱慕。"

"往事就这样被忘却了!"

"可是,阿里夫有个同事,出人意料地窜上了财政部次长的职位。由于那个家伙,阿里夫怨恨生活,直到革命让那人下台退休,他的怒气才平息。他热爱革命。"

我终于加入了卡尔纳克咖啡馆之家。这个家进入我的生活中心,库兰芙拉与我结下了友谊。我同老人们——穆罕默德·巴赫贾特、里沙德·马杰迪和塔哈·加里卜一起玩骰子,结交青年人,特别是泽娜白·迪亚卜、伊斯梅尔·谢赫和侯勒米·哈马达,还认识了一家公司的公共关系部主任齐恩·阿比丁·阿卜杜拉,连侍者伊马姆·法瓦勒、擦皮鞋兼打扫清洁的贾马都成了我的朋友。我了解到卡尔纳克咖啡馆的经济内情,它基本上不依赖它有限的顾客,而是仰仗马赫迪街各家店铺的老板和他们的主顾。这是卡尔纳克咖啡馆饮料质优物美的奥秘。还有一个秘密:卡尔纳克咖啡馆是各种富有代表性声音的汇聚点,高谈阔论和窃窃私语披露着真实的历史事件。在我加入他们行列时人们的谈论不可忘怀,也很难忘记库兰芙拉一有机会就要说的赞词:

"让我们赞颂安拉,他把革命赐给了我们。"

酒保阿里夫·苏来曼和公共关系部主任齐恩·阿比丁也崇拜革命。各人有各人的方式和用意。老人们的热忱不逊他人,尽管有时他们会极其谨慎地反复念叨:

"过去也不全是坏的。"

青年人的角落,热情奔放,声浪滔滔。对他们大多数人来说,历史始于革命,之前是模糊不清被弃若敝屣的蒙昧时期。他们是革命的真正儿子。要不是革命,他们中大多数人就会流落街头,浪迹乡野。他们中也会传出反对声音,有极左派的,或小心翼翼悄声细语的穆斯林兄弟会①的,但很快就消失在一片喧嚷中。特别令我注意的,是侍者伊马姆·法瓦勒和擦皮鞋的贾马对安塔拉②及其武功的歌颂。这两个人生活清苦,却在赞颂安塔拉及其武功,似乎为了胜利、尊严和希望,他们甘愿安贫若素。虽然没有人甚至愤世嫉俗者都不缺失这种兴奋感,但也没有人能摆脱掉屈辱、失败和沮丧的痕迹。干渴驱使他们举起装满向宿敌挑战的酒杯,痛饮而至于酩酊,随即兴高采烈地跳起舞来。批评醉汉,能指望有什么用处?你

---

① 穆斯林兄弟会成立于1928年,其宗旨是改革社会、文化和宗教事务,主张阿拉伯统一和伊斯兰统一,号召恢复哈里发帝国,1952年7月23日革命后被取缔。
② 安塔拉,即安塔拉·伊本·沙达德(525~605年),阿拉伯蒙昧时期的著名诗人和骑士,以骁勇善战传称于世。

是在说贿赂、贪污、腐败、镇压和恐怖吧？胡说八道，或随它去吧，或那是坏事难免，再或者……那是多么微不足道。还是喝一口神奇的美酒，跟我们一起跳舞吧。

库兰芙拉从美容师处回来，一时又光艳照人，一双媚眼生气盎然。我有一次情不自禁地问她道：

"现在既没有丈夫也没有儿女？"

她没有回答。我后悔自己超出了分寸。她觉察我的困窘，为了缓和一下，便指着顾客们说道：

"我爱他们，他们也爱我。"

她莫名其妙地嘟哝起来：

"爱情……爱情……"

她难过地说道：

"我们经常享受我们喜爱人的爱情，但爱情留下来的只有失望……"

"失望？"

"这是幸免于现实利爪的爱情，它始终是一个迷人的希望。"

我小心地问道：

"你有过失望的爱情吗？"

"并不完全如此，但爱情有时是作弄人的。"

"那是风光时期的事吧？"

"每天都可能发生。"

我心里愿闻其详，可她对我的愿望佯作不知。她用眼角瞟了一下齐恩·阿比丁·阿卜杜拉，说道：

"瞧他，他爱我。他想要什么呢？他建议跟我合资开这家咖啡馆，把它改成饭店。但他首先觊觎的是我的床！"

"他太臃肿了。"

"永远不会得逞的梦想。"

"他也许很有钱?"

"主啊,保佑公款吧!"

我的头不由自主地转向酒保阿里夫·苏来曼。可是她说道:

"那家伙为爱情贪污,齐恩·阿比丁却是因为贪婪、野心而盗窃。他们是各式各样的,亲爱的,有人受到政府的亏待,迫于生计;有人贪得无厌;还有人在学别人的样。在这些人和那些人中间,可怜的青年人在发疯。"

我坚持说道:

"咱们还是回到原来的话题吧。"

她顶了我一句:

"你知道我在恋爱!"

我曾经看到一些迹象,促使我留意观察她。她说道:

"别向我打听他,你并不蠢。"

我微笑道:

"侯勒米·哈马达?"

她没有告辞便走回掌柜凳,从那儿给我送来甜蜜的一笑。我曾一度以为是伊斯梅尔·谢赫,不久发现伊斯梅尔与泽娜白·迪亚卜关系热络。后来事情就明朗了。侯勒米·哈马达是一个机敏英俊的青年,他面貌清秀,言词激烈。库兰芙拉向我承认,是她先挑逗他的,而且是当着侯勒米同伴的面。有一次,她坐在侯勒米身旁不远,附和他发表的政治见解,向他欢呼道:

"你要谁生就生,你要谁死就死吧!"

侯勒米曾接受邀请,造访她在卡尔纳克咖啡馆四楼的寓所,受到她的盛情接待。起坐间用玫瑰花点缀，桌上铺陈丰富，录音机传出悠扬的舞曲。她自信地告诉我：

"他也爱我，请相信这一点。"

接着一本正经地说道：

"可是他不知道我爱得有多深……"

她又觉得烦恼：

"他一去不复返的日子不远了……"

她耸耸双肩，咕哝道：

"千篇一律的老故事啊。"

"你什么都知道，却还是坚持走自己的路。"

"一句适合做人生格言的无稽之谈。"

我笑着说道：

"我得代表活着的人感谢你……"

"不过，他既认真又慷慨，是第一个对我的计划表示热忱的人。"

"请问是什么计划？"

"撰写我的回忆录。我起劲得如痴如醉，我为难的，只是不会写作。"

"他一直在有序地撰写吗？"

"而且很热心。"

"他真的关心艺术和艺术史吗？"

"这是一个方面，其他方面则围绕埃及男人和女人的私生活展开。"

"过去时代的人物吗？"

"也有当代人物！"

"丑闻之类？"

"有时离不开丑闻，不过目标宗旨远比那重大。"

我提醒道：

"这是一个有风险的计划。"

她既认真又骄傲地说道:

"发表的时候会引起哄动。"

我笑道:

"假如能够发表的话!"

她面有愁色,说道:

"第一卷发表可能不会有麻烦。"

"了不起。第二卷就留给时间吧。"

她怀着希望咕哝道:

"我母亲活了九十岁。"

我也祝愿道:

"真主使你长寿,库兰芙拉。"

一天,我按时到达,发现青年人的座位都空着,咖啡馆情景异常,笼罩着一种沉闷的寂静。老人们在玩牌、闲聊。库兰芙拉期待地望着大门,惴惴不安。她走过来,坐在我旁边说道:

"他们一个没来,出什么事啦?"

"也许这会儿都有事耽搁了?"

"所有的人?他难道就不能通知我一声,哪怕打个电话?"

"我认为没有必要担心。"

她恼怒地说道:

"可是有理由生气。"

这一夜过去,他们没有一个露面。第二天黄昏,还是没有他们的踪迹。库兰芙拉的性情变了,她神经质地里里外外来回转。

她问我:

"你看这怎么解释?"

我惶惑地摇摇头。齐恩·阿比丁·阿卜杜拉说道:

"他们是年轻人,不会安于一种状况。他们可能转到更合他们胃口的地方去了……"

她生气地冲着他说道:

"你真是个笨蛋!你自己干吗不转到更适合你的地方去?"

他愚顽地笑着说道:

"我就是待在最适合我的地方……"

我安慰道:

"我们将会突然看到他们光临。"

她悄悄地对我说道:

"我真是愁死了。"

我同情地问她:

"你不知道他的宿舍吗?"

"不知道。在侯赛尼亚区的某处吧。他是医学院的学生。可是大学暑假关门。你看,我什么都不知道。"

几天,几个星期过去了。库兰芙拉快要疯了。我非常为她难过,终于对她说道:

"你在无情地糟蹋自己。"

"我不需要怜悯,但是需要他。"

齐恩·阿比丁用沉默和退居角落来躲避这场风暴,用皱眉和猛吸水烟来掩饰他由衷的欣慰。有一天,塔哈·加里卜说道:

"我听说了大逮捕的消息。"

我们全都愁眉不展。我说道:

"可是,他们大多数人是属于革命的……"

里沙德·马杰迪说道：

"不过也有不可忽视的少数反对派。"

穆罕默德·巴赫贾特说道：

"事情很清楚，他们想要逮捕有嫌疑的人，就连同这些人的朋友一起带走，以便进行审讯。"

库兰芙拉像傻了似的，呆呆地听着谈论，她什么都不想理解，或者什么也不愿相信。

我们对这事件谈论开了：

"逮捕真是一种恐怖行为。"

"据说被捕者的遭遇更加骇人听闻。"

"令人毛骨悚然的传闻。"

"不审讯，也不得辩护。"

"根本就没有法律。"

"人们说，我们生活在革命期间，进程中必然有这些非常情况。"

"必须牺牲自由和法律，哪怕是暂时的。"

"但革命已经十三年多，是它该稳定在一种固定秩序的时候了。"

库兰芙拉放下她的工作，一段时间，或者一个白天，有时一个整天，看不见她人影。她把咖啡馆丢给了阿里夫·苏来曼和伊马姆·法瓦勒。她告诉我说：

"我到过去和现在认识的所有大人物那里去拜访和打听过，没有一个人有答复，不过，你会听到意想不到的话，比如'有谁会告诉我们？'或者'小心，别打听，不然后果不堪设想'；或者'你不要在自己店里接待青年人'。这世道出什么事啦？"

我的脑海里突然冒出一种新的念头，造成它的首要因素是深切的悲哀。我对自己说，我们的生活确实充满痛苦和消极面，然而，总的说来，那只不过是巍峨的高大建筑排除出来的必不可少的垃圾。在这些垃圾产生和蔓延的时候,我们不应该对建筑的宏伟视若无睹。当萨拉丁①取得对十字军的决定性胜利的时候,我们知道开罗市民的遭遇吗?当穆罕默德·阿里②组成埃及帝国的时候,我们想象得出埃及村民的痛苦吗?我们能够设想先知③时代的日常生活吗?那时,崭新的伊斯兰宣教拆散了父子、兄弟和夫妻,密切的关系被撕裂,牢固的传统被痛苦所取代。同样,为建立中东头等强国——我们的科学社会主义工业国的时候,我们难道不应当为此而忍受那些痛苦吗?整个这段时间,我觉得可以用这样的逻辑使自己相信死亡的必要和裨益。

不知是哪一天的黄昏,只见那些消失不见的脸庞,又出现在我们面前,他们带来了突如其来的欢乐。有泽娜白·迪亚卜、伊斯梅尔·谢赫、侯勒米·哈马达和其他几个人,至于别的人,我们就再也没有见到他们的影子。我们笑逐颜开地表示欢迎,连齐恩·阿比丁·阿卜杜拉也加入到我们的中间。库兰芙拉则瘫在座位上,竟像是睡着了,或者昏厥了过去。她一言不发,一动不动,直到侯勒米·哈马达站在她跟前,她才声音抖颤地对他说道:

"我要报复你!"

接着就泣不成声。有人问:

"小伙子们,你们在哪儿呀?"

好几个声音回答:

"去野游了……"

---

① 萨拉丁(1138～1193年),阿尤布王朝奠基人,曾征服叙利亚和美索不达米亚大部。1187年在赫淀大败十字军,收复了耶路撒冷。
② 穆罕默德·阿里(1769～1849年),奥斯曼帝国的埃及总督,曾大力改组陆海军,革除内部弊政,其势力伸入近东、苏丹和红海南部,是埃及最后一个王朝的奠基人。
③ 先知,指伊斯兰教创始人穆罕默德(约570～632年)。

大家笑声喧嚷，又是一片欢腾。可是，这些脸庞变了：刚理过的头发给他们的容貌增添了一种陌生感，此外，眼神和活力也明显委顿。大概是齐恩·阿比丁的声音在问：

"可是这一切是怎么发生的呢？"

伊斯梅尔·谢赫叫道：

"我们别谈这件事……"

泽娜白高兴地唱了起来：

"萨勒玛呀萨拉马，我们平安而去平安而归。"①

我听见一个名字反复出现，不知是怎么谈起的，也不知是谁先提到的：哈立德·萨弗万。可是，哈立德·萨弗万是谁？审讯官？典狱长？好几个声音在重复：哈立德·萨弗万……我偷眼看这些面容，几乎可以觉察到隐藏在面纱后面的遭遇和困惑。我可以说，卡尔纳克咖啡馆的生活恢复了每天的常态，但事实上，它的精神真谛已丧失了不容忽视的一部分。这段莫名其妙的离别时间，被罩上一块厚厚的帷幕。令人不安的间隙周围，疑问升腾，又快快消逝。尽管人们欢乐交谈，可是气氛中弥漫着的谨慎小心，犹如一股来源不详的怪味。每一句笑语，不止有一个含义；每一个手势，不止有一个意思；每一种目光，都是天真与恐惧相互交织。库兰芙拉对我说道：

"孩子们受了不少苦。"

我迫不及待地问她道：

"他跟你说起过什么吗？"

"他不说话，这就够了。"

是的，这就够了。我们所处的时期，暴力出处不详，空气里藏有间谍，

---

① 这是一句民歌唱词，萨勒玛是女人名，萨拉马是男人名，均意为平安。

白昼闹鬼魅。我不禁浮想联翩,想起罗马竞技场、宗教裁判所和帝王们的疯狂,想起罪犯们的行径、痛苦的残杀、阴暗心灵的火山和莽林里的战斗。我为禳解这些回忆,对自己说,恐龙曾独霸地球数百万年,在生死斗争中毁于一时,如今只剩下一两个骨架。当我们被黑暗笼罩,或者醉心于暴力,或者迷恋于仿效神道时,蛮性的遗传便会从内心深处苏醒过来,使我们回复到蛮荒时代。我的认识始终凭借想象,直到几年以后,在迥然不同的情况下,关闭的心灵有机会向我敞开,向我提供令人生畏的事实,对我解释发生时认识模糊的事件。

齐恩·阿比丁·阿卜杜拉有一天失去了耐心,不愿再坐待良机。毫无疑问,是侯勒米·哈马达的归来,破坏了他的计划,引起他内心失望的恐惧,使他一反往常的谨慎小心。有一次他竟当着库兰芙拉的面放肆地说道:

"他们待在咖啡馆里会损坏它的名声。"

库兰芙拉问他:"你想什么时候滚蛋?"

他笨拙地假装不在意她的严厉无情,用劝说者的口吻说道:

"我有一个非常有利可图的计划,很值得重视和认真对待……"

他想争取我的支持,问我道:

"你看这个计划怎么样?"

我随口问库兰芙拉道:

"你不愿为民族资本主义多作些贡献吗?"

她讥讽地说道:

"可是他既贪财更贪女财主。"

他忙不迭地对她说道:

"我的建议只跟工作有关。至于感情的事,则全在伟大的真主手里!"

她没有再理会他的议论。看来,热恋占据了她整个心灵。每当我感到她在扮演盲目的情人角色时,我心里便充满了对她的同情和怜悯。我毫不怀疑,小伙子爱她,乃是一种青春期的爱情。在他就饮于她温存的泉源时,她熟谙怎样使他神魂颠倒、开心愉快。可是,这能持续多久?再说,我也有些怀疑他贪财。然而,她却信心十足地对我说道:

"他聪明而且纯洁,不是那种出卖自己的人……"

她说的当真就好。我没有理由怀疑她的真诚,而且小伙子的仪表和谈吐,纵然有时暧昧不清,更多的时候看来很激烈,却也令人可信。不过,就具体事实而言,这一切又有什么用呢?库兰芙拉年已暮秋,除了金钱和忠诚,她再没有吸引人的财富了。齐恩·阿比丁有一次对我说道:

"你千万不要上他外表的当……"

我知道他在谈侯勒米·哈马达,就问他道:

"关于他,你知道些什么?"

"他是现代的计划家,或者是骗人的猎手……"

他沉默片刻,又接着说道:

"我看,他喜欢泽娜白·迪亚卜,总有一天会把她从伊斯梅尔·谢赫手里夺走……"

他的话引起我的不安,我倒不认为它是一种诬蔑,而是因为它证实了我所看到的侯勒米同泽娜白相互之间的脉脉温情。我老是问自己,这仅是一种亲密的友情呢,还是不止于此?

当我与库兰芙拉的友谊变得巩固的时候,我鼓起勇气对她说道:

"你对人生和爱情阅历都很深。"

她自负地说道:

"对此,没有人能够怀疑。"

我嘟哝道:

"尽管如此……"

"尽管如此?"

"你相信你的爱情会有圆满的结局吗?"

她有信心地表白道:

"当你真在恋爱时,爱情会取代理智、远见和尊严……"

我确信,同一个热恋中的情人讨论是徒劳无益的。

青年们第二次消失了。

事情发生得像上次一样突然,没有事先的警告。

我们中没有一个人陷入打听的困惑和猜疑的折磨之中,但大家都惶恐不安。

库兰芙拉在沉重打击下摇摇晃晃。她叹息道:

"我没想到会再一次遭受痛苦的经历。"

由于极度悲伤,她上楼回寓所去了。

她一离开,议论就自由了。塔哈·加里卜说道:

"即便是我,虽然清白无辜、上了年纪,也已经在为自己担心哪。"

里沙德·马杰迪自己脸色苍白,却奚落他道:

"会怀疑你的,可能是阿拉比①革命时代的人物,而不是这次革命的人物吧!"

穆罕默德·巴赫贾特问道:

"你看这背后是什么?"

齐恩·阿比丁·阿卜杜拉说道:

"他们是些危险的青年,出事有什么奇怪的呢?"

---

① 艾哈迈德·阿拉比(1839~1911年)是埃及军官组成的祖国党领袖,1881年曾领导军事政变,试图摆脱英、法对埃及的控制。1882年任陆军次长,领导起义者抗击英军进攻,失败后被捕,遭放逐,是埃及人民心目中的民族英雄。

"可是他们是这次革命的儿子啊!"

齐恩·阿比丁笑着说道:

"属于革命,这是革命敌人的通常借口。我年轻的时候,要是在去塔亚卜的路上被人抓住,我就借口说,我到阿赫马尔清真寺去做礼拜!"

塔哈·加里卜说道:

"他们在散播恐怖方面不择手段,愿真主宽恕他们。"

过了几天,库兰芙拉跟我坐在一起,看上去满脸愁云。她郑重其事地问我道:

"告诉我,这意味着什么?"

我看出她隐秘的想法,但佯作不解。她说道:

"我们周围有密探!"

我喃喃地说道:

"有可能。"

"不是可能,而是肯定。所有的人都谈论,可是去告密的是谁?"

我犹豫了一阵,说道:

"这地方,数你最熟悉了……"

"我的雇员不容怀疑。阿里夫·苏来曼一生欠我的情,伊马姆·法瓦勒是宗教人士,贾马也是……"

我说道:

"领退休金的老人们,已经与生活的彼岸隔绝了……"

我们久久地对望着。可是她说道:

"齐恩·阿比丁是个下流坯,不过他与当局没有关系,何况他搞歪门邪道也害怕当局。"

我说道:

"进出咖啡馆的人很多,而我们又不留心。"

她叹息,非常烦恼地说道:

"世道不再太平了……"

又是充满忧愁的沉默。库兰芙拉坐在掌柜凳上,像一尊阒无生气的塑像。确实,诸如此类的事件每天发生,但是事情倘若发生在自己家人的身上,其影响便截然不同。我们怀疑一切,甚至墙壁和桌子。祖国的状况令我惊讶。她虽有反常的情况,却在壮大、雄伟起来,成为巨人,威势显赫,从针到火箭,都能制造。她宣传伟大的人文主义倾向,然而,为什么人渺小虚弱得像蚊蚋一般微不足道?为什么人没有权利、尊严和保护?又为什么人被怯懦、伪善和空虚搞得困顿不堪?齐恩·阿比丁突然没来由地不能自持了,说道:

"我难受,我倒霉,我不幸。诅咒我出生的日子,诅咒我认识这家咖啡馆的一天。"

库兰芙拉不睬他。他又寻事生非道:

"我有什么错?我爱你有什么错?你为什么每天折磨我?你难道不知道,看见你悲痛欲绝,我也活不成了?为什么?你别瞧不起我的爱情,爱情不容蔑视,它比这些都崇高,都伟大。痛惜你自己吧,你在无情地糟蹋你宝贵生命中剩下的年华,你不愿承认只有我的心才是崇拜你的……"

库兰芙拉打破缄默,朝着我们说道:

"这家伙不想尊重我的忧愁!"

齐恩·阿比丁痛苦地说道:

"我?我连恶棍、两面派、罪犯、龟鸨、受贿者都尊重,怎么会不尊重教我要悲人之悲的那个人的忧愁呢?对不起,你忧愁吧,听天由命吧,在岁月的泥泞中打滚吧。真主同你在一起……"

她平静地说道:

"也许你最好走开。"

"除了这儿,我无处可去。我到哪儿去?这儿至少还有一种疯狂的幻想,我有时觉得它像是希望……"

他很快恢复了理智和平静,脸有愧色。为了掩饰他的放肆,他以士兵般的有力和敏捷站立起来,望着库兰芙拉说道:

"我向你道歉。"

他低头鞠躬,接着坐下,开始抽他的水烟。

冬天来临,带来了刺骨的寒冷和漫漫的长夜。我回想起,青年们甚至在学期的冬天,哪怕只有一个钟头,也会到咖啡馆里来聚一聚。我对自己说,咖啡馆没有青年人真不堪忍受,剩下的只有老人们,他们忘却了被捕者们,对恐怖和政治装聋作哑。他们专注于个人的烦恼,仿佛除了等死再无事可干。他们痛悼过去的日子,相互交流荒诞不经的秘方,同怀有一个隐秘的目的,就是苟延残喘。

"吃吃喝喝,别管闲事。这是生活中最好的座右铭。"

"醒来一杯水。要是挤半个柠檬下去该有多美!"

"古代有位贤人说过:'我真奇怪,埃及人,他们有柠檬,怎么还生病?'"

"现代医学证明,爬楼梯对心脏有好处。"

"步行也有益于心脏。"

"据说,性交也对心脏有益……"

"那么,什么对心脏有害?"

"政治,逮捕消息,与伟人们同时代生活。"

"酸奶功效惊人,还有水果。至于蜂蜜掺蜂王浆,谈谈也无关紧要。"

"还有笑。别忘了笑。"

"睡前一杯冰镇酒。"

"荷尔蒙不可等闲视之。"

"对头痛消息,要有一片备用安眠药……"

"事先和事后,都要诵读《古兰经》。"

是的,没有青年人的咖啡馆是不堪忍受的。就是库兰芙拉也不理解我的忧郁,不理解友谊就像爱情那样强烈、令人渴望。我在这儿烦躁不安,寂寞凄凉。我凝视这些僵硬、默不作声的椅子,充满愁思和悲伤,渴望救出椅子的主人,使激情、创造性和神圣的痛苦熠熠发光。

一天傍晚,我来到咖啡馆时,只见库兰芙拉一反常态,脸上容光焕发。我确实感到惊讶,满怀着希望,赶紧朝里走,顿时发现自己已站在可爱朋友们的面前:泽娜白、伊斯梅尔、侯勒米和另外两三个人。我们热烈拥抱。库兰芙拉用笑声向我们祝福。我们互致想念之情,避开问"在哪儿""怎么样"和"为什么"。可是在悄声细语中,哈立德·萨弗万的名字不断出现。这名字成了我们生活中缺少不了的一个象征。库兰芙拉对我说道:

"你想想,初冬发生的误会,到夏初才澄清。你别进一步打听。你要是能够,想象一下就行……"

听天由命吧,我们对此毫无办法。我对她说道:

"也让我们想象一下,咖啡馆是一只大耳朵!"

我们尽可能避免谈论政治。我对他们说道:

"假如必须谈论国事,让我们一边谈,一边设想哈立德·萨弗万先生就跟我们坐在一起。"

然而,损失好像比上一次显著得多。青年们消瘦了,仿佛刚逃出饥荒,眼睛里流露出忧郁、讥讽的目光,嘴角积淀着根深蒂固的烦恼。热烈的谈论会使这些痕迹消融,一俟谈完,各自沉思默想的时候,面罩便消失了,又露出疲惫和孤独。甚至泽娜白和伊斯梅尔的热烈关系也患上了隐疾,乍一看去几乎不易觉察。这引起了我的同情和疑问。仁慈的真主啊!

地狱机器首先把有见识有意志的人碾成齑粉,这意味着什么?

库兰芙拉有一次跟我坐在一起。我看出她虽然满意但并不愉快。我知道,她是为了透露一点什么才坐到我这里来的。

我先开腔:

"让我们祈求真主,灾难不要重演……"

她忧伤地说道:

"向真主千求万告吧!告诉真主,我们迫切需要一个活的见证来证实他的仁慈和公正……"

我同情地问她道:

"你指什么?"

"回到我怀抱里的只是一个幻影,那么候勒米·哈马达在哪儿?"

"你可能是指健康。可是他们都遭受了不幸,过几天会恢复的……"

"你也许不知道,他是个勇敢的青年,个性又高傲,他这样的人比别人更易遭受毒手……"

接着,她凝望着我的眼睛说道:

"他已经丧失了享受乐趣的能力!"

我不完全理解她的意思。她又说了一遍:

"他已经丧失了享受乐趣的能力。"

"你可能过于悲观了……"

"不。我绝不会无缘无故伤悲。"

她深深地叹了一口气,接着说道:

"我自掌有这家咖啡馆以来,一直很经心,地板、墙壁、家具,都得到我全神贯注的照顾。而那些家伙却摧残心灵,真是该死……"

接着,她抓住我的手臂说道:

"让我们唾弃文明吧……"

我彷徨良久，对伟业感到惊讶，对恐怖充满憎恶。我不知道这座宏伟的建筑怎样才能肃清虫豸。

齐恩·阿比丁第一个告诉我们：

"天空中有乌云！"

他收听外国电台，知道不寻常的消息。他向我们谈论巴勒斯坦地下工作人员的活动和敌人扬言要采取的遏制。他说道：

"不难想象，今年或者明年就会爆发战争。"

可是，我们都相信自己的力量。塔哈·加里卜说道：

"我们不用担心，除非美国干涉……"

谈话就在这个范围进行。这段时间，打扰清静的只有侯勒米·哈马达掀起的意外风波，这几乎要摧毁他坚固的爱情基础。他觉得库兰芙拉对待他的温情有损他的尊严，便傲气地加以拒绝。要不是被伙伴们拉住，他就决心离开咖啡馆了。库兰芙拉不知所措，开始向他道歉，她实在不清楚自己错在哪儿。他神经质地说道：

"被迫老听一个调子，真令人作呕。"

接着又恼怒地说道：

"我讨厌哭声。"

他更激烈地声称：

"而且，我对一切都腻烦透了……"

我们认为，总的来看，问题是偶发的。我们避免加油添醋，以便让它平安过去。齐恩·阿比丁暗自高兴却也无隙可乘。侯勒米·哈马达没有一直光火下去。他也许后悔自己太过分了。库兰芙拉的激动达到了目的，不过她一言未发。她悄悄地对我说道：

"这是我最没料到的。"

我不安地问她道：

"你看他知道你跟我在谈论他吗?"

她摇摇头否认。

"他过去有这样的先例吗?"

"这是第一次,我希望也是最后一次……"

"你最好少抱怨,少怜悯。"

她叹息道:

"你不知道,他是多么不幸。"

这年仲春,第三次失踪又发生了!

这次失踪没有引起任何询问和强烈的反响。我们相互交换一下眼色,摇摇头,说些无关痛痒的话:

"一如既往。"

"同样的原因。"

"同样的结果。"

"想也没用。"

至于库兰芙拉,她先是坐在掌柜凳上久久地缄默不语,接着,又长时间地放声大笑,直至两眼流泪。我们从各自的座位上默不作声地望着她。

"你们笑啊,笑啊……"

她用小手绢拭去眼泪,继续说道:

"你们笑吧。泪水干了,我们还可以笑。笑比哭强,没有后患。由衷地笑吧,笑得我们这条快乐街道的店老板们都听见吧!"

她静默了一分钟,又说道:

"难道我们要为像日出日落那样有规律的事情忧伤吗?他们将会回来,像幽灵似的坐在我们中间。真主作证,到时候我将把这家咖啡馆叫作'幽灵咖啡馆'。"

接着,她望着阿里夫·苏来曼,命令道:

"给我们每位尊贵的顾客斟上一杯,让我们为失踪者干杯!"

夜间的聚会,被一片愁云所卷没。

可是,我们很快就因席卷全国的重大事件而忘却了最近的个人忧愁。谣言蜂起。我们只知道埃及军队正在全力开赴西奈,整个地区烽烟四起。我们毫不怀疑自己的力量,可是……

"美国,它是真正的敌人。"

"军队一进攻,警告便接二连三地向我们压来。"

"第六舰队将会出动。"

"火箭将射向尼罗河三角洲。"

"我们的独立不岌岌可危了吗?"

事实上,我们对自己的力量并无疑虑。许多价值观在我们眼前崩溃了,数不清的手被玷污了,然而,我们没有怀疑自己的力量。这其实是一种不无天真的想法,不过我们当时迷了心窍,坚持抱有希望。要否认在遭受一连串屈辱被奴役时代后到来的第一次纯粹爱国主义尝试,是我们力所不能及的。我们一直翘首期待,直到我们陶醉于伟业的头脑,挨了最猛烈的一锤,才清醒过来。我忘不了塔哈·加里卜的感叹。他年岁比我们都大。他眼中流露出忧愁,说道:

"我是行将就木的人了,再过一个星期或者一个月,寿数也就到了。主啊,你为什么不让我在赶上这个不幸日子之前就寿终正寝呢?"

无辜的人民忧心如焚。除非能反击和收复失地,人民就不再有生存的希望。然而,我在各处也谛听到有一些心在幸灾乐祸、兴高采烈地跳动。我开始明白,这不是一场单纯的民族斗争,即便在灾连祸结的最严峻关头,国家却蜷缩一角,被另一场争权夺利的派别激斗所淹没。在以后的岁月里,我一直在审察这种看法,直到它真相大白,露出根源。六月五日在历史上,是一部分阿拉伯人的失败,也是另一部分阿拉伯人的胜利,它撕下了狰狞现实的帷幕,公开了一场不仅是阿拉伯人同以色列之间,而且也是阿拉伯人内部的一场长期战争。

　　战败几个星期后,失踪者们回来了,确切地说,是伊斯梅尔·谢赫、泽娜白·迪亚卜和另外两个人回来了。他们的归来,为正处在忧愁中的我们带来了短暂的欢乐。我们久久地拥抱。

　　伊斯梅尔·谢赫用激动的声音喊道:

　　"我们回来啦。"

　　接着,他提高声调:

　　"哈立德·萨弗万被抓起来了!"

　　穆罕默德·巴赫贾特说道:

　　"许多人从执政位置转到了监狱深处!"

　　库兰芙拉站在桌子后面问道:

　　"侯勒米在哪儿?"

　　可是没有人回答。她又急切不安地问道:

　　"他在哪儿?他为什么不跟你们一起来?"

　　没有人说话。他们避免朝她看。她叫了起来:

　　"你们难道都不想说话?"

　　她听不到声音,又喊道:

　　"不!不!"

　　接着,她冲着伊斯梅尔说道:

　　"你说吧,无论说点什么,伊斯梅尔。"

　　她在桌上的背佝偻如弓,像是腹痛如绞。在一片静默中,她一时间始终是这个姿势。然后,朝着青年人抬起头,嘟哝道:

"慈悯啊慈悯,最仁慈的主啊!"

要不是阿里夫·苏来曼把她托住,她几乎瘫了下来。阿里夫把她扶了出去。这时,伊斯梅尔·谢赫说道:

"听说他在审讯期间死了。"

泽娜白说道:

"这就是说,他被杀害了。"

在那些日子里,忧愁像欢乐一样,很快就被遗忘了。我曾向库兰芙拉致哀,可是她不明白我话语的意思。

这股突如其来的浪涛在扩展。我们又注视着各种事件,体味着各种议论。我们苦挨时光,把日子背在肩上,然后拖着沉重杂乱的步伐走着。我们用聚会来解除孤独,仿佛紧挨在一起能提防自天而降的打击,用交换看法来摆脱各种可能引起的恐惧,用挖苦的冷嘲热讽来逃避失望的猛烈袭击,用自白式的长叹短吁来解释重大的过错,用折磨自己来开脱可怕的责任。时光一小时接着一小时地流逝,我们一刻也离不开过去的处境。我们被焚烧,在挣扎,投入了上下连成一片的黑暗深渊之中。

面对灾难,最有免疫力的是侍者伊马姆·法瓦勒和擦皮鞋的贾马。他俩不承认失败,相信广播,幻想胜利的日子。然而,随着时间的推移,他俩的灾难感变淡薄了,对日常生活的关心上升了,接着便走上漠不关心的道路,只是在心底里留下了隐秘的常在的悲伤。老人们则日渐怀恋过去。

"在任何时代我们都不曾有过这种状态。"

"只要有我们过去受到过的法律保护,也就够了。"

"即便是在最专制的时代,也不缺乏毫无顾忌的反对声音。"

"光荣的圣战、流放和献身的时代,怎么能忘怀?"

不久,他们很快就越来越追溯往事,缅怀起伊本·赫塔卜①和使者②的时代,竞相搜古索旧,发掘过去的光荣,作为对他们现状的慰藉。

齐恩·阿比丁既留神又藐视地听他们谈论,然后才亮出自己的看法,说道:

"只有一个国家有解决办法,那就是美国!"

他的看法与酒保阿里夫·苏来曼的内心倾向不谋而合。阿里夫说道:

"你说得对。"

接着他笼统地指出:

"一切都将从根本上发生变化。现在的这种清醒不过是回光返照。"

只有青年们,他们既不留恋过去,也不寄希望于美国的善意。他们从打击中逐渐清醒过来以后,开始谈论一场长期的战斗,一场国际进步力量与帝国主义之间的斗争,谈论人民要为严峻的未来作好准备,以及内部实质性的根本变革,等等。

与一般情况相反,只有泽娜白和伊斯梅尔关系的明显变化,才引起了我的不安。在他俩的精神中,潜进了不知名的疾病。这两个人像是已经形同陌路,我简直认为他俩用尘土覆盖住了旧日的爱情,各自生活,各自悲伤。这时,我又恢复了当初的怀疑,觉得她爱侯勒米·哈马达。我越来越倾向于坚持这种看法。

我高兴地看到库兰芙拉正在恢复她昔日的精力,她大部分时间蹙额倾听我们谈话,不参加也不介入。她显得更加庄重,也更加憔悴。

过了几天,有些脸庞不见了,另一些面孔时隐时现,这种情况几乎一

---

① 伊本·赫塔卜(584〜644年),即第二任正统的哈里发欧麦尔,在位时曾征服伊拉克、耶路撒冷、波斯和埃及等地。
② 使者,即真主的使者,伊斯兰教的创始人穆罕默德。

直没有变化。后来较晚的时候,我与卡尔纳克咖啡馆几个朋友密切交往的条件具备了,才从他们那里知道了我过去闻所未闻的事情,了解到事件的究竟和心灵的秘密。我把酒一饮而尽。

伊斯梅尔·谢赫

我确实了解到了我过去不知道的事情。

伊斯梅尔·谢赫体魄强壮,仪表堂堂,第一次见面就引起了我的注意。我看他只有一套服装,冬夏两季都穿它,夏天把上装脱掉,冬天又穿上,再加一件羊毛衫。他虽穷得显眼,却受人尊重,断断续续被捕,最后还是获得了学士学位。

"我出身清寒,家贫如洗。你听说过侯赛尼亚区的迪阿巴斯胡同吗?我的父亲是一家专卖牛肝羊肝和牲口下水铺子里的工人。母亲是流动摊贩,在上坟季节,也卖枣椰叶和香草。我的三个兄长,分别是屠宰学徒工、卡车司机和鞋匠。我们的家在一个四合院里,只有一间房。四合院像个大家庭,算起来,总有五十多口人。院里没有洗澡间,也没有水。庭院的一角有一个厕所,得用白铁罐提水进去。妇女们,有时候男女一起,在庭院里见面,闲谈说笑,也许还互相打骂,在那里吃饭、做礼拜。"

他皱着眉望着我说道:

"迪阿巴斯胡同至今没有什么实质性变化。"

但又纠正说道:

"不过学校敞开了大门,这是不可否认的恩惠。我随大家一起上了学。我父亲大概但愿我失败,这样好送我去学一门手艺,像我的哥哥们一样,不用再负担我。可是,我使他失望。我接连升级,直到普通高中毕业,并得以进入法学院。这时,父亲改变了看法,他内心得意洋洋。难道他的儿子还真能成为一个检察官助理？在我们胡同里有两个公认的好职业：警察和检察官助理。你知道，胡同里的人跟这两种人打交道很多。我母亲下决心让我继续学业，'哪怕卖掉我的眼睛'。只有真主知道，为了给我买一套配得上大学生的服装，她是怎样的耗尽心血。不过，她把这套服装看作是一份不动产，应当保存，可以修补甚至翻新，但不能丢弃。"

接着，他气忿地说道：

"今天，胡同里挤满了男女中学生，但他们的前途却是各国的一个普遍问题。"

革命发生的时候，他才三岁。他是一个名副其实的革命之子。因此，对他遭受到的痛苦，我并不掩饰自己的惊奇。我对他说道：

"有人曾怀疑你是个共产党员或穆斯林兄弟会的成员。"

他肯定地说道：

"既非这，也非那。我过去只属于七月革命。至于现在……"他默默地摇摇头，仿佛不知说什么好。他接着说道：

"我曾经以为埃及的历史始于七月二十三日，就这样生活了一个时期，只是在遭受失败以后，才去探寻更深层的东西。"

他向我承认，他信仰埃及的社会主义，因此对宗教的信仰从未有过动摇。我问他道：

"告诉我，你现在还信仰埃及的社会主义吗？"

他皱起眉头说道：

"许多人把愤怒倾倒在它身上，认为它是造成失败的原因之一。然而，应当了解的事实是，在我们的生活中，并不存在真正的社会主义。所以我不放弃它，尽管我希望砍断那些贯彻它的手。这是侯勒米·哈马达从一开始就意识到的事情。真主怜悯他。"

"为什么？"

"他是个共产党员！"

"那么,你们之间还有生人？"

"是的,可我们有什么罪呢？"

他向我谈到泽娜白,谈了很久：

"我从小在胡同里就认识泽娜白。她也住在同一个四合院里。我们共同游戏,为此还挨过棍打。她长大了,出落成一个俊俏的姑娘,走在路上,引人注目,惹人怀想。我从胡同里青梅竹马的回忆中汲取勇气,尽心竭力地保护她。到了中学阶段,监护人和传统把我们隔开了。然而,我们相爱得很热烈,激情燃烧,凌驾在一切之上。我们终于在大学里找到了自由。我们宣布订婚,等着完婚。在我们看来,结婚是我们最后的归宿。啊,这个梦想已经破灭,一切都已消亡。"

他们两个在大学里找到了过去不曾想到的自由。学生的时间不可能受迪阿巴斯胡同的控制和束缚。每一次缺席,都会有借口和理由。所以,他俩长时间地待在一起。她结识了他的伙伴,成为卡尔纳克咖啡馆中的一员,并跟他一起被捕。她的性格出乎他的意料,也成熟了。

他高声笑着说道：

"性的危机折磨着我们。我们长久狼狈挣扎,周围发生的自由尝试诱惑着我们。有一天,我把她搂在怀里,热烈拥抱,对她说：'我们的爱情或忠诚已无可置疑,我们将成为夫妻。你怎么看？'可是她说：'我对父亲发过誓。'我说：'这很荒唐,毫无意义。你难道没有听到外面的传闻？'她疑惑地说：'我不相信,你也别信！'我受到的强烈痛苦,她也遭受到了……"

我自忖,他这个革命者究竟革命到了什么程度？他是个独具一格的革命者,并不隐瞒他的宗教信仰。我想问问他对性自由的态度,但又怕他怀疑我有兴趣打听泽娜白的秘密。我不愿套他说出他不想公开的事情。

"尽管如此,与许多人想象的不同,真正的爱情是会产生免疫力的。"

可是，我也仍记得他说过：

"我们在监狱里都感到迷茫。牢固的建构从根基上动摇了。"

我想起，在人们的生活遭受强烈的震撼以后，继之而来的是濒于疯狂的性追求。他在指什么呢？可是他好像讨厌再回到这个话题上来。我遂问他道：

"侯勒米·哈马达呢？"

他叫道：

"他一个劲儿地要超越传统。"

"他的出身跟你一样吗？"

"不。他的父亲是英语教师，祖父是铁路工人。"

"他真的爱库兰芙拉吗？"

"是的，我对此毫不怀疑。我们是偶然认识这家咖啡馆的，但他坚持要再来。他说：'让我们回到那女人的咖啡馆去吧。'我对此觉得奇怪。但他说：'你难道没有看出她很吸引人吗？'我们也同样乐意再来，像朋友一样喜欢库兰芙拉。"

在我来说，库兰芙拉的魅力是毋庸置疑的。我自己也曾为她倾倒。但这难道足以使我收回对侯勒米与泽娜白相爱的强烈猜疑吗？为了隐藏他的真实感情，他难道不可以故作坦率吗？

"他爱库兰芙拉。他的感情也许起伏不定。他大概想追求一种类似爱情的感情，但不是爱情的本身。不过，总的来说，他对待库兰芙拉可是忠心耿耿。他从不曾利欲熏心地利用库兰芙拉，虽然这对他来说易如反掌。他的品行颇为端正。另一方面，他的物质状况不错，我们的公共课教科书都是向他借的，你就可想而知。"

"他可能对库兰芙拉的光荣史有好感。"

他笑了起来，说道：

"他听她讲话,假装相信,其实一个字都不信。他们相爱,但他一直嘲笑艺术创新和品行独优的说法嗤之以鼻。"

我作为一个不偏不倚的观察者,对他说道:

"她原来的品德和艺术是堪称表率的!"

他难过地说道:

"已没有机会说服他了!"

可是,伊斯梅尔·谢赫为什么会被捕呢?我怕他像以往一样,用沉默来回答我的问题,但时过境迁,他显得亲近了。他告诉我:

"那是一个夜晚。我的习惯,春夏两季总是睡在院子里的长椅上,把我们唯一的一间屋子留给父亲。我正在酣睡,这时感到目光像梦一样流泻在我身上。我被一阵猛烈的摇动惊醒,睁开眼睛,一道耀眼的光直照我的双眼,我什么也看不见,只听见一个声音在问:

"'谢赫住在哪儿?'

"我说道:

"'就是这儿。你想要什么?我是他的儿子伊斯梅尔。'

"他满意地说:

"'好极了。'

"手电关灭了,一片漆黑。过了一会,我看出人影幢幢。

"'起来,跟我们走。'

"'你们是什么人?'

"'别害怕……我们是治安人员。'

"'你们想要什么?'

"'你将要回答几个问题,然后天亮以前就回来。'

"'让我穿上衣服,告诉一下父亲。'

"'这绝对没有必要。'

"有一只手抓住了我的肩膀。我让步了,赤着脚,穿着睡袍,走在他们中间。接着,他们把我推进一辆汽车,夹坐在两个人中间。虽然黑得伸手不见五指,但他们还是蒙上我的眼睛,绑住我的双手。我双膝发软,问道:

"'你们为什么这样对待我?我没有罪。'

"'别作声。'

"'带我到负责人那里去,你们会看到我没有罪!'

"'你正是去他那里。'

"一种致命的恐怖攫住了我,名副其实的致命恐怖。我开始思忖被逮捕的罪名。我不是共产党人,不是穆斯林兄弟会成员,也不是地主。我从懂事以来,从来没有说过一句伤害这个时代尊严的话,我把它视作是自己的时代。

"车子在某个地方停住,我被带出来,仍蒙着眼睛,走在两个人当中,他们各抓住我一条胳膊,一直到把我推进一个地方,胳膊上抓紧的手才松开。我听见脚步声渐渐远去,门吱呀一声被关上。我的两只手自由了,解下蒙眼带子,但什么也看不见,像是失去了视力。我清清嗓子,没有人回应。我想随着眼睛的适应,黑暗就会减淡。可是,黑暗没有减淡,这儿没有一点声响。这是个什么地方啊?我伸出手四下触摸,小心翼翼地挪动着。地面的寒气侵入双脚。除了墙,我什么都没发现。房间里空无一物,没有凳子,没有席子,没有任何东西。黑暗,空荡,困惑,恐怖。在黑暗和沉寂中,时间完全凝住不动了,特别是我不知道是什么时间被抓住的。我不去想什么时候黑暗才会消失,或者什么时候这具死气沉沉的躯壳才会复活。不过,我愿意告诉你,人到了大难临头的时候会随机应变,在受苦的深渊会奋起,不顾一切地把忧愁置之度外。你把这看作是力量或者是绝望都一样。我是听天由命了。我说,如果命运注定魔鬼要来,就让他来吧,让死亡也来吧。我不再提出没有答复的问题。不过,我倒乐意想想流感病毒在对付抗生素时,是怎样产生新一代的抗药性的。"

我问他道:

"你就一直站着?"

"等到我精疲力尽的时候,便蹲下身来,接着盘腿坐在水泥地上。靠着万能的主的力量,我睡着了。这你能想象吗?当我醒来回想的时候,我知道我已经失去时间概念。我睡了多久?现在是白天或者晚上的什么时候?我摸摸胡须,自语道,是我搞个人卫生的时候了……"

"你被丢在那里很久吗?"

"是的……"

"吃饭呢?"

"门打开,给我一个盘子,里面有乳酪或咸菜,还有面包……"

"大小便呢?"

"也是在规定的时间开门。一个像马戏团摔跤力士似的巨人来叫我,把我带到甬道尽头的厕所。我怕光线刺痛眼睛,几乎是闭着眼睛跟在他后面。我身后的门一关上,他就声如暴雷般地喊:'快一些,狗崽子……你要在里面待一天吗?婊子养的。'你可以想象我在里面的情景……"

"你不知道一共待了多少天吗?"

"只有真主知道。胡子长到一定密度,就帮不了我的忙啦……"

"但是他们一定审讯过你?"

他脸色阴沉地说道:

"是的。有一天,我发现自己站在哈立德·萨弗万跟前!"

他默然,激动地眯起了眼睛,这也感染了我。

"我站在他的办公桌前,赤着脚,睡袍褴褛,精神沮丧。我后面还有一个或几个人,不允许我左右张望,更不要说朝后面看了。那个地方我什么也没看到。我虚弱的目光,集中在那人身上。我仅有的一点人性,在一片恐怖中分解了……"

他脸上出现烦恼的表情,久久不能释然。他接着说:

"不管怎么说,他的外貌已印刻在我的心坎里。四方身材,脸又大又长,一对浓眉向上翘,两只大眼往里眍,前额宽而突出,双颌有力,毫无表情。尽管如此,我在绝望之余,还是做出了寄希望于他本人的怪事,说道:

"'赞美真主,我终于来到了负责人的跟前。'

"从后面飞来一拳,要我别作声。我高声呻吟。他则说道:

"'别说话,除非要求你回答。'

"他问我的名字、年龄和工作。我一一回答。这时他问:

"'你是什么时候参加穆斯林兄弟会的?'

"问题的离奇,使我不知所措。我第一次知道指控我的罪名。我老老实实地说道:

"'我从来没有参加过穆斯林兄弟会。'

"'那么,留胡子是什么意思?'

"'这是在监狱里长出来的。'

"'这就是说你受到的待遇不好?'

"我的回答像是求救,说道:

"'那是一种可怕的待遇,先生,没有一点道理。'

"'好极了!'

"我明白我错了,但为时已晚。那个家伙又问道:

"'你是什么时候参加穆斯林兄弟会的?'

"我刚开始回答:

"'我没参加……'

"但是话被打断了。我莫名其妙地潜入地下,接着地面奇迹似的向我的虚弱挑战,升高了。哈立德·萨弗万顿时消失在黑暗中。侯勒米·哈马达后来告诉我,站在我后面的一个凶神恶煞,猛掴我耳光,把我打昏过去。那么,我是昏厥过去了。嗣后,我发现自己回到了被带出来前的黑暗中,躺在水泥地上。"

我同情地说道:

"真是受罪啊!"

"折磨出乎意料地突然结束了。也是在哈立德·萨弗万的屋里,他们把我带到他那里。他先开口对我说道:

"'已经证实,你的名字登记在册,是因为你为建造清真寺捐过一个皮亚斯。你跟他们没有联系。'

"我激动得声音抖颤地说道:

"'这我难道没有说过吗,先生?'

"'错误总有理由,而疏忽就无可推诿。'

"接着,他用力地说道:

"'我们是在保护把你们从各种奴役中解放出来的国家。'

"'我是它的一个忠诚儿子。'

"'把你在这里度过的日子看作是做客吧。你得经常记住:你受到了良好的待遇。我希望你常常记住这一点。为了证明你无罪,几十个人坚持不懈地努力,彻夜不眠……'

"'感谢真主,也感谢您,先生……'"

回忆到这里,伊斯梅尔·谢赫痛苦地笑起来。我问他道:

"其他人被捕,是出于同一个原因吗?"

"我们中间有两个人是穆斯林兄弟会成员。至于泽娜白,他们审讯她是因为她跟我的关系。她很快被释放了。侯勒米·哈马达被捕,也是我的缘故。我被证实无罪,他也就无罪了。"

这次经历十分严酷。由于这次经历,伊斯梅尔不再信任国家的一个系统,那就是情报局。至于他对国家本身和革命的信念,则还没有产生怀疑或受到损害。他想情报局是背着领导人在施展伎俩。

"获释以后,我曾考虑向领导人起诉。但侯勒米·哈马达竭力阻止我。"

"他显然不信任国家本身?"

"是的。"

在战争失败以后,伊斯梅尔第一次转向研究埃及近代史。

"不瞒你说,我欣赏反对派的力量和自由,钦佩埃及司法的作用。过去的时代并不全是邪恶,它总有一些思想因素,值得延续、发展和繁荣。我们失败的原因之一,是对这些思想因素不以为然……"

后来,他向我谈起第二次被捕。

"我到侯勒米·哈马达家里去看他,半夜时离开,刚走出门就被逮捕了。我就这样又回到了黑暗而空荡的房间。"

他惶惶不安地思忖将被指控的罪名。长久等待,受尽地狱的折磨,直到像上次一样站在哈立德·萨弗万面前。

"我吸取上一次的经验,闷声不响地站着。尽管如此,我还是从各个根本的方面揣测灾祸。哈立德审视着我的脸,说道:

"'你这个狡猾东西,我们还一度以为你是穆斯林兄弟会成员……'

"我一语双关地说道:

"'我已经无罪了!'

"'但是隐瞒得更为巧妙。'

"我真诚地说道:

"'我信仰革命,这就是唯一的事实。'

"他嘲笑道:

"'所有的人都信仰革命。在这间屋子里,地主、华夫脱党人和共产党人都宣称他们信仰革命!'

"他狠狠地盯了我一眼,然后问道:

"'你是什么时候参加共产党的?'

"否认已跳到我的喉头,但我克制住了。我双肩一耸,像是要把脖子缩进去,没有作声。

"他又问:

"'你是什么时候参加共产党的?'

"我感到脖子周围险象环生,不知该说什么,就继续不吭声。

"'你不想承认吗?'

"我只得沉默,就像我只得习惯在黑屋里受苦受难一样。他咕哝道:

"'好吧!'

"他做了一个手势。我听见身后走近的脚步声,浑身战栗,只见有一个人站在我旁边。我用眼角一瞥,知道是个女人,受一股压倒恐惧的感觉推动,我诧异地朝她看去,禁不住喊出声来:'泽娜白!'

"'呵,你认识她,对她的事挺关心。'

"他两只眍䁖的眼睛在我们中间转来转去。他接着问道:

"'你对她的事不感兴趣吗?'

"我心胆俱碎。

"'你是个有想象力的知识分子。你设想过吗,要是你坚持不开口,这个无辜的姑娘可能会有什么遭遇?'

"我用向全世界哀求的声调问他:

"'你想要什么,先生?'

"'我问你什么时候参加的共产党?'

"我掩埋了最后一线希望说道:

"'我记不清具体的日子,但我承认我是共产党员。'

"我把供词写在一张纸上,然后,在看守们的挟持下离开屋子。"

他被押回牢房,没有遭到他一开始揣测的额外折磨。但他相信自己完了。

不知过了多久,有一天,一个看守把他带到一扇关闭的门前说道:

"你大概想看看你的朋友侯勒米·哈马达吧!"

看守移开一只神秘孔眼上的盖子,命令他看。

"我一眼望去,看到一种离奇的景象,起初像是看一幅抽象派图画,难以一目了然。后来我才看清,侯勒米·哈马达双脚倒悬,人已寂无声息,昏过去了,或者是已经死了。我骇怕地倒退,步履踉跄,喃喃地低声说:

"'这不……'

"一碰到紧盯着我的目光,我噤若寒蝉。看守问道:

"'怎么样?'

"我感到恶心。他又问道:

"'这不……不什么?'

"他一把将我拉到他跟前,说道:

"'不人道,是吗?你们企求的血腥梦想,倒是人道?'"

那年冬天,伊斯梅尔着了凉,患了急性流感。病后,他被带去见正在疗养院里的哈立德·萨弗万。他那时的最大愿望,是转到任何一个外面的监狱或者集中营去。但哈立德冷冷地先开了口:

"'你很幸运,伊斯梅尔。'

"我不知所措地抬起眼睛望着他。他说道:

"'这一次又证实你无罪!'

"我四肢酸软,有一个深切的愿望:想睡觉。

"'你去看望侯勒米·哈马达是没有罪的,对吗?'

"'是的,先生……'

"'他是一个狂热的共产党人,是吗?',

"我不知该说什么。恐惧又攫住了我。

"'他已招认了。他也很幸运,业已查明,他不属于任何组织或党派。我们今天搜捕的是工作人员,不是爱好者。'

"我恢复了生还的希望。他说道:

"'你坚持沉默显然是出于对友谊的尊重。'

"他沉默片刻,又接着说道:

"'这种对友谊的信念,使我们想要得到你的友谊!'

"唉,什么时候他才下令要我离开呢?

"'做我们的朋友吧。你曾说过,你属于革命,我们相信你,那就做我们的朋友吧。你不愿意吗?'

"'我感到荣幸,先生。'

"'我们大家都是同一个革命的儿子,我们应当尽力保卫它,是吗?'

"'当然。'

"'但必须要有积极的态度。我们需要积极的友谊!'

"'我从一开始就自认为是朋友。'

"'你知道邪恶正在威胁革命,你难道愿意对此保持沉默吗?'

"'不!'

"'这就是我们要求你的。你去找一个同学,他会向你指明正路。不过,我乐意提醒你,我们是一支无所不在的力量,什么都瞒不了它。它奖励朋友,惩罚叛徒!'"

回忆到这里,伊斯梅尔脸色发黑,更加抑郁。为了减轻他的痛苦,我问道:

"你能够拒绝吗?"

他悲哀地说道：

"你将经常能找到某个借口，但那无济于事。"

就这样，他从监狱回来，成了有固定薪酬的指导员，内心却创巨痛深。他企图用自己的革命属性来为他的工作辩解，但却总是惴惴不安。

"我第一次与泽娜白会面，在一定程度上，是个陌生人。我有自己秘密的私生活，她不知道，而且应当一直不被她知道……"

"你把事情瞒着她吗？"

"我得执行命令和指示……"

"你对他们控制的力量竟相信到了这种地步？"

"是的，是信以为真，再加上消蚀我精神的恐惧和堕落感。我无法自以为荣，因为我必须肆无忌惮地对待一切。这样做，鉴于我的道德观念和正直精神，并不轻而易举。我陷入了迷茫和痛苦……比这更可怕的是，我发现泽娜白变成了另一个人，她被深愁笼罩，毫无生还感的痕迹，这令我更加感到生疏……"

"可那是臆想中的形象，何况她也可能变化。"

"但我再也找不到原来的泽娜白了。她本来是个具有活泼快乐精神的人。我曾以为她的精神是不可战胜的。但这种精神完结了。我试图鼓励她。但她有一次突然对我说：'你自己更需要有人鼓励！'"

他出狱后的第一个星期，发生了一件反常的事情。他俩出了校门一起走。她问他：

"你去哪儿？"

"到卡尔纳克咖啡馆待一个小时，然后回家。"

她像是在自言自语：

"我想单独和你在一起待一些时候。"

他以为有秘密要披露，就说：

"我们去公园吧。"

"我想找一个安全的地方!"

侯勒米·哈马达解决了难题,他邀他们两人到库兰芙拉的寓所去——那也是他的住处——把他俩单独留下。伊斯梅尔忐忑不安地说道:

"库兰芙拉会对我们起疑心的。"

她满不在乎地说道:

"她想怎么说就怎么说!"

他心怀疑惑,把她的手捏在胸前。泽娜白抓住他的手,把手举到自己的脖项,两人接了一个长吻。后来,她就委身于他了。伊斯梅尔说道:

"事情是突如其来的。我沉浸在幸福之中,但也掺杂着不安,脑海里疑窦莫释。我几乎要问她委身的隐情,但没有问……"

我们对望着,直到他接着说道:

"可能是事件使她动摇了!"

"可能……"

"我很懊悔,我责备自己利用了她软弱、颓唐的机会。"

"这种情况还有过吗?"

"没有。"

"从你或者她那方面都没有再作过尝试?"

"没有任何尝试。我们外在的联系始终密切,但已是貌合而神离了……"

"离奇的情况!"

"这是缓慢的死亡。我这方面尚有托词,她那方面则是一个谜……"

"我在卡尔纳克咖啡馆看到你俩关系上的某些变化,但我以为那是偶然的……"

"我问过她在监狱里度过的短时期里的遭遇,可她向我肯定,她的遭遇短暂而且微不足道……在我们的革命信念中,掺进了根深蒂固的烦恼。我们变得越来越准备听取批评。热情黯然,火焰微弱无光。是的,基本信念尚未根绝,不过,我们主张方式应当改变,腐败应当铲除,尸位素餐的助手应当滚开。光荣的革命正受到包围……"

有一天傍晚,伊斯梅尔和泽娜白在侯勒米家里,又跟他讨论上述话题。侯勒米说道:

"我真奇怪,你们俩怎么还信仰革命!"

伊斯梅尔对他说道:

"人体里肠子的存在,无损于头脑的重要……"

侯勒米嘲笑道:

"我们在无可奈何的时候,便求助于直喻和隐喻……"

接着,又对他俩说道:

"我们应当行动……"

他给他俩看一份秘密传单,他将和几个同志拿去散发。

伊斯梅尔告诉我:

"他的直言不讳使我惊愕。我心惊胆战,但愿没有听到他的话。我想起要求我立即告发的秘密工作。一想到此,我全身震颤,眼前显出我将会坠入的深渊壑底……

"那以后过了一小时,侯勒米谈,我们听,或者偶加评论。

我神思恍惚,忧心忡忡。我对他说道:

"'别搞这种活动了,把传单撕了吧。'

"他讥笑道:

"'你倒真会开玩笑!'

"接着,他又补充道:

"'这既不是第一次,也不是最后一次!'

"我们大约十点钟离开他家,默默地走着。我们单独待在一起的那一阵子,是最难挨的时光。我们分了手,她说要回四合院,我借口去卡尔纳克咖啡馆。我漫无目的地在街上徘徊,无法做出决定。在那段时间里,对自己和对泽娜白的担心折磨着我。我没有做决定。我半夜回到四合院,和衣躺在长椅上,对自己说:'要么决定,要么发疯。'但我没有做出决定。我决意推迟到清晨再说,但却睡不着。在他们闯入我睡处时,我还没睡着……"

"你是指治安人员?"

"是的。"

"就在当夜?"

"当夜。"

"这可是一件令人吃惊和不可理解的事。"

"是令人迷惑不解。除非他们对我们都实行了监视,从远处窃听,否则这事无从解释。"

我宽慰他道:

"不管怎么样,你曾拒绝告发朋友。"

"即使是这句话,我都不能真诚地用来自圆其说,因为我还没有决定……"

于是,发生了第三次逮捕。天亮前不久,伊斯梅尔站在哈立德·萨弗万面前。哈立德脸色冷冷地接待他,说道:

"你背信弃义,第一次考试就不及格。"

伊斯梅尔不言语。哈立德说道:

"好吧,我们不强迫任何人接受我们的友谊。"

伊斯梅尔挨了一百鞭笞,然后被投入暗无天日的牢房。

他向我谈到侯勒米之死,说侯勒米是死在审讯室里。侯勒米顽强,无所畏惧。他的回答惹恼了他们,挨了耳光。他怒不可遏,企图以牙还牙,回击侵犯。警卫便对他大打出手,把他打昏过去。后来发现他已经断了气。

"我在黑暗中不知生活了多久,已与黑暗融为一体。"

有一天,他被传召。他揣测是去见哈立德·萨弗万,然而见到的却是一张新脸,那人通知他获释的消息。

"我在离开大楼之前知道了一切。"

他长时间沉默不语,而后接着说道:

"知道了从头到尾的洪水故事。"

"你是指战争?"

"是的,五月,六月,一直到得知哈立德·萨弗万被抓起来的消息!"

"那真是什么样的时日啊……"

"你要是能够,想一想我的情况!"

"是的,我能想象。"

"世道已越过了战败的顶峰,从最初的张惶失措中苏醒过来,发现广场上鬼影幢幢,议论纷纷,谣传充斥,谈笑不绝……人们一致的看法是,我们曾经生活在人生最大的骗局之中。"

"你同意这一致的看法吗?"

"同意,用折磨我的全部力量同意,它拆散了我的骨架,使我的信念烟消云散。我已经丧失了一切。"

"我猜想你如今已经超越了那种立场?"

"无疑跨过了几级。至少我还珍惜革命的遗产……"

"泽娜白持什么态度?"

"跟我完全一样。不过,她稍说几句之后,便是缄默不语。记得我释放后我们第一次会见,我们机械地拥抱。我痛苦地对她说,让我们重新相互认识吧,因为我们正面临一个新的世道。她对我说,那么让我向你作自我介绍,我是一个既无姓名也无爱好的人。我说,我现在完全懂得了捕风捉影的含义。她说,我们最好承认并尊重自己的愚蠢,这是我们仅剩的一切。我把侯勒米之死告诉她。她脸色惨白,很长时间心不在焉。她后来说,是我们杀害了他,就像我们杀害了其他成千上万个人一样。我说——我并不相信自己所说——可我们是受害者,难道不可以把傻瓜看作是受害者吗?她烦躁地讥讽道,那取决于他们愚蠢的程度。接着,正如你知道的,我们陷入了漩涡,战争计划与和平方案把我们抛来扔去,我们看不到彼岸。只有唯一的一线希望,就是游击队的存在。"

"这么说,你相信游击队?"

"我和他们有联系,正在认真考虑加入他们的行列。他们的重要性倒不在于他们的闪电行动,而在于他们制造事件出类拔萃的品质。他们对我们说,阿拉伯人既不同于众人所见,也不同于其自持之见,不过阿拉伯人如果愿意,是能做到勇武绝伦的。"

"可是,泽娜白同意你的看法吗?"

他沉默良久,然后问道:

"你难道不知道,我与泽娜白之间只剩下旧日同学情谊的回忆了?"

他的话,我虽已料到,它证实了我的观察和推断,但他的直言不讳还是使我吃惊。我问他道:

"那是突然发生的吗?"

"不是。然而,尸体不埋葬,气味就不易消散。有一个时期,特别是我们毕业以后,我感到是筹备结婚的时候了。我不顾隐隐作痛的感情,跟她谈起此事。她没有反对,但也没有同意,换言之,她没有热情。我惑于不了解内情，但总的来说，对这种状况也心安理得。再说，除非间隔时间很长，我们也不再谈论这个话题。我们不像过去似的坚持会面，在卡尔纳克咖啡馆坐在一起，是作为同学而不是一对恋人。我记得，这种情况的征兆始于第二次逮捕之后，但在第三次逮捕以后更显严重。私人关系变得虚弱，分崩离析，直至完全死亡……"

"那么，爱情死亡了吗？"

"我不这样想……"

"真的？"

"我们是患病了，至少我是个病人，知道生病的原因。她也有病。爱情有一天可能复活，也可能屈从永恒的死亡。总而言之，我们在等待，等待不会使我们夜不能寐……"

他们两个在等待，谁不在等待呢？

泽娜白·迪亚卜

泽娜白·迪亚卜活泼、俊俏，乍一见面，便吸引了我。她棕褐色的脸庞，纯洁优美，神情开朗甜蜜，体态丰满轻盈。可能是她本能地窥破了我对她的欣赏，使我们之间的友谊得以巩固，达到相互信任之巅。她是在伊斯梅尔的环境里，在他那个四合院里成长起来的。她父亲是卖牲口头肉的。母亲原先是个洗衣妇，历经长期的含辛茹苦，成了经纪人。泽娜白有一个当铅匠的哥哥，两个姐姐都已成家。由于母亲后来的职业，家庭添置起一些生活必需品，为泽娜白购买了最低限度的必要衣服。泽娜白在学校里的成功，是一件出乎意料的事，并且引起了惊奇和麻烦。家里人认为，不妨让她去读书玩玩，借以消遣，等着良家子弟上门求亲。因此，母亲从一开始便不欢迎伊斯梅尔·谢赫，认为这个男学生是个没有结果的浪荡子,是任何一个漂亮姑娘道路上的障碍。泽娜白的母亲是家中真正的实力人物,而父亲白天干活,拿到几个皮亚斯,很快就在啤酒店里挥霍殆尽。他的辛苦每每以激烈的家庭争吵而告终。奇怪的是,颓废的父亲长得倒挺英俊。从他那张蓬头垢面的忧郁脸上,可以看出泽娜白继承下来的端正仪容。而强健的母亲,倒像是一个粗鲁的男人。

泽娜白上普通高中的时候,预料中的危机发生了。一个在贫民区被视作富人的鸡商,来向她求婚。这个鸡商是个年已四十的鳏夫,三个女儿都已出嫁。泽娜白的母亲欢迎他,为的是把女儿救出四合院和徒然的劳累,为她安排好美满的生活。当泽娜白拒绝婚事时,母亲生气了。她迁怒于伊斯梅尔和他的家庭。她嗣后对女儿说:

"你会后悔的,你将哭个没完……"

事情没有风平浪静地过去。鸡商造谣中伤泽娜白和伊斯梅尔,从而在四合院里掀起了一场轩然大波。然而,泽娜白的意志胜利了。这次经历,对她的立身处世留下了影响。为了顶住流言蜚语,她决意保护自己,不理会她在"某些人"眼里的守旧罪名。她广博的知识也没有影响她的这种态度。

"我们在缓慢的进步中,代表保守。因此,我在我们的革命模式中,找到了心安理得和安之若素的东西。"

她理解伊斯梅尔的心理,而且爱他。她相信他们两人立场相似,也相信假如她对他漫不经心,他是不会宽恕她的,不论怎样巧言令色,他内心深处也是不会相信的。

"鸡商哈萨卜拉大叔在那些日子里,愿以任何代价得到我。我的拒婚没有使他绝望。他通过一个跟他有交往的老婆子来向我求情。但我给了那老婆子一顿教训。"

"他想不结婚来得到你?"

"而且不惜代价。"

她用与事情本身相矛盾的若无其事态度,讲述那件事。我当时不理解她这么冷漠的原因。

"后来,还有齐恩·阿比丁·阿卜杜拉。"

"不会吧!"

我惊奇地脱口而出。她不容置疑地说道:

"是他。"

"但他正迷恋于库兰芙拉……"

她耸耸肩。我问道:

"他是装向库兰芙拉求爱以掩盖他对她钱财的垂涎?"

"不对。他过去爱她,现在仍然爱她。但是他贪图享受。这个下流坯大概以为我是个放荡的姑娘。"

"他是在什么时候表示这种愿望的?"

"好几次了。不过,我指的是第一次,在第一次被逮捕之后。"

"我看,他虽然顽固,但对库兰芙拉也已灰心丧气。"

"他干吗灰心丧气?他是在窥伺她的衣食。"

她随后结束她的情场轶事道:

"除了他俩,还有许多人!"

这时,我暗暗关切地问她:

"去世的侯勒米·哈马达不是其中之一吗?"

她诧异地答道:

"不是!"

"恕我直言,我原以为你俩之间有一段韵事呢!"

她难受地说道:

"我们是好朋友。"

接着,她直言不讳地说道:

"我一生只爱过伊斯梅尔。"

"这爱情依然还在吗?"

然而,她对我的问题装聋作哑。

她与革命的故事,与伊斯梅尔的经历相辅相成。关于第一次被逮捕,她告诉我说:

"我被捕,是因为我与伊斯梅尔人所共知的关系。我本身没有嫌疑。我向他们发誓说,伊斯梅尔从来就不属于穆斯林兄弟会。我只被拘留了两天,没有受到伤害。"

她抑郁地微微一笑,说道:

"我遇到的真正麻烦,是在家里。母亲对我说,这就是伊斯梅尔,灾难就是他带来的。"

她皱着眉头继续说道:

"碰巧,我被捕是在我父亲被抓起来的一周以后。他的罪名是游手好闲和侵犯警察。"

我赞扬她道:

"你在那样的环境中取得进步,是一个了不起的成就!"

"我对哈立德·萨弗万说,你们干吗怀疑我们,难道你不认为我们是革命的子女,我们的一切都属于革命吗?你们怎么能指控我们持有敌意?

"哈立德冷冷地讽刺说:

"'这是我们百分之九十九敌人的托词!'"

她向我谈及她过去对革命的信念,逮捕为何没有伤及这种信念的根本:

"但是,我们曾感觉到自己的强大,我们的力量无边无际。在被捕以后,我们的强大感动摇了,我们丧失了许多勇气,丧失了自信和对时代的信心。我们发现有一股可怕的力量,完全独立于法律和人道主义价值之外,自行其是。我因在伊斯梅尔失踪期间所遭受的折磨,曾对他说:

"'我们自顾自过一阵子,避开集会和伙伴们,不更明智吗?'

"可是他嘲讽我道:

"'他们被捕是因为我,而不是相反。'"

我安慰她道:

"人们通常总得为大革命付出代价。"

她叹息,问道:

"生活什么时候才能苦尽甘来呢?"

她接着向我谈起她的第二次被捕。我一开始便感觉到,我将听到一个不堪回首的故事。

"那一次的罪名是共产主义!"

接着,她的神情激动起来:

"那是一段难以忘却的时期。

"当我站在哈立德·萨弗万跟前,他挖苦我道:

"'呵,我们的友谊正在巩固。'

"我对他说:

"'我不明白干吗逮捕我!'

"'但是我知道。'

"'是什么原因,先生?'

"'原因在于两位伟大人物的学说:马克思和列宁!'

"他默不作声,愠怒地目不转睛地盯着我的脸,然后说:

"'回答吧,不许再唱陈词滥调,说什么我们是革命的子女,你们怎么怀疑我们,等等。'

"要说服他,我完全不抱希望。我对他说:

"'我们不是共产党员,对此我向你发誓。'

"他含糊不清地嘟哝道:

"'真可惜……'

"我被扔进牢房,受尽了只有女人才能体会到伤害的屈辱折磨:我必须在同一个地方生活、睡觉、吃饭和解手!"

我难过地咕哝道:

"不。"

"我任何时候都是看守通过门洞张望的目标,他戏谑地观看我。你知道这是什么意思吗?"

"知道。真遗憾!"

"有一天,在审讯伊斯梅尔的时候,我被带进哈立德·萨弗万办公室。当我看到伊斯梅尔的屈辱和绝望,我热泪盈眶,从心底里诅咒这个世道。但我待在那儿,不过是让他们用折磨我来威胁他。接着,我回到龌龊的牢房,哭了很久,日复一日地遭受折磨。

"我再一次被带到哈立德·萨弗万的房间。他对我说:

"'我希望你满意我们的款待。'

"我大胆地说:

"'满意之至,先生。谢谢您。'

"'啊,你的朋友已经招认他是共产党员!'

"我叫道:

"'是在你们的威胁恐吓之下……'

"'不要去管手段,他可是货真价实。'

"'绝对不是,先生。这件事骇人听闻!'

"他闪烁其辞地说:

"'这很精彩!'

"'精彩?'

"他做了个特别的手势,说道:

"'我们将会看见!'

"我听见走近的脚步声,直到把我完全围住。我还是不说了吧!"

她停住不说了,脸部肌肉僵直。我猜想会听到闻所未闻的灾难,便说道:

"你要是愿意,我们别谈了吧?"

"不。它倒是动听得很。"

接着,她寻衅似地盯着我的双眼,说道:

"哈立德·萨弗万决意要目睹一场刺激、有趣的反常景象。"

我的心惊恐地怦怦跳动,问道:

"你指什么,泽娜白?"

"你完全能懂!"

"不!"

"千真万确。"

"当着他的面?"

"当着他的面!"

一阵沉默,就像无声的哭泣,我终于低声说道:

"那个家伙是个什么东西!"

我是指哈立德·萨弗万。

"他的外貌不足为奇,是个大学教授或者宗教人士。"

我困惑地说道:

"这个问题需要研究!"

她厉声叫道:

"研究?难道研究能还我贞操?"

我羞愧难言,缄口默然。

"过了几个星期,我又被召进哈立德·萨弗万的房间。我发现他像往常一样平静,或者说,显得比以往更加平心静气,若无其事。他简短地说道:

"'业已查实,你们无罪!'

"我久久地看着他。他坚定地满不在乎地望着我。我接着叫道:

"'你看到了吗?'

"他平静地回答:

"'凡是可以看的,我都看!'

"我愤恨地叫道:

"'但是,我失去了一切。'

"'不会。一切都可以修补,我们无所不能。'

"我发狂般地喊道:

"'我不信,革命会满意这里发生的事情!'

"'这是对革命的保护。它无论如何总比有限的错误重要。其中应当弥补的,我们会主动弥补。你走的时候,将获得一种新的价值,那就是我们的友谊。'

"我神经质地久久抽泣,完全无力反抗他。他静静地耐心等待着,直到我安静下来,然后说道:

"'你现在去找我的一个助手,他会向你提供一个不可估价的友谊计划。'

"他停了一会,又说道:

"'我劝你不要拒绝,这可是一生难得的好机会!'"

泽娜白成了指导员,拥有种种特权。按规定,伊斯梅尔即便在释放以后,仍是人质。她被要求行事绝对秘密。他们让她明白她是在为一支万能的力量工作。

"当我回到家里一人独处的时候,我对自己的损失感到苦恼,那真是任何代价都补偿不了的损失。我平生第一次感到我至死都鄙视自己。"

我安慰道:

"但是……"

她打断我:

"不要为我辩护。为耻辱辩护,本身就是耻辱。"

接着,她恼怒地说道:

"我开始一而再,再而三地反复念叨,我是个奸细,我是个荡妇。就在那样的情况下,我碰见了伊斯梅尔。"

"你自然对他瞒住了你的秘密?"

"是的。"

"亲爱的,你错了。"

"我的秘密工作比把它向任何人泄露更危险。"

"我是指别的问题。"

"阻止我的是恐惧、羞愧,还有希望。我在通过外科手术修补了创伤以后,曾幻想能再一次追求幸福。"

"可是这到现在没有出现吗?"

她怀着深切的悲痛,低声说道:

"已经晚了!"

我抱着希望表示:

"也许我能做件好事。"

她用嘲讽的声调说道:

"晚了。你等我把故事讲完,有可能是我错了。然而,我沿着面前唯一的路跑,这就是折磨自己,最严厉地惩罚自己。我依靠一种非常的逻辑,认为自己是革命的女儿,尽管发生了这一切,我却没有背叛革命的真谛,那么,我对革命是负责的,承担它的全部责任,包括我遭遇的一切。因此,我不愿假装在过高尚的生活,而决定应像一个没有尊严的女人那样生活……"

"你太虐待自己了。"

"除非伊斯梅尔蔑视我,我什么都能忍受。同时,我不想背叛他。后来,我的思想动摇了,在歧路上越走越远。"

她忧郁地摇摇头,说道:

"发生了许多事情,致使前愆难赎,正道难回……就在那段时间,鸡商哈萨卜拉大叔看到了我。"

我惴惴不安地盯住她。她说道:

"这一次,他发现道路已经铺平。"

"不。"

"为什么不?我说过,堕落女人的生活就应当如此,堕落不能没有代价……"

"我不相信。"

"我拿取了报酬……"

我对整个世道感到厌恶。她嘲讽地看了我一眼,挑衅似地接着说道:

"还有齐恩·阿比丁·阿卜杜拉!"

我默不作声。她说道:

"牵线搭桥的是侍者伊马姆·法瓦勒和擦皮鞋的贾马。"

我诧异地说道:

"我还一直相信他们的高尚和爱国心呢……"

她伤感地说道：

"他俩过去是这样,但也像我一样已经完全堕落了。人们是怎么啦？我觉得,我们成了一个不走正道者组成的民族。生活费用、战败和不安,粉碎了价值观。他俩到处听说歪门邪道,有什么能阻止他俩不搞呢？我向你断言,他俩现在是以拉皮条为业,毫无羞耻可言……"

我叹息着问道：

"泽娜白,我们绝望了吗？"

我接着回答：

"不。这是一个像瘟疫一般的时期,它过去后,生活将会更新。"

她不理会我的话,自顾自地继续说道：

"我决定向伊斯梅尔坦白！"

我惊讶地说道：

"可是你从没有这样说过！"

"我决定采取一种新办法来向他坦白：自己委身给他！"

"真的,我理解不了你与伊斯梅尔之间的事情……"

"你企图在风暴期间找到一种固定逻辑,那是徒劳的……"

"你爱伊斯梅尔吗？"

"除了他,我没有爱过任何人。"

"现在呢？"

"现在我感觉到的,是死亡而不是爱情……"

"泽娜白,你还是一个刚踏进人生的青年,一切都会改变的。"

"变得更好,还是更坏？"

"没有比我们现在的处境更坏的了,一定会变得更好……"

"回到我们的故事里来吧。我这样对待自己,感觉到惩罚的痛苦,借以自慰。后来,我犯下了任何惩罚都无法自赎的罪过……"

"真的吗?"

"是的。你开始怕我了吗?"

"我怜悯你,泽娜白。"

"有一天傍晚,我和伊斯梅尔到侯勒米·哈马达家去。我们发现他情绪激昂。他向我们承认,他要去散发秘密传单……"

她回首往事,情难自禁,谈话中断了。我欢迎歇息,这是痛苦战斗中的休战。

"他的坦白,使我大吃一惊。我但愿没有参加聚会……"

"我很理解你。"

"我想起了那个万能的力量,心惊肉跳,我首先担心的是伊斯梅尔!"

唉,伊斯梅尔以为他们是通过特殊手段发现他迟迟不去告密的呢。他没有料到,陷他于缧绁的乃是泽娜白。她陷害了他,还自以为是保护他!

我们沉痛地默默对望,直到她说道:

"是我杀害了侯勒米·哈马达!"

我诚恳地说道:

"杀害他的,是使你受尽折磨的人……"

"是我杀害了他。尽管如此,伊斯梅尔却也被捕了。为什么,我不知道。他被关押得比上两次都长,出狱的时候,更加沮丧。为什么,我不知道。我在自己的报告中写道,他反对他的朋友,并劝其放弃计划。然而,要作出符合逻辑的解释,岂非白费力气……"

"你在那个期间自由吗?"

她自嘲道:

"我很自由。我享受我的自由,也享受孤独和折磨。以后,出现了战争的预兆和警告。我同所有的人一样,对我们的力量无限信任。我自忖,所有的一切,包括善恶良莠,都将永存不灭。及至六五战争失败……"

她茫然,沉默了。我说道:

"不必解释了,我们都亲身经历过。可是你支持六月九日和十日的群众①吗?"

"是的,全力支持……"

"那么,你的信念仍没有动摇?"

"不,它已经彻底崩溃。我相信,它是一座沙上的宫殿。"

"允许我向你直说,我不理解你的态度……"

"事情很简单。我在长时间处于漠不关心之后,突然之间要防备负责任和担心自由了。你那时刻跟群众在一起吗?"

"是的,我依恋于垂危祖国的尊严!"

她气愤地说道:

"当我知道伊斯梅尔获释的消息,我对自己说,托失败的福,我将再次见到他!"

我理解她话中的深悲巨痛。

她向我谈起伊斯梅尔被释放后,他俩第一次见面时的呓语。

"当我们毕了业,就了业,谈论结婚像是面子所驱,必不可免。我们有口无心地提提,而后又各行其是。我的变化和不再重温旧梦,不足为奇,可是,是什么使他发生了变化? 他在牢狱深处出什么事啦?"

他们两人都容忍了各自的变化,但又彼此探询对方的变化,认为对方的变化不合常情。对此,我至少在这段不幸的时期,抱有同感,因为必须

---

① 1967年6月9日和10日,埃及总统纳赛尔发表辞职讲话,当时开罗市民拥向街头,对他表示拥戴,要求他留任。

有足够的时间来医治创伤和洗净心灵,而且必须做工作以恢复自信和自尊。然而,议论这些事,我当然是力不能及,但我用泛泛之谈来掩饰,说道:

"人的变化——我是指变得更好——是不能靠听天由命和等待的……"

她不耐烦地说:

"空谈哲理太容易了!"

"也许是。不过,伊斯梅尔这些日子正倾心于游击队。"

"这个,我知道。"

迟疑再三,我探问道:

"你在考虑什么?"

她默然良久,然后说道:

"我在回答你之前,应该澄清一个有关伊马姆·法瓦勒和贾马的事实。第二次逮捕之后,他俩为齐恩·阿比丁与我说项,其实是出于无知和无心……"

"你是说,在你对他俩的指摘中,他俩是无辜的吗?"

"不是。他俩的堕落是在最近几年,而不是在此以前。我觉得事情有些模糊。我希望你记住,我只是凭回忆在讲述我的故事,不能担保细节的确切无误……"

我伤感地点点头,又一次问道:

"你目前在考虑什么?"

"你真的想知道?"

"我确实不能想象你还在继续……"

我不由自主地顿住了。她补充道:

"卖淫?"

我没有否认,也没有同意。她说:
"谢谢你的善意猜测。"
我只字不加评论。她说道:
"我在过名副其实的清苦生活。"
我高兴地问道:
"当真?"
"是的。"
"这是怎么发生的,泽娜白?"
"很快便发生了,靠了一次反方向的革命,也由于不消失的恶心……"
接着,她可怜地问道:
"清白和热情的日子在哪儿,在哪儿呢?!"

哈立德·萨弗万

日复一日,周复一周,月复一月,年复一年,在卡尔纳克咖啡馆谈论不休的,只有一个话题,除此再无其他可谈。这方面,大家如出一辙:穆罕默德·巴赫贾特、里沙德·马杰迪、塔哈·加里卜、齐恩·阿比丁·阿卜杜拉、伊斯梅尔·谢赫、泽娜白、迪亚卜、阿里夫·苏来曼、伊马姆·法瓦勒、贾马,还有一些新来的青年人,他们是代代相传的最新样品。至于库兰芙拉,则穿着丧服退坐一角,看看,有时听听,却从不作声。

我们又腻又烦,疲倦不堪,直到有人提出:
"在我们发疯之前,另挑一个话题吧。"
我们异口同声地热烈赞同他的建议,讨论起某个题目来,大家没精打采地谈着,它很快就咽了气。我们又回来谈原来的老话题。我们琢磨它,它消耗我们,既不中辍,又没完没了。

"战争,除了战争没有别的出路。"

"还有游击队行动。我们得集中于防御。"

"和平解决也有可能。"

"唯一有可能的解决办法,是大国一起提出的。"

"谈判意味着投降。"

"谈判是必要的。所有的国家,甚至美国、中国、俄罗斯、巴基斯坦和印度,都谈判。"

"媾和意味着以色列控制整个地区,把它一口吞掉。"

"我们怎么会害怕媾和?英国人或者法国人把我们吞掉了吗?"

"假如未来证明以色列是一个善良的国家,我们便同它共处;如果证明不是,我们就消灭它,像过去我们消灭十字军国家一样……"

"未来属于我们,瞧瞧我们的人口和资源……"

"问题在于科学和文明……"

"那就让我们打吧。除了战争,没有别的解决办法……"

"俄罗斯不供给我们必要的武器……"

"只有不战不和的局面……"

"这就意味着我们将经常不断地流血……"

"我们真正的战斗,是文明之战。对我们来说,和平比战争更危险……"

"让我们遣散军队,自己重新建设……"

"让我们宣布中立,要求各国承认……"

"那游击队呢?你无视局势中的积极力量……"

"我们已经失败,应该付出代价,剩下的留交给未来……"

"阿拉伯人的真正敌人,是阿拉伯人自己……"

"应该说,是统治者。"

"应该说,是统治制度。"

"一切取决于阿拉伯人行动上的联合。"

"六月五日至少一半阿拉伯人是胜利了!"

"让我们先从内部做起,必须这样才行。"

"说得好,宗教,宗教就是一切。"

"不是,是共产主义!"

"不是,是民主。"

"取消对阿拉伯人的监护……"

"自由……自由……"

"社会主义……"

"让我们说,民主社会主义……"

"让我们先打仗,然后专心改革。"

"不,是先改革,然后确定将来的解决办法。"

"应该两者同时并进。"

就这样,谈个没完没了……

一天黄昏,一个陌生人挟着一个青年的胳膊来到咖啡馆。他坐在离门口不远的地方,用命令的口吻对青年人说道:

"我在这里等你把药买回来,快一些……"

青年人走了。陌生人一直坐着。他中等身材,脸又大又长,两条阔浓眉,一双往里眍的大眼睛,前额突出,脸色苍白,仿佛是个病人,或者是个疗养者。伊斯梅尔·谢赫立即附着我的耳朵低声说道:

"你看见门口的陌生人了吗? 看看他……"

像任何一个突然来到咖啡馆的陌生人一样,他引起了我的注意。我问伊斯梅尔:

"他怎么啦?"

伊斯梅尔声音发颤地答道：

"他是哈立德·萨弗万！"

我大感困惑，咕哝道：

"哈立德·萨弗万！"

"正是他。"

"他放出来了？"

"三年刑期满了，但他的财产已被没收……"

我好奇而惊讶地偷眼瞧他，真想把他解剖开，找出他体内多余的或残缺的器官。消息一人传一人，终于鸦雀无声。众目睽睽，轮番看他。他一度不曾留意我们，后来，逐渐觉察到周围形迹可疑的观察，遂像睡梦初醒的人，对我们警觉起来。一双眍䁖眼小心翼翼地慢慢移动，他无疑看到了他十分熟悉的脸庞，如泽娜白和伊斯梅尔。他注意看了一下库兰芙拉，接着两腿一伸，双唇一缩，大概是在微笑。是的，他笑了，但并没有像我预料的那样局促不安，也不害怕。他发出一声微弱的招呼：

"哈啰！"

他看着他熟识的脸庞说道：

"殊途居然同归啊！"

他闭目片刻，然后自言自语似地说道：

"世道啊，变化可真大！我知道这家咖啡馆。呵，我们带着最坏的回忆相聚在同一个地方……"

库兰芙拉说——我们已经很长时间没有听到她的声音了：

"确实，最坏的回忆！"

他朝着她说道：

"今天，不只是你一人忧伤。"

接着提高声音：

"我们都是罪犯,也都是受害者。"

库兰芙拉气恼地说道:

"罪犯是一个人,受害者是另一个人。"

"我们都是罪犯,也都是受害者。谁不理解这一点,那绝对是一无所知……"

这时,青年人回来了,交给他一包药,并指着药方说道:

"这药市场上没有。"

哈立德站起身来说道:

"好极了,有毛病却没有药……"

他望着我们,打算走了,说道:

"你们也许会问这个家伙的经历和故事如何?你们会在这样几句打油诗中找到:

"农村里清白无辜,进城后爱国志坚,黑暗中革命有年,椅子上权力无限;揭真相神秘孔眼,活肢体业已死烂,真细菌隐伏藏潜,又复苏生命再现。"

他然后说道:

"再见。"

他留下一片迷茫。这些人说他胡说八道,那些人讲他在奚落我们。除了这些人和那些人,还有人说他是在为自己辩护,他开始于清白,是暴虐的权力毁了他。可是,什么是神秘的孔眼?什么是业已死烂的活肢体?什么又是生命再现的潜伏细菌?

过了几个月,我们看到他又像第一次似的突然来临。我们互相询问,他干吗又来?他干吗不另外选择一个地方去等待?他是要跟我们对抗?想博取我们的同情?是一股隐秘势力把他推向我们的吗?

他一边坐下一边说：

"愿真主赐予你们下午好……"

接着，他扫视着我们的脸说道：

"当真主下令痊愈的时候，我便来加入你们的座谈……"

穆尼尔·艾哈迈德是最新一代的青年，他最近加入到我们中间。他问哈立德道：

"你怎么不向我们解释一下你的打油诗？"

"那是不言自明的，不需要解释。再说，我也讨厌谈那些事！"

库兰芙拉对他说道：

"哈立德贝克①，你打扰我们了。"

他平静地说道：

"不。没有比共同的遭遇更能让人们接近。"

稍过了一会，他又说道：

"我答应你们，一有机会就加入到你们中间来！"

他淡淡一笑，问道：

"你们在谈什么？"

我们警惕地默不作声。他说道：

"我知道外面的传闻，到处都在谈论。请允许我向你们阐述一下原因。"

他坐坐端正，接着谈道：

"我们国内有宗教人士，他们首先感兴趣的是在哲学、政治、道德和经济诸方面，由宗教控制生活。他们不愿投降敌人，拒绝同敌人谈判，不满意和平解决，除非和平解决能实现胜利本身，能带来一切，否则他们就号

---

① 贝克，奥斯曼帝国时代的爵位名，这里表示尊称。

召圣战。但是,是什么样的圣战呢?是他们幻想的游击队闪电行动,或上天降下的奇迹?他们可能一边诅咒俄国人,一边接受不附带条件的俄国武器;也可能宁愿实现美国干预下的体面和平解决,以彻底结束我们跟共产党俄国的关系。"

他稍停片刻,又说道:

"有一种独特的右翼人物,他们希望同美国结盟,断绝与俄罗斯的关系。他们愿意接受附带不可避免的让步条件的和平解决,而且幻想摆脱现存制度,恢复传统民主和自由经济。

"还有共产党人——社会主义者是他们的一支——他们首先关心的是意识形态和密切跟俄罗斯的关系。他们认为祖国家的幸福和进步,即便要长期等待,也只有通过意识形态才能实现。因此,他们欢迎坚决倾向于共产党和俄罗斯的解决方法,不管是和,是战,抑或所谓的不战不和状态。"

奇怪的是,哈立德离去以后,倒挺得人心。许多人称赞他言之有理,深谙内情,甚至有人为他辩护,说他的罪行不该唯他是问,或者他不该负主要责任,以致库兰芙拉气冲冲地说道:

"你们把责任从一个人推给另一个人,最终落在擦皮鞋的贾马身上!"

然而,要是哈立德真的决心加入卡尔纳克咖啡馆,那么,接纳他的准备业已就绪。

三个月内,哈立德的事已被完全淡忘。当他带着陪同依然在下午那一时刻到来的时候,对他的接待很平常,就当他是个普通人。他发现自己似乎有些孤立,因此首先开腔,旁若无人般地硬闯进来问道:

"你们还在谈论吗?"

齐恩·阿比丁·阿卜杜拉对他说道:

"一如既往!"

哈立德坚持要插进来。他说道：

"我已经向你们谈过各派的观点，但还没有向你们谈到我个人的见解。"

穆尼尔·艾哈迈德问他：

"是关于战争?"

他赶忙说道：

"正是这一点搞得人心惶惶。不过，我看它很简单。失败了，又不准备打，那我们就应该毫不拖延地解决它，即便要付出代价。让我们把每一分钱都用到我们文明的进步上去。但是，我其实是想概括地谈谈我们的生活。"

他成功地把人们的眼光吸引了过去，说道：

"我在这剩下的几分钟里，将向你们坦陈一下我的经验总结。我经历过失败，或者说，从我过去的生活走过来，仍坚信我终生永不违背的原则。这些原则是什么呢？

"第一，否认专制独裁。

"第二，否认血腥暴力。

"第三，应该依靠自由、舆论和尊重人的价值观继续前进，这些价值观是实现进步的保证。

"第四，科学和科学纲领，我们应该不容置辩地从西方文明中接受过来。除此之外的东西，只有通过实事求是的讨论，并且不受任何新旧框框的束缚，我们才能接受。"

接着，他打了一个哈欠，说道：

"这就是哈立德·萨弗万哲学，他从地狱底层学来，在这个由遭遇和罪行把我们集聚在一起的卡尔纳克咖啡馆里宣布。"

我转向穆尼尔·艾哈迈德,说道:

"或许你们的日子会好些。"

穆尼尔说道:

"我们面前有一座必须搬开的高山。"

我诚恳地说道:

"事实上,你们——你和你的同学们——是不曾料及的果实,从一团漆黑中迸发出来的灿烂光明,仿佛巧夺造化之神妙。"

"你不了解我们的痛苦!"

"但我们是伙伴。"

他怀疑地瞟了我一眼。我问他道:

"告诉我,你是什么?"

"你指什么?"

"我可以把你归入哪一类政治特性?"

他烦躁地说道:

"诅咒所有的政治特性。"

"从你的谈话看,我相信你尊重宗教?"

"对。"

"我也知道,你尊敬左派?"

"对。"

"那么,你是什么?"

"我想成为不折不扣的我自己。"

我略加思索,问道:

"这是对正统的怀念吗?"

"也许。"

"这是指复古吗?"

"不。"

"那么,是倾向西方文明?"

"不。"

"那么,正统在何处?"

他指着自己的胸口说道:

"这里。"

我再次思索,然后说道:

"也许还需要进一步讨论。"

他真诚地说道:

"我认为我们应当长时期讨论。"

我表示很欣赏这位青年,这把齐恩·阿比丁·阿卜杜拉搞烦了。他有一次语带讽刺地对我说道:

"过两三年,他将发现自己是个薪水菲薄的小职员,得两者择一而没有第三条路:要么搞歪门邪道,要么迁居国外!"

库兰芙拉生气了。她恼火地说道:

"你什么时候会出个差错,讲出一句好话来?哪怕只有一次。"

齐恩·阿比丁恭顺地微笑道:

"事实是痛苦的,夫人阁下。"

她执拗地说道:

"有第三条路。"

他低声下气地问她:

"是什么,我的女主人?"

"那就是我们的朋友将要选择的!"

我十分高兴库兰芙拉的激动。我认为这是她再一次新生的一个好兆头。不过,我也冒出一个不安的念头:库兰芙拉开始喜欢这个学生了吗?他有一天会取代侯勒米·哈马达的位置?对这样年龄的一些女人的情况,我并不陌生,她们喜欢青春期的小伙子,不顾一切到了甘冒危险和发狂的地步。我不由得祝愿——倘若发生我所想到的情况——能在稳当的路上前行,一方不自私自利,另一方也不是利欲熏心,从而体现爱情的纯洁和真诚⋯⋯

是的,纯洁和真诚。

1971 年 2 月

杜鹃钟

〔黎巴嫩〕米哈依尔·努埃曼

最贵重的礼物，莫过于馈赠者不留其名的东西。

我的箱子里有一封信，我认为它是迄今为止人们赠送给我的最宝贵的东西。我于一九二二年五月初收到这封信，阅后，在信中竟找不到写信者的姓名和地址。我根据信的内容和信封上的邮戳获知，发信者的地址是黎巴嫩的一座小村庄。

我从收信之日起到今天，一直保存着它，企望写信人再来封信，哪怕只写一行两行，向我披露一下他的姓名和住址，使我至少能够感谢他的珍品，并求得他的允许，向人们展示它，因为它被埋没在废旧的纸堆里，简直是罪过。

然而，他不会来实现我的愿望了。因此，我只得自己负起责任来，于今天发表这封离奇的信。他要是至今还背负着生活中的苦恼，碰巧看到这篇文字，那么，他将会从字里行间看到对他怀有好感和至今还在跳动的一颗感激的心；假如他的灵魂已经逾越了深渊，那么，我就要为他的亡灵千万次地祈求冥福。

在删掉了问候致敬等一切格式文字后，读者请看下面的信：

……昨天，这个村里死了一位伟人，我们今天把他葬了。呵，我给你写信，手上还沾有坟墓的泥土呢。

我们村里的男女老幼，将他埋葬了。只有我们的两位神父——东教堂的神父和西教堂的神父没有参加，他们都声称死者是自己的教民，但是他俩谁也无法证实自己的说法，因为死者生前两个教堂都去，只不过从未宣布过自己的教派，也不曾接受哪家教堂的神道秘传。为了避免分歧，我们葬他时就没有请神父，也没有用香炉和蜡烛。我一生还是第一次参加这一类的葬礼。

我对你说，我今天帮助挖掘的并与填土者们一起亲手覆盖的每一抔黄土，都浸满了泪水——我的和所有参加者的泪水——我说的是实话，因为我不是作家，也不是诗人。

你们这些作家和诗人看到的伟大，不论是看你们自己的伟大还是看别人的伟大，往往只看到锅子里噼啪作响的骨头，而看不到那慢慢沸滚的佳肴美馔。谁编了一本畅销书或写了一本畅销诗集——伟大！谁为人类创作了一出新喜剧——伟大！谁拍摄了一帧漂亮照片——伟大！谁赢得了一场战斗——伟大！这种伟大，你们看得到听得见，因为它是丁当作声的。而对静默的伟大，你们则充耳不闻，视若无睹。假如你们听不见静默的伟大的声音，你们还能听见什么？假如你们看不到被掩饰着的伟大的真容，你们还能看到什么？

我们今天埋葬的人，他不曾编过一本书，写过一首诗，雕塑过一尊像，发明过一种医疗方法，也不曾为人类创作过一出新喜剧，尽管如此，他昨天却是伟大的，今天也是伟大的，明天将依然是伟大的。

为什么呢？这是因为他迷途而知返，因为他曾与杜鹃钟搏斗，终于战而胜之。迄今为止，我还没有听说你们中有谁战胜过杜鹃钟。先生，你什么时候迷途知返，什么时候能战胜杜鹃钟，我就是你的伟大的第一个见证人。

这个人两年前到我们这里来过,他不熟悉这村子,不认识村里任何一个人,村里也没有一个人认识他。直到今天,村里也只有我认识他。他在去世以前,向我透露了他的秘密。我把它吐露给你。我没有愚蠢到要求你保密的程度,因为我知道你们这些作家和诗人是不会保密的,也不会遵守诺言,你们全都是一些好搬弄是非、揭人隐私的人,不是用嘴便是用笔,要是无甚可揭,就揭自己。

你是个黎巴嫩人,知道黎巴嫩村民们的性格,特别是像这样一个小村庄。一旦来了一个陌生人,他们不会当着他的面关门闭户,不会用右手给他一口吃的,左手却伸进他的袋子。不过他们像各地的老乡一样,陌生人一到,好追根刨底地问:你是什么人?从哪儿来?为什么到这里来?诸如此类的问题。

只不过是旦夕之间,村里就传开了,来的这个陌生人,是个名叫汤姆森的美国人。他生在黎巴嫩,童年和一部分青春时光是在黎巴嫩度过的。后来,他远涉重洋回国去了,在那里干了二十年,搞得精疲力尽。他缅怀黎巴嫩,乐意回来恢复他的精力。他选中我们这个村子,因为它气候适宜,地处优美。

我在他到村后的第二天见到了他,发现他柔和的双眼里有一股吸引力,庄重的容貌带有戒备的神情。他的双眼仿佛在对我说:靠近我,兄弟。而他的容貌却说:别碰我!我向他靠近而没有碰他,我与他就是这样若即若离,直到我不但碰了他而且与他拥抱,甚至宛如一人的那一天,他才向我敞开胸怀,说:这就是我!

你难道看不到人们在生活中充满了秘密?人们相互间的接近,就和两个人表面上似乎接近,而实际上相互间这也保密,那也保密一样。由于各人都竭力保密,因此亲戚关系告终,人们彼此疏远。而到了人们相互揭开秘密的时候,时间的隔阂消除了,空间的距离缩短了,兄弟相遇了。我将在下面同你谈到这个。

你在自己的一生中想到过吗,天性是纯朴的本质,文明是装饰起来的外表?天性纯朴的人民,总是要求有名有实,他们在什么地方感觉到名不符实,就想法子取绰号、诨名或叫起与此相称的名字。

汤姆森先生……先生和汤姆森,这两个词对黎巴嫩的老乡来说,没有什么含义,再说,他们也叫不顺口,这两个词丝毫表达不了他们从这个人身上发现的特点。因此,他们风趣而真诚地给汤姆森先生取了一个外号,叫"阿布·马鲁夫"。

阿布·马鲁夫,你知道黎巴嫩老乡用"马鲁夫"一词来指什么吗?罗列一下从亚当到今天人们所知道的一切美德吧:友爱、宽厚、豪爽、诚实、公正、和解、仁慈、温和、忘我,把这些美德糅合在一起,你就会懂得"马鲁夫"的含义了。要是黎巴嫩村里的老乡一致同意把一个人称为"阿布·马鲁夫",那就是最确切地证实,他是当代一位杰出的人物。

只几个星期,阿布·马鲁夫便成了我们孩子们的挚友,大人们的知己。他与我们同甘共苦,参加我们的各项工作,为我们所有的争执作仲裁,是我们每遇麻烦和不幸时的参谋。难得有一天我们会听不到他新做的好事,他总是悄悄地做,而我们把这些好事公开宣扬,作为对他的爱。假如要我向你详述他做过的好事,那是我力所不及的。不过,我记得其中的一件:自从阿布·马鲁夫住在这个村子里以来,没有一个村民迁居他乡。在此以前,我们每接待一个回乡的移民,就得送走十个出国侨居者。你想想看!

我要你想一想,是因为假使你稍微一思索,就会发现这是一个奇迹。

阿布·马鲁夫是怎样创造这个奇迹的呢?他用的是朴实的办法,朴实无华是世上最美的,人们最难得的,它就是奇迹。阿布·马鲁夫使我们热爱自己的村庄,热爱它的水、土、空气、岩石、崎岖的山路、坦荡的平地、河谷和山峦,因为他全心全意地热爱它,所以也感染了我们。阿布·马鲁夫使我们感到、懂得并且相信,我们离开了土地就没有生活。只有钟爱土地的人,才能得到土地的同情,要是我们的土地不同情我们,那么,普天之下就不再有一块地方会对我们抱有好感。因为不知道怎样赢得自己土地的同情的人,也不会懂得如何去博得其他地方的好感。谁失去了土地的同情,谁就失去了生活,即使他聚钱如山,也会到处流浪受嫌弃。

我想起了阿布·马鲁夫说过的许多话,但愿我能一字不漏地记得。请听听他的一些言谈吧,我拙劣的语言已经使它走了样:

"你的衣、食、住房,都来自土地,你不接触土地而想谋生,想获得你的衣、食、住房,那是何等的愚蠢!

"人们谋生必须要有伙伴,只有把土地作为自己伙伴的人,才是幸福的,因为他睡得香甜!

"经商是生财之道,而钱财则是从土地的伙伴那里偷取土地果实的结果,但也是对土地用计者的杀身之道。

"你在地里埋下一颗种子,它会还给你十颗。哪会有人敢用手指指着你说:'这是个贼?'而假如你花掉一分钱,收回来两分钱,那就会有许多手指指着你,尽管你看不见。有许多张嘴会说'这是个贼',尽管你听不见。但是,生活看到了那些手指,听到了那些声音,生活记下了它的所见所闻。

"泥土有一股香味,香料商的店铺对此一无所知。

"土地是生存经典的第一章,阅读这一章的人,不必再去了解书籍包含的所有内容。

"幸福的人身居原地,知足常乐;不幸的人总是到别处去找安乐。

"我宁要肮脏躯壳里的干净灵魂,不要干净躯壳里的肮脏灵魂,比这两者更令我喜欢的是干净躯壳里的干净灵魂。土地就是纯洁躯壳里的纯洁灵魂,如果你们想成为纯洁的人,就让你们的灵魂和身体依附于土地吧。

"人是人的奴隶,我是能满足我需要的人的奴隶,能满足我需要的人又是能满足他需要的人的奴隶。人们的奴隶是主人,他们的主人是奴隶。我难道能虐待一个当了主人的奴隶,或者蔑视一个受奴役的主人吗?至于那些依靠土地自给自足的人,他们是自由人,因为土地不受人主宰,也不奴役他人,它是天公地道的秤。

"土地生长出玫瑰和荆棘,小麦和杂草,它并不感觉羞愧,因为它内部的一切都是纯洁的。而人们则为他们中的荆棘和杂草自惭形秽,企图竭尽全力扑杀之,却反被窒息。学习土地的诚实吧!

"我看见甲在筛土,只从中留下黄澄澄晶莹发亮的种子,其余的全撒了;又看见乙在甲撒掉的土里播下小麦种子。第二年,地上出现饥馑。我看见甲手里捧着金黄发亮的钱币,跪在乙的面前,只听得他说:'你不能卖一沙阿①小麦给我吗?哪怕要二十个第纳尔也行。'我听见有小麦的乙说:'我曾满足于我在土里的谷物,你也满足于你的谷物吧。'"

但愿我把从阿布·马鲁夫那里听来的每一句话都记录下来。他的话虽然是说教,但是他讲的时候,毫不矫揉造作。他不是在讲台上,也不是在盛会上,而是在田间、葡萄园里,他的手或扶着犁,或握着刀,或抓着铲,或抢着镐。因为如前所说,他已经成了我们中间的一员,干我们的活,穿的吃的喝的,都跟我们一般无二。我是多么喜欢他穿着斗篷和当地的"长裤",戴着"毡帽"的样子啊!每当我想象他就在我的跟前时,两眼就会涌出泪水。唉,这会儿我又哭了,一滴泪水掉在这信纸上,这滴泪水消失得多快啊,因为你看不到它,感觉不到它,也理解不了它包含的爱。我还担

---

① 沙阿,阿拉伯容量单位,一沙阿等于118.8升。

心你理解不了我告诉你的阿布·马鲁夫的话，因为你不懂得爱的泪水，不理解土地的语言。而阿布·马鲁夫，他理解土地的语言，懂得爱的泪水。

阿布·马鲁夫呀，阿布·马鲁夫！他已经死了，我们把他埋葬了，但是，他还活着，活在我们的田野、葡萄园、家舍里和心间。大家都在谈论他，一切东西都使人想起他。其中最雄辩的东西是一块高耸入云、默不作声的岩石，在我们当地称之为"摩云柱"。我和阿布·马鲁夫曾一起登攀过，躺在小小的平坦的岩石顶上，从那儿极目远眺，对着微风敞开胸怀，或者舒展身子趴着，俯瞰那幽深的峡谷。那里，有一片片杨树、栎树和冬青槲树的树林，一条清泉从山腰泻下，从岩石和树木之中流过，发出欢快的潺潺声。

两个星期前，我们趴在"摩云柱"的石背上，肘部挂着石头，手支着头。我们的目光投向深邃的峡谷，思想随着春天的气息一起飘荡。那天是星期天，时间已过晡时。山谷中，扬起百鸟的啁啾声。两只乌鸦掠过，哇哇地聒噪。阿布·马鲁夫转向我说：

"乌鸦多美，它在讲乌鸦的话，不嫉妒夜莺的声音。夜莺又多美，它在讲夜莺的话，也不嫉妒乌鸦的力量。乌鸦和夜莺都是大自然之子，大自然一视同仁地热爱它们。人们之间的情况就不是这样。有多少人中的乌鸦只是因为没有夜莺的嗓子而倒霉，又有多少人中的夜莺只是因为没有乌鸦的力量而遭受不幸！"

他沉默了，我们又都不作声，好长一段时间，一直默然无语。

我们这样趴着的时候，我的伙伴突然坐直了身子，两手用力按住太阳穴，闭上双眼，仿佛受到一阵强烈的惊吓。我看见他的脸，一下子变得和番红花一样。我吓得双手发抖，两膝哆嗦，靠近他。还没等我开口，他就朝我挥挥手，要我返回原处。他说：

"没关系,没关系,偶然的事!"

我们又回到原来的状态。阿布·马鲁夫的脸,又恢复了常态和微笑。然而,在我差不多要忘掉刚才发生的离奇事情的时候,我的同伴再一次震颤起来,他一跃而起,用力拉着我的手说。

"我们走吧,离开这儿吧!"

我像小孩似的顺从了,但又神情木然地站了一会。我的样子引起了阿布·马鲁夫的同情。他注视着我,目光里带有忧伤和怜悯。他亲切地问我道:

"你难道没有听见吗?你难道没有听见吗?"

我感到诧异,甚至还以为我伙伴的神经出了毛病,因为我不记得听到过什么奇怪的声音,或看到过什么意外的东西。

"你听!你听!"

阿布·马鲁夫对我说。他的手搭在我的肩上。他内心的激动,使我立即像触了电似的。我站着侧耳细听各种动作的声响,满心指望能听到可以解释我同伴奇怪行径的声音,可是除了唧唧喳喳的鸟声、树叶的飒飒声和山谷里潺潺的流水声,我什么也没听见。

"你听!你听!你现在听见了吗?你听见了吗?"

阿布·马鲁夫猛摇着我的肩膀,我觉得"摩云柱"仿佛在我的脚下摇晃起来。我目瞪口呆地站着,力图记住最后一个传入我耳中的声音,终于记住了它。不过,我从中找不到半点可以用来解释这种令人惶惑场面的理由。我说:

"是的,我听见了!"

他问:

"你听见什么?"

我说:

"咕咕！咕咕！这是一种鸟叫声，春天的时候，这个地区这种鸟并不少见。我们称它为杜鹃鸟。"

这时刻，阿布·马鲁夫的脸已变换了二十种表情，这些表情在我眼前疾如闪电般连续不断，使得我还以为自己在出席观看一伙人表演的形形色色的表情哩。然而，这些表情正如我所说的，瞬息即逝。我只知道阿布·马鲁夫又恢复了常态。他趴在石板上，亲切地把我拉过来，像刚才一样趴在他的旁边。我如同着了魔似的依从他，不知该说些什么、想些什么。不过，让我着魔的阿布·马鲁夫立即又把我从他的魔术中解脱出来。当时，他用一双安详的眼睛注视着我，张开红润润的嘴唇，就这样平静地说道：

"你听我说，我给你讲个杜鹃的故事。"

"已经是过去的事情了。很久以前，有一对黎巴嫩夫妇，男的以种地为生，自食其力，属于黎巴嫩人所说的'知足的农民，无形的君王'之一。他和他的妻子生有一子，名叫哈塔尔。他们夫妻以上帝起誓一次，就以儿子起誓二十次。上帝允许三个人有多么幸福，他们三人就有多么幸福，他们安天乐命，感恩知足。

"哈塔尔爹妈有一个鳏居的邻居，也种地。他有一个女儿，叫祖木露黛。他以上帝起誓一次，就以她起誓二十次。这位邻居也是个农夫，是个'无形的君王'。

"哈塔尔爹妈与他们的邻居没有为两个孩子的事交换过片言只语，像哈塔尔和祖木露黛所知道的那样，他们知道，全村所有的人也知道，哈塔尔是属于祖木露黛的，祖木露黛是属于哈塔尔的。他俩谁也不能设想离开自己童年和少年时代的伴侣。岁月用它不可思议的神奇手段，把他俩的灵魂结合在一起。

"人们说,爱情是盲目的,这话不对。爱情是有视力的,不过,它用美丽的眼睛观看,看到的一切都是美好的。因此,爱情是生活的精华。人们相爱的时候,一切丑恶的影子就从他们的身上消退,他们认为自己的一切都是美好的。只有当人们认为自己的一切都是美好的时候,他们才懂得了爱情。他们懂得了爱情,也就懂得了生活。哈塔尔和祖木露黛懂得了爱情,彼此都只看到伴侣身上的完美之处。

"那是在一九〇〇年,正值复活节的四旬斋①,哈塔尔爹妈和他们的邻居打定了主意,节后不久便办哈塔尔和祖木露黛的喜事。他们开始为婚礼忙碌起来。

"在这期间发生了一件事,村里一个名叫法里斯·赫巴尔的人,从美国回来了,他大约四十岁左右。村里的人都来向他问候,打听他们漂泊在外的孩子们的情况。他们从法里斯·赫巴尔处回来,都很欣赏他的外国服装、对美国奇闻奇事的谈论,以及他从那个奇妙国家带回来的珍品,其中有一个杜鹃钟。

"你一生中见过杜鹃钟吗?这是一种精致的钟,只不过它报时不是用铃声,而是通过钟里面一只人造鸟的叫声。比如说,到了十二点钟,钟顶部的窗就开了,那只鸟从里面钻出来,咕咕咕咕地叫十二下,然后又回到钟里面去,窗也随即关上。

"哈塔尔一家三口,还有祖木露黛和她的爹,从法里斯·赫巴尔处回来,一路上都在谈论杜鹃钟,其中祖木露黛最赞叹不已,甚至她想,假如她留在法里斯·赫巴尔家合乎礼节,那么她会连续地待上几个钟头,观赏那只有趣的小鸟从它奇妙的窗子里钻出来,叫声:咕咕!

"一个星期过去了,人们无不在谈论杜鹃钟和它的主人。有人钦佩法

---

① 四旬斋即在复活节前四十天的斋戒。

里斯·赫巴尔一口流利的英语,有人欣赏他那根既能当手杖又能当伞的手杖,也有人称赞他每逢云层哪怕只落下几滴雨就要穿上的橡皮套鞋。而祖木露黛对他的钟的喜欢,则更是有增无减。

"临近办喜事的日子了,全村熙熙攘攘,暂时忘记了那位刚从海外归来的人。新婚之夜,万事俱备。哈塔尔父母和哈塔尔,还有他们的邻居,都处在幸福的七重天上,只有祖木露黛置身事外,大家找她,但没有找到。

"一句话,祖木露黛跟随法里斯·赫巴尔私奔了。新娘的亲人刚从骇人听闻的事件中清醒过来,就省悟到这是一场阴谋,于是派人到贝鲁特去寻找他们,他们已经登上轮船,向太阳落山的方向开去。

"两个星期后,祖木露黛的爹伤悼女儿,为自己的耻辱和在众人面前受到的挫折而恼怒不已,终于一命呜呼。他是杜鹃钟的第一个受害者。

"至于哈塔尔的爹妈,倒是在不幸面前顶住了,帮助他们忍受不幸的是哈塔尔,他没有流一滴泪,没有一句怨言,胸中也没发出一声叹息。爹妈说,启示儿子能这样忍辱负重的人,将会赐给他一份比第一次更多的财富,'谋事在人,成事在天'啊!

"有一天,哈塔尔出去犁田。他犁着犁着,突然犁了一半停了下来。他看看自己,又看看周围的一切,木然立在原地。接着,他这样自言自语道:

"'这样要到什么时候?哈塔尔,到什么时候?你已经在这土地埋葬了二十年的光阴,它给你种出了什么?你和这些岩石有什么不同?这些岩石冥顽不灵,你更是又聋又哑。你和这几头牛有什么区别?牛犁地是为了吃地里的草,你犁地是为了吃它的蔬菜和水果!哈塔尔,你只要继续这样生活下去,那你的生命就无足轻重。

"'哈塔尔,为什么失望啃噬着你的心?想向法里斯·赫巴尔和祖木露黛报复的念头,使你食无味,寝不安。你在人们中间算什么?你有什么?你又知道什么?你什么也不是,一无所有,一无所知。

"'祖木露黛把你抛弃。她宁可要杜鹃钟,也不要你。你有什么权利责备祖木露黛,哈塔尔?你怎么能与杜鹃钟相比?比起它的发明者来,你又知道些什么?你的家乡怎能与那个制造它各个部件并把它装配成一架奇妙绝伦的机器的国家相提并论?谁告诉你那个国家就没有比杜鹃钟更奇妙得多的东西?那个国家和它的居民们,是多么幸福,你住在自己的国内,是何等的不幸!

"'丢脸啊,哈塔尔,一个像法里斯·赫巴尔这样的人,居然偷走了你的心上人,假如你拥有他的财富、知识和学问,他决计偷不走你的心上人。法里斯·赫巴尔曾为钱财和学识漂洋过海,是什么把你拴在这些岩石和坎坷不平的土地上?你是个胆小鬼?你是行尸走肉却不知道自己已经死亡。丢脸啊,哈塔尔,你还斗不过杜鹃钟啊!'

"哈塔尔就这样自言自语。他平生第一次认为,他眼睛看到的一切,都是丑恶的丢脸的,他的牛、犁、树木、葡萄园和石头,甚至那清新的泥土,过去,他一闻到它的气息就心情舒畅,一踏在上面脚步就变得轻松,现在却显得刺眼、霉烂。他的犁翻耕过的土地,仿佛是他亲手挖掘的坟墓。田野里四处的岩石,石间摇曳的树木,和枝头鸣啭的小鸟,就像在为他号哭或在嘲笑他。哈塔尔放下犁把,丢下耕牛,转身走过田地,径直回村。他在那里向双亲宣布,他决心去美国,什么东西都挡不住他的决心。

"痛哭、号啕、哀求和反对,但都徒劳无益。哈塔尔动身到美国去了。"

"哈塔尔侨居的初期,并不走运。他吃尽苦头,不止一次地后悔,泪水不断。失望笼罩他的灵魂,沮丧在他的心间漫步。但是,每当他一陷入绝望之中,就有一个内在的声音在叱责他说:丢脸啊,哈塔尔,坚持吧,记住杜鹃钟!

"哈塔尔努力干吧。他明白,身处一个金钱万能的国家,手里没有钱的人,便无法生存,谁不为此而搏斗,他就将始终被排斥在外,或被厮杀者们的脚踏成齑粉。哈塔尔开始用手、用脚、用指甲、用牙齿搏斗。他只是一心聚敛财富,不存他想,财富将在他面前敞开美国的奇迹,揭示美国的秘密,把他提高到杜鹃钟的水平。

"过了一个时期,命运为他效劳了。他的面前启开了一扇赚钱的大门,继这扇门以后,又打开了几扇门,因为钱吸引着钱。哈塔尔用他最初赚得的利润所买的第一样东西,就是一架杜鹃钟。这时,他产生了新的决心,因为他感觉到已经在新的战场上,赢得了第一场战斗。胜利的滋味里有一种兴奋感,推动着胜利者去投入新的战斗,以赢得新的胜利。

"光阴荏苒,发生了第一次大残杀①。哈塔尔,觉醒了,只见自己成了商号遍布的老板,财富在百万之上。除了挂在他豪华寓所一堵墙上的杜鹃钟外,再没有能使他回想得起战时已去世的双亲和往昔情景的东西。而且,即便是杜鹃钟,也难得勾起他的这些回忆。

"哈塔尔为自己选择了一个出生在美国的叙利亚姑娘,名叫爱丽斯,作为自己终生的伴侣。"

"没有比灾难更能使人们警醒的了。多少次,我们遇祸而得福,遇福而得祸啊!

"哈塔尔的灾难,就在于他的妻子爱丽斯,因为他不久便知道,他们两人中间有一道鸿沟,是无法架桥通过的;他认为她对他的爱情,不过是贪图他的钱财,用它能购买人世的乐趣罢了;而他喜欢她,只是暗暗希望逃脱自己的寂寞和孤独。有多少人,想逃避寂寞,结果更加寂寞,如同从渗

---

① 指第一次世界大战。

水沟逃到了下水道一样。

"在生活的空间,有各种各样的道路。每个人都有一条道路,每个民族也有一条道路,甚至每个洲都有一条道路。这些道路在一张无边无垠的网中,交叉又分开。这张网的最奇异之处,也许是东方之路与西方之路的汇合点。东方奔向生活的宽阔的大道,它的车是它的良心,它的骏马是它的感情和思想,它的缰绳乃是它与永恒相联系的信仰和传统;而西方则乘着灵魂由蒸汽或电组成的车前进,车身是钢铁的螺丝和轮子,缰绳乃是它的欲望和自信,这一切都来自它创新的思想。西方谛视东方,嘲弄地向东方致敬说:'欢迎你,邻居。我看你努力努力再努力,还是停在原地。'西方趾高气扬地驱着车,继续向前开,它认为自己将比东方先到达宽阔大道,因为它的双眼看不见东方的车。

"东方望着西方,看到它车身庞大,听见它咕隆咕隆作响。车的行动使东方眼花缭乱,车的速度使东方心荡神驰。它自语道:'光荣属于你,邻居!光荣属于你,邻居!我的车怎能与你的车相比?你难道不同情我,不允许我挂在你的车轮上吗?'

"这就是东方在遇到西方时所说的话,它抛弃了自己的车,出售它的灵魂,以获得像它邻居一样的车。

"这也是哈塔尔把他的耕牛和田地丢置脑后,登海而去的那一天,对自己所说的话。他为自己制作了一辆车,紧紧地拴在西方的车身上。他一小时驶过的路程,相当于过去一年走过的距离。这种速度使他陶醉。他不再有时间朝后看看,或者左顾右盼,或者问一下自己究竟去向何方。然而,当他的车在路上碰到了第一个挫折——家庭不幸的挫折——时,哈塔尔发现自己就像一个发烧的人,挫折把他浸到了冰冷的雪水里。

"结婚两星期以后,哈塔尔开始清醒。说来奇怪,首先使他醒悟过来的,也是最先使他陶醉的杜鹃钟。有一天爱丽斯要求他把那架钟从墙上取下来，扔出去，因为它是一架白铁皮制的旧机器，样子难看，损坏了客厅的美观。她要他买一架式样新颖的钟。哈塔尔没有答应她的要求。这时，她就骂开了，说他是个过时货，从趣味到知识都是个乡巴佬，在人世就只知道买卖，只懂得钞票的语言，她在她的男女伙伴面前都为他害臊。说到最后，她就诅咒把她的一生与他的生活连结在一起的日子。

"继那次冲突之后，又发生了几次冲突。哈塔尔自言自语道：'哈塔尔，你真可怜！你对自己做了些什么？你把自己的车拴在这辆车的车轮上，已经二十年，最后又回到了起点——杜鹃钟上，你甚至倒退了。你今天是什么人呢？你知道什么？你又拥有什么？

"'你曾经是个人物，胳臂粗壮，胸膛宽阔厚实，内心勇敢健全。你是你家里、田里和葡萄园里的主人，得父母的欢心，受乡亲们的尊敬。而今天你是什么人呢？一个悬挂在车轮上的囚犯，这辆车瞬息不停地前进，前进，前进，天知道它要开向何方。你如果割断把你拴在车上的皮带，你就会摔落在路上，粉身碎骨；你如果还挂在车上，你就会亲眼看见你的灵魂悄悄地溜出身外，在车轮底下慢慢地碾碎。你曾想制服杜鹃钟，却被它打败；你想拥有它，却被它控制。你打进了它的老巢，它欢迎你，是为了把你变成它的一只螺丝钉。你在这台鬼机器上，甚至还比不上一只螺丝钉、一枚铁钉。你真可怜，哈塔尔，你这些年犹如猫在舔钢锉，津津有味地品尝舌头上淌下来的血，却不知道这是自己的血。

"'你懂得什么呢，哈塔尔？你懂得了一门新的语言，知道了一个新的国家，了解了新的服装。一门无用的学问，并不会使你满足，因为当你是蒙昧的时候，你还知道自己一无所知，而今天，你连自己一无所知都不知道。

"'你拥有什么呢，啥塔尔？曾几何时，你有牛羊、田地和葡萄园，有你自己的家宅。而今天，……在新巴比伦区，有一幢巨宅，宅中房间很多，其中的一间里面,有许多壁架,挂着使人感觉不到寒冷和炎热的奇妙织物。这些织物虽归你所有,但你却不能用来补缀你心灵的创伤,编结不出新的梦想,也不能给你阴暗的思想当作殓衣……

"'在新巴比伦区的一家银行里,安放着许多钢制的保险柜,其中一个柜中,装有钞票、债券和押款,这也是你的财产,但是你不能用它换来睡眠、思想清静、精神自由,也召不回你的双亲和祖木露黛!'

"他的眼前,掠过祖木露黛的倩影,顿时,他的身旁竖起了爱丽斯的影子。哈塔尔漫无目的地把她俩作了比较:'祖木露黛,你是多么美丽,多么甜蜜!你的皮肤是多么光洁细腻!殷红的鲜血从你处女的心坎涌升到你纯洁的脸庞,是多么鲜艳清澈!你一双杏仁般的眼睛,又是多么安详圣洁!你的吻,呵,你的吻是多么芬芳吉祥!

"'你不穿绫着绸,颈项上没有珠宝悬垂,你也不曾睡过柔软的床铺,但是,你在家里是一个守护神,在田里,你使生长万物的土地长出禾苗。你满意生活,生活也满意你。你的心从不背信弃义,从不!你不曾对我违背诺言,而只是上了杜鹃钟的当。你是无可指责的,因为你是夏娃的女儿,夏娃就曾被禁果的美色所骗。我也不应受责,我是亚当的儿子,亚当被他的女伴骗了。你今天在哪儿呢?你满意生活,生活也满意你吗?

"'爱丽斯,呵,她光着膀子,袒露胸脯,头发剪得整整齐齐,嘴唇抹着口红,双颊涂抹脂粉,眼睫毛被描黑,贪婪的双眼总想观看刺激的场面,柔软的双手缀满了珠宝。她前胸干瘪,腰肢瘦削,小腿裹着迷惑人的透明丝袜,大腿上绑着发亮的吊袜带,两脚飘飘然。呵,这就是罩着殓衣的生命。在她看来,这件殓衣是她生命的象征,是她称之为自由、学问、文明、进步、美丽和幸福的象征。呵,她得了活动不停的传染病,她出入舞厅、娱乐场,坐汽车,浓艳盛装,珠光宝饰,天天穿着时髦的外衣转悠,唠唠叨叨地谈论这些琐事。她就在这些活动扬起的灰尘中,寻找她的幸福。她甚至像是生活的泡沫堆砌而成的没有灵魂的无形力量,只知寻欢作乐、追逐虚荣,晚上脱了衣服白天又穿上。

"'你难道不应该为此受到谴责吗,哈塔尔?祖木露黛已经从你的指缝里溜走,你现在不用对她负责。而爱丽斯,则与你在一起。你有可能把她从淹没她的泡沫中拯救出来,可你自己与她一样是个溺水者,又怎能拯救她呢?'

"哈塔尔对祖木露黛,对爱丽斯,也对他自己,叹息不已。他想从自己的这些思想中解脱出来,但是办不到,因为这些想法开始每天以一股新的力量纠缠着他,到后来,他发现自己犹如在刀枪丛中行走,上下左右都是刀刃。他徒然地企图恢复从事经商或独处的乐趣,因为他的买卖在他的眼里,已经变成焚烧他生命的火炉,他的利润成了这种被烧焦生命的灰烬。他觉得自己的心灵离开了他,过去相伴共语、亲密无间的心灵,已不复存在。他对着自己的心,感到寂寞凄怆,因此竭力逃避它。奇怪的是,每当他处于这种心乱如麻的状况时,总是逃到一个叙利亚女仆的身边。她是在他过独身生活时给他管家的。婚后,他把她留下来。她名叫萨妲,已经上了年纪,但她的心满怀同情,她的灵魂是一本敞开的书。她在美国度过的岁月,丝毫没有磨蚀她禀性的美丽,也没有夺走她心灵的纯朴和女性的妩媚,年龄使她增添了新的魅力。她一心为哈塔尔着想,同情他,他就像是她的儿子。她称呼哈塔尔,只叫'我的孩子'。哈塔尔也像对待母亲一样地待她。当他寂寞得厉害时,他就赶快去找萨妲,躲在她的羽翼下,恰似雏鸡赶快去找母鸡,在母鸡温暖柔软的翅膀之下躲避风暴一样。

"一天晚上,哈塔尔顺从妻子的意志,同意与她到城里的一家饭店去吃晚饭,招待爱丽斯的一位美国朋友。有些青年人,上帝在他们的嘴里装上了长舌,舌头的发条安在肚子里,而不是在头脑里和心里,他们在这个世界上是何其多啊!爱丽斯的这位朋友就是其中之一。

"正当三个人围桌而坐,爱丽斯和她的朋友谈论着一种新的舞蹈,突然,给他们上菜的女招待走到哈塔尔的跟前,递给他一张折叠好的小纸条,并说:'这是站在那扇窗旁边帷幔后面的女士让交的。'她指着一扇只有坐在哈塔尔桌边的人才能看见的一扇窗。

"哈塔尔打开纸条,一读脸色骤变。爱丽斯两眼冒火,沉下脸来。她的美国朋友咬着下嘴唇,皱起眉头。他有意地朝爱丽斯眨眨眼睛,似乎对她说:'秘密暴露了,事情容易办了,离婚已经临近!'

"但是,哈塔尔恢复了常态,控制住了自己。他站起身来,朝女士等他的那扇窗走去。他跟她略谈了几句,脸上便显出惊讶和惶惑的表情。接着,他伸出手,与她握手,又从口袋里掏出一张印有他姓名和住址的名片,递给她,然后微笑着向她告别。她呢,一直对他微笑着。然而,他一回到原来的座位,就发现妻子和她的朋友已经穿好衣服,站着准备走了。他知道自己的行为已煽起一场风暴。

"三人坐汽车回家,一路上没有一个人开腔讲话。然而,一走进门,爱丽斯的嘴里就喷出一连串的谩骂、痛斥和非难:'丑啊!丢人啊!你就这样在上流人士的众目睽睽之下丢我的脸吗?奸诈的东西,你如果一定要找个情妇,不会挑选一个比饭店女招待高级一点的人吗?我不要你辩护、解释。事情已经结束,一切都昭然若揭。我难道还不相信自己的眼睛?今晚起,你不要跟我谈话,我与你势不两立。你要谈,就跟律师去谈吧!'

"爱丽斯就按这种方式编造着。她的美国朋友则火上加油,不断地用受了奇耻大辱的人的腔调重复道:'她说得对,她说得对。谁受得了这样的侮辱啊?我一辈子没沾染过这类的污秽!'

"这时门铃响了,在饭店里跟哈塔尔谈过话的女人走进来。她已脱掉工作服,穿着简单朴素,透出贫困和寒伧。爱丽斯一瞥见她,嗓音几乎要穿透天花板,嘴里吐出伤人的毒骂,犹如在起暴风的日子里,从云层里坠下来的冰雹。

"哈塔尔面对这一切,呆若木鸡。女主人大叫大嚷。萨妲赶快跑来。她东看看,西瞧瞧,莫名其妙,于是闭上眼睛,划起十字来,嘴里念道;'主啊,拯救我们吧!主啊,拯救我们吧!'

"陌生的女人僵立着,犹如从另外一个世界来的影子。她对所见所闻稍作思考之后,仿佛意识到,这个场面与她有关。

"她走到爱丽斯跟前,想说句话。爱丽斯非但不给她机会,反而冲着她嚷道:'离我远点,不要碰我!'用力把她一推,然后拉着她美国朋友的手,一转眼,两人就出了家门。她的关门声,震动了房子。陌生女人被爱丽斯这样猛烈一推,正好跌倒在站立她身后的萨妲身上,两人都跌倒在地。萨妲叫了一声:'拯救我们吧,主……'这是这位可怜的女人说的最后一句话。

"正在这时,打钟了:咕咕,咕咕……叫了十二下。哈塔尔惊醒过来,揉揉眼睛,仿佛从长时间的昏迷中苏醒过来。他一开始不相信自己看到的一切。萨妲曾是他最大的慰藉,在他心目中代表着古老的叙利亚,一个没有伪装的质朴单纯的自然之女,富于发自心田深处的感情。萨妲一动不动地躺在地上。

"萨妲的旁边是一个受了惊吓的妇女。她思想软弱,精疲力竭,流离失所,穷困潦倒。她在自己的土地上,曾是一枝馥郁芬芳的玫瑰,却误以为大洋的彼岸有比自己的土地更适宜、更富饶的土地。呵,她这会儿在她新的土地上,既无色彩又无芳香,有的只是扎人的尖刺和枯败的叶子。她想回到原来的土地,却无路可走。她已经是五个孩子的母亲,除了她,再没有人能帮助他们,因为她的丈夫除了举杯喝酒和赌桌数钱之外,一无所能。

"爱丽斯呢,是个奇怪的混合体,是由东方最低级的追求生活浮华之爱,与在西方生活的咆哮洋面上泛起的泡沫结合而成的。

"他——好运气的哈塔尔,是什么人?他与这个场面有什么关系?断断续续、支离破碎的往事幻影,从天涯的这一头到那一头风驰电掣般掠过他的眼前。他看见自己在田野里,手扶着犁,跟前是他的吃苦耐劳忠心耿耿的两头公牛,脚下是他的柔软而慷慨的土地。土地的气息和地上草的香味,荡涤着他的胸襟。树枝上扑楞鼓翼的小鸟的歌唱,萦回在他耳际。

"接着,他又回过头来,环顾四周,看到右面是死亡,左面是失望。他听见使人永不能入眠的城市喧闹声。他恍惚觉得,城市是一座架在成千上万个发疯般前进着的车轮上的巨塔,这辆地狱似的车从插入云霄的山顶驶向无底深渊的山谷,在由上往下驶行之中,他看见车上的乘客互相咬牙切齿,狂呼乱叫,争前恐后地朝着他们不知道的地方奔去,殊不知车子载着他们前去的地方,乃是他们不愿意去的地方。

"他在这数以百万计的人中,看到几千个自己的同胞,抱着幻想,怀有野心,挤在乘客中间,有的被竞争者所践踏,有的挂在车轮上,随着车轮前进。他们如醉似痴,狼狈不堪,哭喊叫嚷。他们回头望望,想要脱身回去,却又毫无办法。在这辆架在成千上万只轮子上从峰顶往下滑的塔楼顶上,哈塔尔看到了一架巨钟,钟顶有一扇窗,从窗里不时出来一只机械的大鸟,朝着塔楼的人们叫:咕咕!咕咕!大家便两膝跪下,伏身在地,彼此悄声耳语道:'这架钟如此这般……'

"哈塔尔对着萨妲弯下腰去,他回头看看站在她身边的女人,用哽咽的声音说:'祖木露黛,来帮我一把……'他们两人把尸体抬到了对面的一间屋子里。"

说到这里,阿布·马鲁夫停住了。他久久地叹息,接着坐直身子说:"今天,兄弟你瞧,我给你讲了个杜鹃钟的故事。请相信这个故事吧,因为给你讲故事的,正是哈塔尔本人。"

贝克阁下

〔黎巴嫩〕米哈依尔·努埃曼

我与一个朋友到一家叙利亚饭店去吃晚饭。时间已过九点,店里没有顾客。老板过来与我们坐在一起,用他稀奇古怪的故事,来帮助我们吞咽和消化他的饭菜。老板是个容易相处的人,他对我们抱有好感,竭力使我们满意,因为对他来说,我们是"靠得住"的主顾。我的朋友看着手表对坐下来的店老板说:

"我们今晚来迟了,阿布·阿萨夫。我怕你都准备打烊回家了,可别为了我们耽搁了。"

阿布·阿萨夫摇摇头,他以儿子阿萨夫的生命对我们发誓:他把同我们坐在一起看作是一种荣誉,为了我们,他的店门可以开到半夜,他和饭店"仰仗"我们。他又说,他难得在十点钟之前打烊,因为贝克要到九点半钟才来。

我们两人异口同声地问:

"贝克是谁,阿布·阿萨夫?"

我们提出的问题仿佛是亵渎了阿布·阿萨夫比对上帝还要崇拜的先知和圣徒。他几乎不相信自己的耳朵,瞪着眼睛问:

"你们是真的不认识贝克,还是在开玩笑?那你们还认识谁呢?"

阿布·阿萨夫还没来得及刹住他对我们绝顶无知的惊讶,只见店门开了,进来一个身材颀长腰板笔挺的人,他肩膀狭窄,肚子突出,手和手指都很长。右手拿着一根像狗尾巴似的手杖,左手抓着一份阿拉伯文报纸。他身穿一套衣服,裤子是灰色的,上装是咖啡色的,整套衣服的边角都已磨蚀,长短不齐的线头垂落下来。至于他的脸,我首先看见的只是两撇连到耳根的胡子,鼓起的如同松果的鼻子,以及呈深褐色的皮肤。

来客迈着坚定的步子,慢腾腾地走到饭店的最里面,在那里把手杖和帽子放在长桌的一头,坐下来看他的报纸。我仔细地端详他,发现他的行动和服饰有些离奇,这就更增加了我研究他容貌的兴趣。最引我注目的是他宛如松树冠的头形、紧贴在头颅骨两侧,像两块面团的平塌耳朵,长得很低的短发,发根与眉毛之间只有两个基拉特①那么宽。

"喂,阿布·阿萨夫,给我来一纸包瓠瓜,烤熟的羊杂碎,麻酱拌鸡豆,再来一点香瓜!"

来客这么说的时候,眼睛并不从报纸上抬起。他用的是从小就习惯于发号施令,不容回驳的声调。阿布·阿萨夫一见他进门,就赶快走进厨房,马上便把他要的一切都准备齐全,恭恭敬敬地端了上去,没有讲一句话,仿佛来客是一位伟人或一位国王。阿布·阿萨夫就这样端盘子、收盘子,一直伺候到来客吃完。来客站起身来,把帽子戴在头上,一手抓着手杖,一手拿着报纸,跟进来时一样,迈着坚定而缓慢的步子:既不东张西望,也不付给阿布·阿萨夫一文钱,出门走了。

一转眼的功夫,阿布·阿萨夫又回到我们这边来,为第三位顾客在店里期间怠慢了我们而表示歉意。他的腔调挺古怪,像是哑巴开了腔。我

---

① 基拉特是阿拉伯长度单位,一基拉特等于 2.83 厘米。

们一句话还未回答,他就说道:

"这就是贝克,你们看见了吗?"

我们问起贝克的名字和情况,他说道:

"他的名字叫艾斯阿德·狄阿瓦克,是黎巴嫩我们这个村里的人,也是长期统治本村的狄阿瓦克家族的最后一位村长。这个家族的人曾经为所欲为,村里的人,在他们看来,就像奴隶,虽然在地里耕种,却没有一寸土地。过了一段时间,他们像许多王公、村长一样,时运不济了。有些过去是他们佃农的人,出走移居美国发了财回来,买下大片过去属于狄阿瓦克家族的土地。这个家族一代不如一代,最后只存下了艾斯阿德村长,而艾斯阿德村长也不再有他祖上的荣耀,留给他的只有村长的名称和数不清的债务。

"接着,又发生了一件事。本村一个早先当过艾斯阿德村长仆役的人,在美国发了大财回国。他给自己建造了一座豪华住宅,买到了'贝克'的称号。你们两位都知道,这些称号在我们这里是如何进行买卖的。

"在那之前,艾斯阿德村长自得其乐,满足于吃现成饭,只要仍然没有反对他或者与他竞争村长和乡绅身份的人,他就心满意足。到了村里有了一位贝克,村长就坐卧不安了。

"狄阿瓦克家族的子孙怎么能让自己同意,在他们村里竟有人的地位比他还高呢?

"比这一切更岂有此理的是,这位贝克原来只是村长的一个仆役。宁可死也不能忍受这种侮辱!村长突然变了,仿佛有一只无形的手把他偷去,送回来了另外一个人。他不再去教堂了,原来每逢星期日和节日,他从不错过的。他命令妻子不得走出家门,把孩子从学校叫回来,并且闭门谢客,谁也不见。

"他走在街上,不再东张西望,路人向他问候,他也不回礼。要是与贝克偶然相遇，他就鼻子朝天，捻捻髭，用手杖挥圈子，哼哼咳嗽，朝地上吐痰，就像对魔鬼吐痰一样。

"全村人都议论他的事。他们的说法很多，有人说，村长精神失常了，因为狄阿瓦克家族的所有罪恶和恶行，都像魔石似地挂在他的脖子上；也有人说，在他祖上的荣耀暗淡乃至泯灭殆尽之后，他已吃不消与人们打交道了；更有人揣测，村长由于债台高筑而愧于见人，宾客去访，他无以招待，只得不见。

"全村就这样众说纷纭。终于传出消息说，村长是中了邪，因为一周过去了，没有人见过他一面。村里流言四起。长老们以神父为首聚集开会，研究这个严重的问题，看如何才能为村长驱邪，或者看怎样才能拯救村长的子嗣，使全村免遭邪祟的危险。大家心惊胆战地反复议论。神父向他们说明，大家必须强行进入村长的家，在他家里洒圣水，要他的妻子儿女离开村子，因为怕邪祟通过他们危及全村。正在这个时候，只见村长突然走了进来。大伙儿一时间都愣住了，像是被钉在原地似的不能动弹，接着又不约而同地忽地站了起来。他们就这样仿佛泥塑木雕般地站了好几分钟，没有一个人说话。他们惊骇万分。最后，还是神父鼓起勇气，在脸上划了个十字之后，颤声说道：

"'欢迎，欢迎艾斯阿德村长。'

"村长一边捻髭，一边打断他道：

"'叫艾斯阿德贝克·狄阿瓦克哥下①，孩子们，艾斯阿德贝克哥下！艾斯阿德村长已经死了，今天取代他的是艾斯阿德贝克哥下！'

"当天晚上，教堂的钟敲了一个钟头，向全村人报喜：他们的村长已成了'贝克'。消息像闪电般在村里传开，艾斯阿德村长不在的这段时间，是

---

① 原文表明艾斯阿德说"阁下"一词发音不准。

因为省长把他叫去了,宣布他取得贝克称号。全村忙了起来,又烧油又烧柴,跳起了踏歌舞①,欢呼声四处回荡:'我们的贝克!'在狄阿瓦克家族史上,他们的宅第最后一次又拥塞着人群,灯光重新从阳台上照射下来,男女青年们围绕在房子四周,挤在拍手喝彩、唱歌和啦啦啦地表示欢呼的人群中。大家都认为狄阿瓦克家族门楣重光,也许比前辈更加荣耀。

"艾斯阿德村长在成了'哥下'之后所做的第一件事,就是释放他的老婆,把孩子送回学校。在这样做以前,他关照老师要让他的孩子们坐在第一排,因为他们是贝克的孩子,他从来不曾想过,另一个贝克的孩子可以坐在他们的前头。并且,他与上帝讲和了,又上教堂去了。

"出于对新头衔荣誉的极度珍惜,他拒绝接受发给他的写着'交呈艾斯阿德贝克·狄阿瓦克'的函件。从那时起,他通知村里的邮政局长,给他的函件,只有写'艾斯阿德贝克哥下',他才接受。

"至于他的老婆,他当着人面,不再用她的名字和小名来称呼她,而是称'贝克夫人'。他说起话来总是:'贝克夫人在家','贝克夫人今天不接待宾客'。如果有人在他面前提到她而不这样称呼,他就很恼火。

"说到这里,我应当回过头来,对你们两位谈一谈第一位贝克。他原先是艾斯阿德村长的仆人,出国发了财回来,比村长先买到贝克的称号。这个人名叫鲁克斯·纳苏尔。他对村长心怀怨恨,因为他曾向村长的女儿求过婚。村长勃然大怒,把他撵出家门,命令他再不许回来,踏进他家的门槛,提醒他不要忘记,他是个仆人,仆人怎敢向主人的女儿求婚?鲁克斯·纳苏尔心怀恶意地从此离开了村长的家。他抱定宗旨要在村长一生的要害地方,狠狠刺上一刀,这个要害就是村长一向引祖先为荣,因依然身居全村之首而自傲。鲁克斯·纳苏尔因此为自己买得了贝克的称

---

① 踏歌舞是黎巴嫩一种民间舞蹈。

号,以为这一下子就永远击败了自己的对手。然而,不久村长的消息传开了,说他到了省里,带回了贝克的称号。往后可怎么办呢?

"鲁克斯·纳苏尔一直在寻找报复他对手的办法,终于有一天想出了一个新主意:村长哪来的钱买贝克称号呢?鲁克斯清楚,村长全靠借债吃喝,他的家当早就典当完了。

"这个主意驱使鲁克斯来到省里,进行调查研究。他没有发现有人认识或听说过村长。他通过大量证据断定,村长没有到过省里,也没有得到贝克的称号,这不过是村长捏造出来用以反对自己对手的武器罢了。乡亲们因为天真幼稚,狄阿瓦克的名字对他们来说,又意味着威力、权势和了不起,因而全上了当。

"鲁克斯·纳苏尔带着他的新发现一回到村,消息一转眼间就挨家逐户地传开:'艾斯阿德贝克·狄阿瓦克哥下'绝对不是'哥下',艾斯阿德村长仍然是个'赤脚佬'。正是从那天起,村长离开了村子,音信杳然。

"光阴推移,我也到了美国,在纽约开了一家饭馆,有一天晚上,我听见三位顾客在谈论'贝克阁下'。其中一个说,他在远离叙利亚区的一个公园里,看见贝克阁下在给人擦皮鞋;另一个人说,看见他在街上卖报纸;第三个说,有一天夜里,在一个地下火车站看到他躺在一条凳子上睡觉。我问他们,他们在谈论的这个'贝克'是谁。他们说是个叙利亚人,自称艾斯阿德贝克·狄阿瓦克,谁敢不提他的称号而直呼其名,他就要与谁打架。我毫不怀疑,艾斯阿德村长在纽约。我倒很想见见他。没过几天,我看到他主动走了进来。

"有一天晚上,我这里空无一人,他来了。时间是九点半。我立即认出了他,我知道他也认识我,就赶紧上去跟他握手,向他问候。他既不伸手给我,也不问我的情况,更不向上帝致敬感谢。由于我说漏了嘴,说了一句'欢迎你,艾斯阿德村长',他对我怒目而视,两眼几乎要把我吃了。

他说'叫艾斯阿德贝克,阿布·阿萨夫!叫艾斯阿德贝克!'他径直走向一张长桌,坐下来要吃的。我把他要的一切还加上一点,给他端上去,几次三番想跟他聊聊。但他不跟我谈。他吃得饱饱,站起身来说道'记在账上,阿布·阿萨夫',就走了。

"这以后大约过去了七年。他从那以后每天晚上都来,都在他第一次来我这里的时间,情况也全相同。他来的时候,就像你们两位今晚所看见的:一手拿着手杖,一手抓着报纸,装出在读报的样子,但我知道他是既不会读,也不会写。接着,他就吃,吃完就走,从不付一分钱。我说:'算了,看在上帝的面上。'

"打破他的慰藉,我于心不忍,不能这样做。他不过是狄阿瓦克家族的一员。我不止一次地要给他钱,他没有要,一分一厘都不要。可怜的家伙!"

跟我们谈话的阿布·阿萨夫,深深地长叹一声。

鸦　片

〔埃及〕优素福·乔海尔

　　我的大夫先生,你真的能把我治好吗?我看你手里没有听诊器,房间里没有手术器械和放射设备,你怎么能够根除顽疾呢?难道靠墙上的这张画吗?这画叫什么名字?《希望》?希望在哪里?画中姑娘显得困惑彷徨,手里拿着一张断了弦的吉他,哦,还剩下一根没断,纤细如丝,像个幻影。难道真能从它身上奏出音乐来,给人以希望吗?好吧,我相信你,我将躺在你舒服的沙发上,在黯淡的灯光下谈我自己,敞开思想,不羞羞答答,也不保留任何想法。我将给你以充分的机会,对我进行剖析,谁知道呢?药物失灵,你倒会成功也说不定。

　　在那遥远的日子里,我是个年幼的学生。每天清早,到我们村子里的车站去等三角洲的火车,它把我带到邻镇的学校去。火车总是不准时,路上常常要抛锚,再说,司机的家在铁路线上,他就不妨在家门口"停住",喝上一杯茶。

　　对这个,我们村里的人都早已习以为常,不感到不便。他们赶火车,如果车已经出站,他们就在路上打手势,穆斯塔法大叔不妨就停一停。他如果碰巧看到村妇手里拿着一对鸡,那他讨价还价起来,停的时间就长了。

年长日久,我们村里搭车的人彼此就熟了,大家聊着天等候穆斯塔法大叔和他的火车。早晨的车站像咖啡馆似的。这方面,塔拉卜起了作用。

塔拉卜不是一种动物①,而是一个和气的老人,白胡子,一双犀利的眼睛,那褐色的目光,讨人喜欢。他在老无花果树下煮茶,一杯杯送给顾客。

塔拉卜年轻时可不是个好人,他对车站的人就是这么说的。他承认自己原来是个大盗,经常带着一帮人武装夜袭庄园,从王室和巨富人家的厩栏里拉走牲口。他竭力断言,他从来没有侵犯过清贫人家,没有被鲜血玷污过双手,也没有糟蹋过女人而坏了声名。塔拉卜青年时代的同龄人,挤眉弄眼地暗示他是个编故事的人,就像有时经过车站的拉琴吟唱的诗人,用想象的丝缕编织出安塔拉和扎纳提的英雄业绩。总的来说,塔拉卜的故事是饶有趣味的。听着他描述如何驱鬼降魔,又如何蔑视恐惧在没有星光的夜晚独自行走,与磨坊巨怪搏斗,对此我不禁毛骨悚然。

我对这些动人心弦的议论仅仅是旁听。礼貌规定女学生在车站上不得作声,甚至也不同男学生们谈话。男女孩子之间讲话,在我们村和所有的村看来,都是过失。

我妈妈警告我道:

"你现在十三岁了,我在这个年纪都怀你了。你走在路上,眼睛可不许从地上抬起来。"

如果我爸爸听到这种警告,他就会一边卷烟,一边笑着加以评论,仿佛他是一个阅历很广的深谙伊斯兰教教律的人。他反对道:

"你孩子们现在的时代,已不是你那会儿了。你的女儿现在能读报

---

① 塔拉卜是"萨拉卜"一词的方言读音,意为狐狸。

纸,你过去知道一千种植物吗?"接着他转向我,舌尖舐着卷烟纸继续说:

"你妈妈怀着你,却还用零花钱买糖果吃呢。你问问汉达勒。"

爸爸说的不假。汉达勒是我们村的商店老板,所有的男孩女孩都认识他,熟悉他挂着糖果的长棒,每有一只手递给他一分钱,他就用手指从上面抠下一块糖来。

妈妈的脸红了,像是被爸爸提到了一件丑事。她带着十三岁姑娘的羞涩说道:

"我有什么错?我有孕嘴馋嘛。"

爸爸从不厌倦这种评论,妈妈也不惮回答。我现在年纪大了,知道他们的那种谈论,只是一种调谑。

尽管爸爸要我睁开眼睛,不要老看着地上,我却做不到。只要一想到我已经长大到可以像过去妈妈似的怀起孩子时,我就充满了离奇、慌乱之感,觉得一种陌生的危险临近了。妈妈已谈到了要把我关在家里,舅舅们是如何的不满意我出门旅行,因为这几乎是一种耻辱。这就更增加了我的危险感。妈妈说我的衣服太紧了,压着胸脯,引人注目。接着,她又附在我的耳边悄声问道:

"女孩子成年时要发生的,你有了没有?"

我如果诧异地问她,要发生的是什么,她就用手遮住她的微笑,比我还要不好意思地对我说道:

"事情既然没有发生,那你现在就不必要知道了。"

妈妈的这些话在我的心里引起的不安,还伴随着另一种怕被辍学的担心。我的愿望是获得毕业文凭。在女同学中,我是拔尖的。女教师们在督学们面前夸奖我。女校长对我说过,毕业以后,她可以把我送进开罗的女子艺术师范学校去。我的脑海里,充满了对未来的美好憧憬,只要我一直名列前茅,那么毕业之后去开罗或者亚历山大任职是笃定的了。

我一生中只去过一次亚历山大。回来后,我都怀疑天园是否有这样美。在亚历山大生活,成了我自始至终的理想。也许正是这种理想,当我名列第二或者第三之后,在鞭策着我去力争第一。

我初中毕业,虽然只有十六岁,却是在村里车站上出现的唯一姑娘了。我的两个同学苏阿黛和布赛娜,都已停学,不再出门了。苏阿黛与一个巡警结了婚。布赛娜嫁给了村长的儿子。他是一个学业无成的青年,在买卖牲口上倒崭露头角。村长为庆祝儿子的喜事,举行了盛大的婚礼,为宾客宰了一头肥壮的牛犊,为了晚会从开罗请来了法塔希娅·艾哈迈德和沙可可[①]。

我去向布赛娜祝贺,从她那里知道,村长的儿子是在车站向她求婚的,还把他的巡警朋友介绍给了苏阿黛。她悄悄地说,只要我坚持每天早上去车站,她就将指给我看。这都是布赛娜逗我的,她知道我向往城市和艺术学校。

她在楼梯口送别我的时候,突然新郎的父亲村长走了上来。他一边伸过手来向我问候,一边问道:

"是谁的闺女啊?"

我握着他的手,结结巴巴地回答道:

"易卡拉欣·萨利赫的女儿。"

他又一次摇着我的手,说道:

[①] 塔希娅·艾哈迈德是当时开罗的著名舞女。沙可可的全名叫马哈茂德·沙可可,是有名的晚会逗乐助兴者。

"你还是我们的孩子呢！你妈妈艾米娜好吗？你知道吗，我曾同你的爸爸一道去下聘礼，我还是证婚人呢。完婚之夜，我们带着她从你去世的外公家里出来，乘着汽艇渡尼罗河。因为河水上涨桥身不牢，汽艇不想泊在我们村子前面。但是，我威吓开船的说，如果他不开到鼓乐在等着我们的对岸去，我就开枪打他的脑袋。汽艇在污泥里陷住了，我就背起你妈妈，跳上了岸。她那时是个小孩子，人们说她不会生孩子，但她怀孕了，你就是证明，我漂亮的闺女。"

我从他的话里听懂的就是这些。他边说边笑，声音亲切慈祥。他的脸很胖，看上去像四十岁，从他红润的气色来看，你会觉得健康是可以用手抓住的东西。

听他亲昵的语气，我想，凭他与爸爸的这种老关系，要是他看见过我的话，就会替他的儿子向我而不向布赛娜求婚了。赞美真主拯救了我！接着，我平心静气地想起，这种情况是不会发生的，因为他与我爸爸的交情，无疑是出自他的谦虚。我爸爸是个小木匠，在本村和邻村修修水车，如果运气好，在尼罗河水位下降、航运业萧条的时候，也会被召去修葺小船。除了我们自己家，没有哪一家愿意让我爸爸安门窗。他常常叹着气说道：

"我如果有运气，年轻时就学细木工了。现在来不及了，手都发僵了。"

我回到家里，把村长对我说的话告诉爸爸。他骄傲地回答我道："你相信吗？"然后，又重新开始向我讲述我都背得出来的往事，他与村长在年轻时是如何地形影不离，因为贫富不影响友情，义气才使男子汉们相互倾慕。

从布赛娜和苏阿黛那里听说了男人们从车站挑选他们的新娘之后，我整整一夜都梦见了三角洲车站。

翌日清晨，当我伫立在车站上的时候，我觉得有许多眼睛在看我。这使我惶惶不安，顾不上听塔拉卜的故事，照妈妈的嘱咐，低垂下双眼。正当这个时候，我感到有一双眼睛在注视我。约略一瞥，我知道我的感觉没有错。

火车到了，他迟迟不上车。我看得出来，这是故意的，他迟延着，要挑一个我对面的座位。我不需要偷眼看他，就发现他在打量我。

我从小就认识艾哈迈德，但不知什么时候彼此就不讲话了。这自从他的唇上开始出现髭毛，声音变得粗而吓人，使我想起母亲的告诫以来，就逐步发生了。

艾哈迈德跟我一样，乘火车到邻镇去上高中，毕业后进了医学院。这我是从塔拉卜那里知道的。塔拉卜称艾哈迈德为"大夫"，以自己的健康向艾哈迈德挑战。他夸耀自己从来没看过大夫，他将活到一百岁，不会被医生碰一碰。他说，正是城市带来了疾病，人们喝蒸馏水身体都消瘦了，那些萝卜、水芥菜要洗了吃的文法学家，都是短寿的。

这一天上课，我听女教师讲课的时候，艾哈迈德的脸庞没有离开过我的眼帘。

回家的时候，我希望看到艾哈迈德跟我一起乘车。当他出现并坐在我对面的时候，我不能把这事看作是偶然的巧合了。我相信他是在守候着我。他的目光回避我，又紧随着我。到了下一站，同车的旅客下车了，就剩下我们两个。

我猜想，他会趁机同我讲话的，感到脸上烧得慌。我转眼望着窗外，一直目不转睛地看着那西沉的太阳和堆积在太阳上面的像冰山似的云彩。然而,他始终默不作声,安详地把双手插在他的厚大衣口袋里坐着。

透过不干净的玻璃,我开始看到雨点变大,转成了一颗颗的冰雹。

我觉得仿佛是愁闷的冰雹降落在我的心坎里,狂风呼啸使我阵阵战栗。我需要这个坐在我对面的人笑一笑,以驱走我的寂寞,可是他仍裹在他的大衣里,处在沉默之中。

火车突然猛烈地一震。过了一会,我们听得车外人声喧嚷。我想打开那陈旧的窗子,但打不开。他立即过来。我感到他的手指推开我冰冷的手指,像是在我的皮肤上打下了印记。我们一起探身窗外,听到穆斯塔法大叔在骂人,在诅咒,原来是雨水泡松了枕木下面的土,火车头出了轨。穆斯塔法喊道:

"谁想在火车里面过夜就请吧,天亮之前火车开不了啦!"

我们的村子大约还远在两公里之外。漆黑的夜里,在泥泞的田里步行回村,可不是一件轻松的事儿。寥寥无几的旅客犹豫不决地可怜巴巴地望着窗外。接着,寒冷和焦躁带走了谨慎,他们开始陆续离开车厢,气呼呼地走了。

过了缓慢而又沉重的几分钟。我是又冷又饿又害怕,还受他闷声不响的罪。我问自己,他会怎么做呢?自顾自穿着大衣丢下我走呢,还是在剩下的夜里始终这么待着,用他的沉默和冷淡来折磨我?

我禁不住哭了起来。若不是我越哭越响,他是意识不到我在流泪,也不会出声问我的:

"怕吗?"

只有两个字,但却充满了同情。我感到他用这两个字抚摩了我的脸颊,使我安下心来。我努力抑制住自己的呜咽,回答道:

"你能陪我走回村去吗？"

他轻轻地笑了一声，说道：

"我早就在等你行动了。我不能丢下你一个人啊。"

车梯比地面要高出大约一米。他先下车，然后伸出两手来接我。我在他接着我的时候，颤抖了一下，这不是冷得打哆嗦，而是因为我第一次接触陌生的手。

夜，黑极了，把星星、云彩和树木都裹在它黑色的大氅中。雨仍然下得很大，老天似乎无力使它稍有收敛。

转瞬间，我的衣服就湿得贴在身上了。他脱下大衣，兜在我的头上。但我也怕他挨淋，就对他说，大衣足够遮我们两个人。我们顶着这件大衣高一脚低一脚地走着。没有他的帮助，我在滑溜的地上走一步都很艰难。我紧紧地抓着他的胳膊。在他的身边，我觉得自己像是躲开了大自然的愤怒；大衣把我们一起遮盖起来，我像是突然钻进了一个幸福的蜗牛壳中。他对我说，从我还是一个梳着辫子的小姑娘时起，他就记住我了，总是兴致勃勃地看我在家门前面的院子里跳绳子。接着，他到开罗去学医，在那里有整整几个月把我全忘了，后来不知怎么突然想起了我，也许得从远方回来看着我……我觉得有一股暖流传遍了全身。

他在对我直抒胸臆的时候，他的话沁人心脾，声音清澈。我步履踉跄，不知道是因为脚踩在田野的泥淖里呢，还是由于他突如其来的自白，使得我晕头转向。他时时准备扶住我，我感到他是好心，生怕我摔倒。他后来又说，他不知道是什么原因使他突然想起了我。

这原因，我倒是知道的……我相信它就是……爱情。

我即使再笨再迟钝，也肯定知道会这样：在冰冷的泥淖里走路，加上极端的激动，我精疲力尽了。他最后把我抱了起来。由于我的重量，他趔趔趄趄地走着。我的胸口压在他的胸口上，双手搂住了他的脖子，这时我感到他虽然吃力,我虽然满腔激动,却都不想这趟旅行有终了的时候。

然而,远处有灯光在晃动,在向我们靠近。艾哈迈德说道,声音中掩饰不住怅惘之情:

"灯光迎我们来了,大概是来找你的……过一会,就不光是我们两个人了。"

接着,他突然又说道:

"我对自己说,也许还会看到你。命运不仅想让我看到你,而且也要我向你倾吐我一直想对你说的话。现在,在这漆黑的夜里,我的梦想在闪闪发亮,我仿佛看到自己是这个穷苦村子里的医生,为你的亲人和我的亲人治病,而你就是我的妻子,躺在我的身边……说吧:咱俩对前途的看法是一样的。"

我想说,但声音却不知哪里去了。他急切地催促我道:

"说呀,趁着人们还没有到……说吧,你是属于我的。"

我始终说不出话来,但我的手在说话,它抓住了他的手,紧紧地握在一起。

艾哈迈德理解了。我突然觉得他的双唇碰到了我的脸颊,火烧火燎似的,我一下子晕了过去……我被拿着灯的男人们的声音所唤醒,只见我们与他们面对面地站着。

村长陪我父亲一起前来,他还带着村警头子阿巴斯。阿巴斯肩上摇摇晃晃地背着一支枪,枪筒在微弱的灯光下一亮一亮。父亲放下心来,说道:

"我们原来要到火车上去接你呢。"

突然,村长的笑声划破了寂静、雨水和严霜。他问道:

"你们两个一路上在大衣底下干什么?"

我顿时意识到,我还与艾哈迈德一起躲在他的大衣底下,于是推开兜在头上的大衣,又难为情又惶恐。我觉得,村长的声音是我当夜遇到的最恶劣的东西,比淋湿我衣服的雨和冻僵我四肢的霜更为可恶。

我看到,我父亲由于村长陪他来找我而极其得意。使我烦躁的是,他对村长大献殷勤,对因为我的缘故而置身泥泞之中的艾哈迈德却毫不理会,要不是村长对艾哈迈德说:"瓦希芭的儿子,你妈妈好吗",他早就把艾哈迈德忘到九霄云外去了。村长接着又说,刻毒的声音里夹杂着笑:

"你妈妈同我们一起儿玩的时候,大家还是光脚丫子的孩子呢。我们取笑她长了六个脚趾头。但是真妙,瓦希芭已经有一个当大夫的儿子了。"

艾哈迈德似乎不喜欢这种谈话。他向大家告辞,绕道走回家去。村长在他背后喊道:

"你下次再不要同女孩子一起钻在大衣底下,我们是在农村,不是在城里,瓦希芭的儿子!"

村长和村警头子戏谑地笑着,但是艾哈迈德没有笑。他一声不吭地径自走了。我讨厌村长这种用妈妈的名字来称呼孩子的爱好,好像我们村里的孩子没有父亲似的。

吃晚饭的时候,我对村长的讲话方式表示反感。但是爸爸却为他辩护,说他是个好逗乐的人。接着,他对正在用汤瓶向他双手倒水的妈妈嚷道:

"有一笔新的进账:村长计划加盖第三层,门窗、阳台归我做……造的时候,他还会从开罗请两个木匠来。你想想真主的恩惠吧!"

我躺在床上,对爸爸的简单觉得好笑。我对自己说:

他要是知道自己的女儿将成为医生的妻子,真主的恩惠又该叫什么呢?

这时,我想起了艾哈迈德对我说过的话,他怎么想在我们村里开诊所。我但愿天快亮,在车站上看到他问问,他能不能稍微修改一下他的理想,让我住在新开罗,哪怕只有一段时间。我是多么向往在那里生活啊……

我却没有福气向爸爸透露艾哈迈德的事。

因为第二天清晨,艾哈迈德死了。他站在车站上等车,一颗子弹射中了他。当我听到消息的时候,心里想杀害他我也有份,他可能只是为了等我才起早的。

我病倒了……他在我的心里,我哭泣、呼喊、痛苦,我对人说是骨头疼痛。

我抑制不住泪水,不断地询问:"他们找到凶手了吗?"爸爸说,村长不抓住凶手是不会罢休的。

怀疑集中在与艾哈迈德家有宿怨旧仇的一家身上。

塔拉卜说,他在车站上看见过这家的一个青年,名叫萨尔汗,在他那里喝了茶,但他没有看见萨尔汗开枪。

萨尔汗被抓了起来,但检察部门未能取得他的口供。

几个月过去了,调查挂了起来。一天中午,爸爸满面春风地告诉我们:

"你们将听到一个出乎意外的消息。"

我猜测,爸爸将告诉我们,萨尔汗已经认罪了。但他却打断我道:

"凶手与被害者关我们什么事?你想到过吗,村长新建的三层楼,我亲手做的窗子和阳台,全都是属于你的啊!这所有的体面都是你的啊!

你将成为村长太太啦……我不是跟你们说过吗,贫穷和富有无关紧要,义气才把男子汉们连接在一起……"

我大声叫嚷着反对,但是,一记狠狠的耳光煞住了我的叫喊。我相信,他是不会容忍我剥夺他一生的荣光的。

我搬进了村长的家里,我感到父亲的耳光打在我的脸上,也打在我的心上。

说实话,我并不想反抗,只有热爱生活的人才进行反抗。艾哈迈德死了之后,一切事情对我来说已无所谓,我把我到新楼里度过的日子,看作是另一个与我无关的姑娘的生活。

我的女朋友、媳妇布赛娜,住在我的下一层。她每看到我独自一人,就上楼来想安慰安慰我。她对我打趣地说道:

"谁能想到在学校里我俩是同学,如今一个倒成了另一个的婆婆……你知道吗,你现在在法律上是我的妈妈,我丈夫成了你的儿子,不过他又憔悴又瘦弱,看上去比他的父亲年纪还大。"

村长确实精力旺盛,他与他那一伙人在底楼吸大麻烟,到半夜才上楼来。我得给他准备好热的晚饭,把自己打扮得漂漂亮亮,为的是好让他以野兽般的欲火和粗暴,把我们一起吞噬下去。

那天晚上,我正在等他。我从阳台上看见他的朋友离去。我等了好久,后来怕他像有的时候那样,消夜从吸大麻烟开始,以抽鸦片告终,最后就在楼下的客房里睡着了。我决定下楼去看看,免得受他指责。可是,走到最后一级楼梯,我却站住了。我听见他在跟一个人争论,怒气冲冲,声音很响。另一个是车站卖茶的塔拉卜的声音。塔拉卜惶惑地说:

"我在检察部门说过的话怎么办呢?我已经作证,在车站上看到过萨尔汗,但没有看见他开枪。"

我丈夫恼怒地喊道:

"你到检察部门去把你的话改过来,就说你看见萨尔汗杀害了艾哈迈德!你不敢说,是你害怕萨尔汗家里的人。这是十镑钱,你是要钱还是要我像打艾哈迈德一样开枪打你?"

"像我打艾哈迈德一样!!"我不由得倒在床上咬住枕头,以掩饰我的痛苦。

尽管如此,我还是强颜欢笑,亲切地高高兴兴地迎接他,我仿佛受到本能的启发,懂得了女人的武器就是软来和口是心非。

他爬上楼气喘吁吁地坐下来休息,愤怒使他的一双眼睛变成了一对血杯。他对我说道:

"去把烟具拿来,刚才生气,在底下只吸了两口。"

我拿来了烟具。他曾经教过我怎样烧烟。我像女奴似的坐在他的脚边吹火,关切地问他生气的原因。

他用他粗糙的手抚着我的头发,说道:

"村长的差使吃力得很。我想给杀害艾哈迈德的凶手定下罪来,可是人家不帮助我。"

我抓起他的手吻了一下,说道:

"你是多么仗义啊!"

我亲吻这只杀害过艾哈迈德的手,脸颊在他的膝盖上擦着。

这使得他心痒难忍,他把我抱起来,坐在他的怀里。

他心荡神移,毒品的晕眩上了头。他紧紧地把我搂在怀里,忘乎所以地说道:

"瓦希芭的儿子艾哈迈德这孩子还是死的好,要是他现在还活着,他就可以说他曾经与村长的太太一起,共兜一件大衣从车站走回村里,路上还发生过这样那样了。"

我恨不得把指甲掐进他的脖子,喊出声来:

"难道就是为了这个,你要他付出生命作代价?还是你预料你不会使我满意,会同他一起逃走,他活着的话,我就不会落入你手?"

然而,我非但没有掐他,反而向他正在抽着的烟管伸过手去,第一次把它搁进嘴里,吮吸它那芳香的烟味。他对我的行为感到惊讶,因为他总是引诱我同他一起抽,而我是从不听他的。

他感到惊讶是有道理的。他哪里知道我需要处于混沌之中,才能够同杀害艾哈迈德的凶手在同一间房里、同一张床上生活。

我愿意处于混沌之中的另一个原因,是我想长睡不醒,感觉不到杀人凶手留在我腹中的可恨胎儿的躁动,虽有结婚证书,但我从来不相信他是我合法的儿子。

我长睡不醒也是为了等到我所期待的事件发生。

我给艾哈迈德的亲人写了一封匿名信,告诉他们可以从塔拉卜嘴里买到事实真相。因此,等待乃是冷酷的,可怕的。

我需要处于混沌之中,为的是能够忍耐,为的是免得面对一旦发生的事件。

正是为此,我向村长保存在他卧室里的鸦片伸过手去。

若不是鸦片,不是鸦片把我带进了迷迷糊糊的世界,那我就会彻夜不眠,听到他在楼梯间流血呻吟的声音。

人们早晨在那里发现他已成为一具尸体,脖子、胸口挨了七刀,都捅在要害处。

我禁不住大叫大嚷,人们以为我是为他悲伤,没有人知道我是在痛悼艾哈迈德,我找到了机会不受人监督来哭他一场。

我是村长的继承人,继承了他九十费丹①的土地,不过,我不要他留在我肚子里的遗产,一个接生婆替我刮掉了他。

我手里有了钱,就搬到城市里来生活了。凡是钱能买到的,城市都给了我,然而,它却不能给我以忘却。我又抽起鸦片来,借以享受长时间的混沌,摆脱痛苦的思想。我在人生道路上遇到过的人都被暗杀了,艾哈迈德、村长和那个没有见到光明的无辜生命,都是如此。

现在,十年过去了,大夫,我成了鸦片的奴隶。早晨,我生鸦片的气,上午,我又屈服于它。它犹如一个劣迹昭彰的情夫:我把一生都献给了它。

先生,这就是我的故事,我已对你丝毫没有隐瞒地详细陈述了。剩下的,就看你能做些什么了。靠着墙上这张给人以希望的图画,这张诱人胡诌和供认不讳的舒服的沙发,你能够治愈我吗?但愿你能够!把我所有的一切——该死的土地、首饰和金钱都拿去吧,让我重新成为一个站在车站上的中学生,一边等候火车,一边无忧无虑地倾听塔拉卜的故事……

---

① 一费丹等于四千二百平方米。